西日本新聞「九州の１００冊」取材班

九州の100冊

100 Books Connected with Kyushu

公益財団法人 九州文化協会

＊大扉写真：日本二十六聖人の殉教から四百十年を記念するミサ。殉教の歴史を受け継ぐ風土が『長崎の鐘』の著者・永井隆の思想を形成した（写真：岩崎拓郎／本文129頁）

＊カバー（裏）写真：『奇妙な国』の島比呂志が半世紀を過ごした鹿屋市「星塚敬愛園」の旧納骨堂（写真：吉良治／本文66頁）

まえがき

九州・沖縄全県から作品を公募する「九州芸術祭文学賞」が第五十回を迎えました。半世紀にわたって同賞を主催してきた九州文化協会が、その記念事業として西日本新聞に連載された「千年書房　九州の百冊」を一冊にまとめて上梓したのが本著です。

新聞連載は二〇〇六（平成十八）年から二〇〇八年まで足掛け三年、週一回、毎回一ページ全面を使って記事に写真やメモを添えました。六十人を超える記者が九州・沖縄にゆかりのある百人の作家の作品群の中から思いを込めて一作家一作を選びました。

最も古い作品は一八八三（明治十六）年発刊の『麑《げい》海《かい》魚《ぎょ》譜《ふ》』（白野夏雲編）。鹿児島・錦江《きんこう》湾に生息する魚介類の図鑑で、西郷隆盛が敗走し故郷で自決した西南戦争終結からわずか六年後に出版された作品です。一方、最も新しい作品は二〇〇四年発行の『百年佳約』（村田喜代子著）。朝鮮半島から秀吉に連れて来られた陶工一族が、故郷と九州の風習や価値観の違いに戸惑いながらもたくましく生きる物語。村田さんは一九七六（昭和五十一）年に「水中の声」で九州芸術祭文学賞の最優秀作品に選ばれ、八七年に「鍋の中」で芥川賞を受賞しました。

二つの作品の間には明治、大正、昭和、平成をまたぐ百二十一年の時が流れました。二つの時の流れのなかで書かれた作品を読み返せば、私たちの故郷・九州の近代文学史、思想史を振り返ることができます。

＊

「地方の時代」と言われ始めたのは一九六〇年代の半ばでした。戦後の急激な経済復興の負の面として大都市の肥大化と所得格差の拡大が指摘され、地域間の均衡ある発展が大きな政策課題として取り上げられました。八〇年代の終わりまで四次にわたって全国総合開発計画が策定され、全国各地で地方分権論議が活発化しました。新たな世紀を迎えるという未来志向の高揚感の下、九州は道州制の導入構想などでその先頭を走りました。

　ところが現実は均衡ある発展どころか、さまざまな都市機能は東京に集中し続け、地域は人口の減少と高齢化の進展によって社会の基本的な構造が壊れかかっているとも言えます。しかも、政治や経済だけでなく、学術、芸術、文化、思想など個性豊かな地域社会づくりに欠かせぬ分野にも東京一極集中の弊害が及んできています。映画館や劇場がいつの間にか消え、街角の書店もなくなっている地域が少なくありません。

＊

　こうした状況に待ったをかけて、地域の元気を取り戻すために私たちができることは、地域にしかない文化の価値を見直し、東京に対抗できる文化を構築することではないでしょうか。美術、音楽、書、文学、伝統芸能、さらに食文化やスポーツまで多様多岐にわたる「東京にはない地域文化」を育てたい。この『九州の１００冊』が、地域に根差した文学、思想を再確認する試みとなれば幸いです。

　九州文化協会は『１００冊』と並行して九州芸術祭文学賞の最優秀賞受賞作品集も出版しています。こちらは八百頁を超える大部ですが、両書を合わせて読み、九州文学の新たな未来を構想していただきたいと思います。

九州文化協会会長
川崎隆生

凡　例

一　本書は二〇〇六（平成十八）年一月八日から二〇〇八年三月二日まで、西日本新聞・日曜版に連載された「千年書房　九州の百冊」に一部加筆・修正し、まとめたものである。

二　本文中に紹介した作品の順は掲載時のままとし、各記事の執筆者は文末に記した。

三　本文中の肩書や年齢は連載当時のものである（読者の便宜を考慮し、情報を一部追記した箇所もある）。

四　各作品の書誌情報は初版にあたる単行本の刊行年ならびに発行元（出版社等）を記載し、その後他社から刊行されたものや新版（改訂版・新装版・文庫版等）の情報を一部加えた。

五　各作品の引用部分等、読者の便宜を考慮し一部ルビを加えた箇所もある。

六　各作品の作者の経歴については掲載当時のものを基礎に、その後の情報も一部追記した。

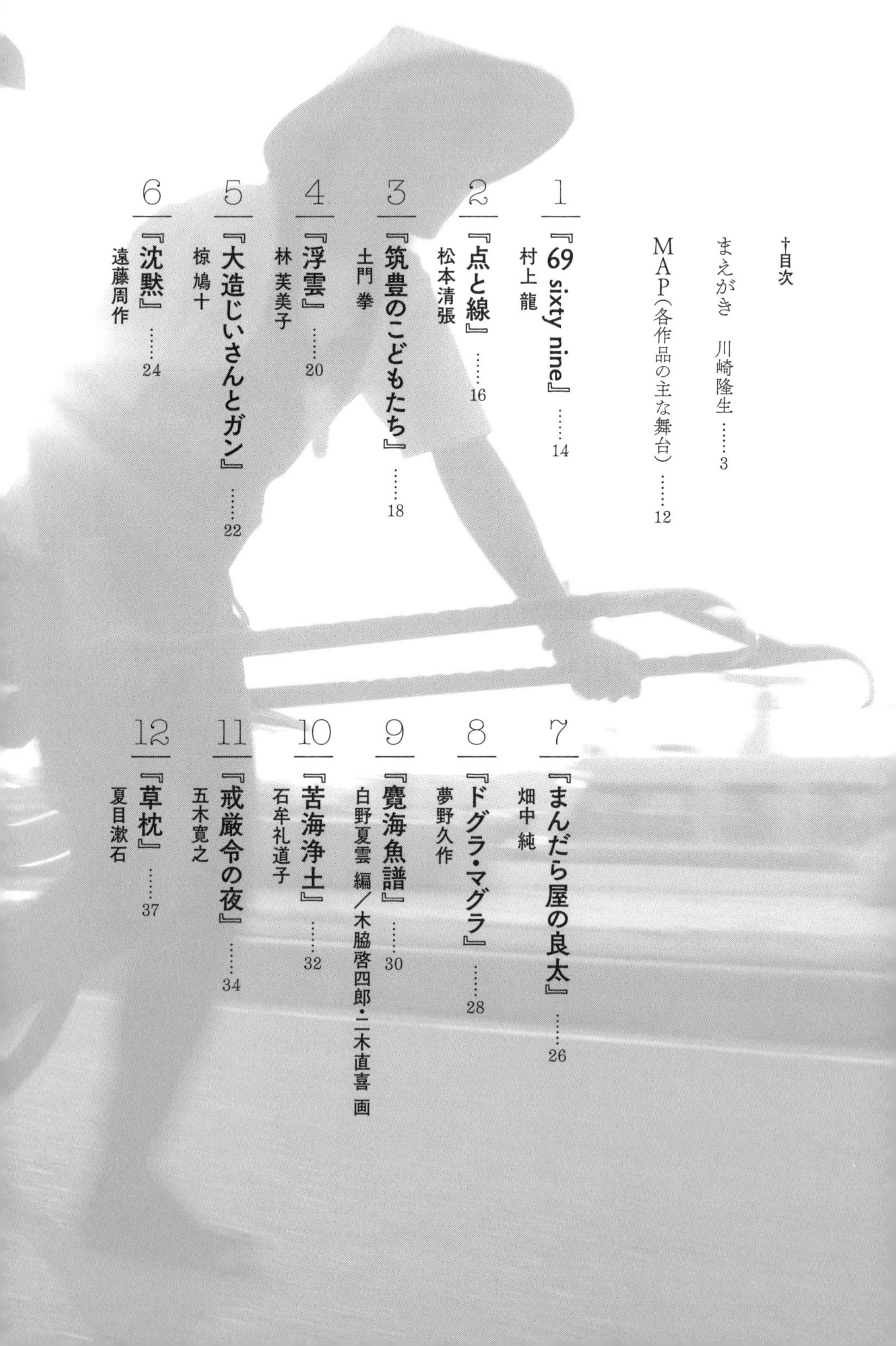

目次

まえがき　川崎隆生……3

MAP（各作品の主な舞台）……12

1 『69 sixty nine』……14
村上 龍

2 『点と線』……16
松本清張

3 『筑豊のこどもたち』……18
土門 拳

4 『浮雲』……20
林 芙美子

5 『大造じいさんとガン』……22
椋 鳩十

6 『沈黙』……24
遠藤周作

7 『まんだら屋の良太』……26
畑中 純

8 『ドグラ・マグラ』……28
夢野久作

9 『麑海魚譜』……30
白野夏雲 編／木脇啓四郎・二木直喜 画

10 『苦海浄土』……32
石牟礼道子

11 『戒厳令の夜』……34
五木寛之

12 『草枕』……37
夏目漱石

13 『魚雷艇学生』……39
島尾敏雄

14 『忘れられた日本人』……41
宮本常一

15 『まぼろしの邪馬台国』……43
宮崎康平

16 『月白の道』……46
丸山 豊

17 『若山牧水歌集』……48
若山牧水

18 『恩讐の彼方に』……51
菊池 寛

19 『明日 一九四五年八月八日・長崎』……53
井上光晴

20 『幻化』……55
梅崎春生

21 『カクテル・パーティー』……58
大城立裕

22 『幸島のサル』……60
三戸サツヱ

23 『海神丸』……62
野上弥生子

24 『次郎物語』……64
下村湖人

25 『奇妙な国』……66
島 比呂志

26 『トーマの心臓』……69
萩尾望都

27 『砦に拠る』……71
松下竜一

28 『祭りの場』……74
林 京子

29 『福翁自伝』……76
福沢諭吉

30 『リツ子・その愛』『リツ子・その死』……78
檀 一雄

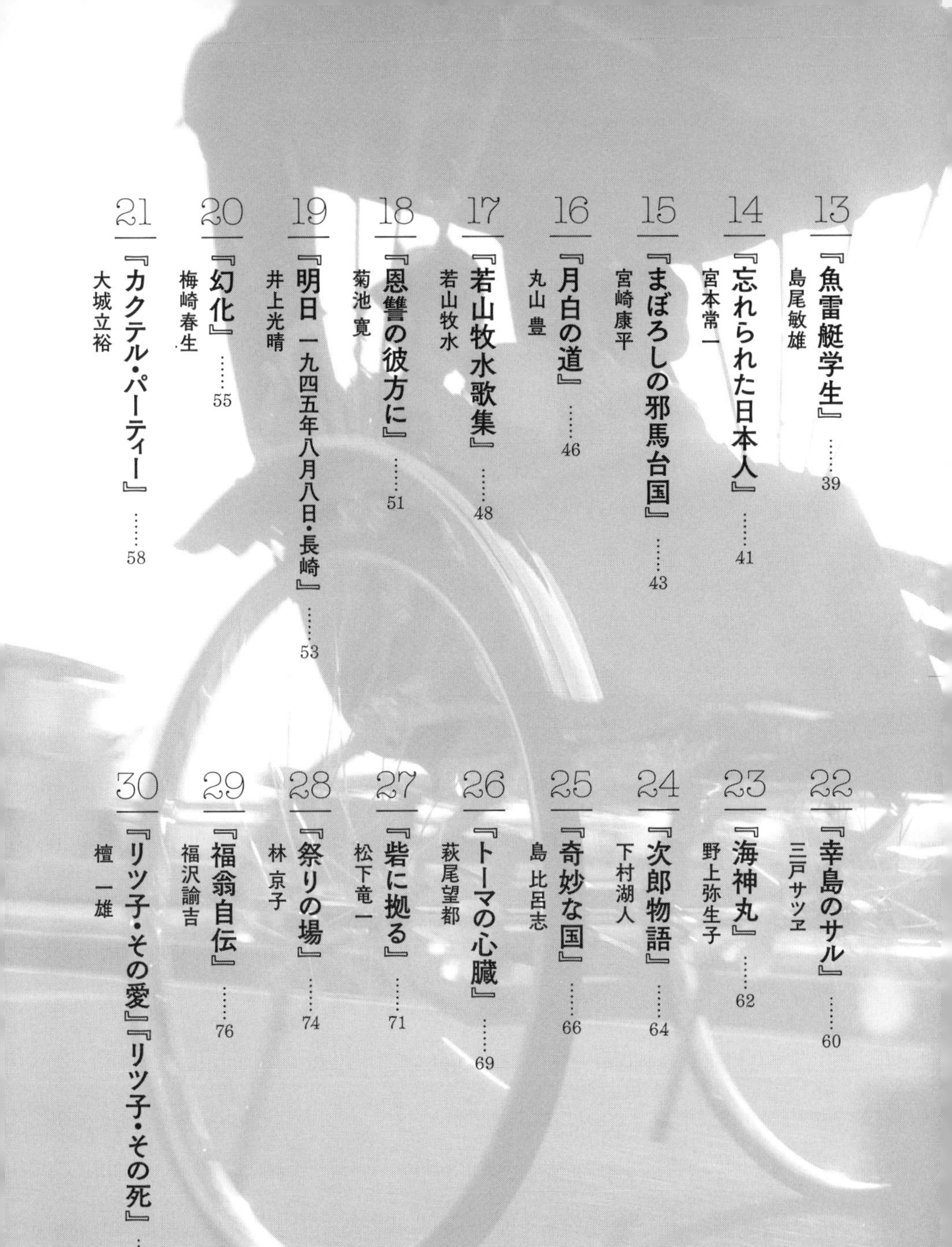

＊岩下俊作『富島松五郎傳』の松五郎が駆けた小倉の街（写真：岡部拓也／本文86頁）

31 『復讐するは我にあり』……81
佐木隆三

32 『無尽灯』……83
岩切章太郎

33 『富島松五郎傳』……86
岩下俊作

34 『後狩詞記』……88
柳田国男

35 『田中一村作品集』……90
田中一村

36 『諫早菖蒲日記』……93
野呂邦暢

37 『阿部一族』……95
森 鷗外

38 『思ひ出』……97
北原白秋

39 『杉田久女句集』……100
杉田久女

40 『海狼伝』……102
白石一郎

41 『君も僕も美しい』……105
武者小路実篤

42 『栗林慧全仕事』……107
栗林 慧

43 『志賀島』……110
岡松和夫

44 『西郷隆盛』……112
海音寺潮五郎

45 『旅愁』……115
横光利一

46 『花と龍』……117
火野葦平

47 『鯨神』……119
宇能鴻一郎

48 『廃市』……122
福永武彦

49　『王国と闇』……124
山本作兵衛

50　『山頭火日記』……127
種田山頭火

51　『長崎の鐘』……129
永井 隆

52　『三毛猫ホームズの無人島』……131
赤川次郎

53　『源おぢ』……134
国木田独歩

54　『五足の靴』……136
与謝野鉄幹ほか

55　『からゆきさん』……138
森崎和江

56　『はかた』……141
那珂太郎

57　『にあんちゃん』……143
安本末子

58　『海軍』……146
岩田豊雄

59　『追われゆく坑夫たち』……148
上野英信

60　『巨人の星』……151
梶原一騎 原作（川崎のぼる 作画）

61　『羊歯行』……153
石沢英太郎

62　『行路難』……156
郭 沫若

63　『神聖喜劇』……158
大西巨人

64　『灰燼』……161
徳冨蘆花

65　『汀女句集』……163
中村汀女

66　『繭』……165
林 房雄

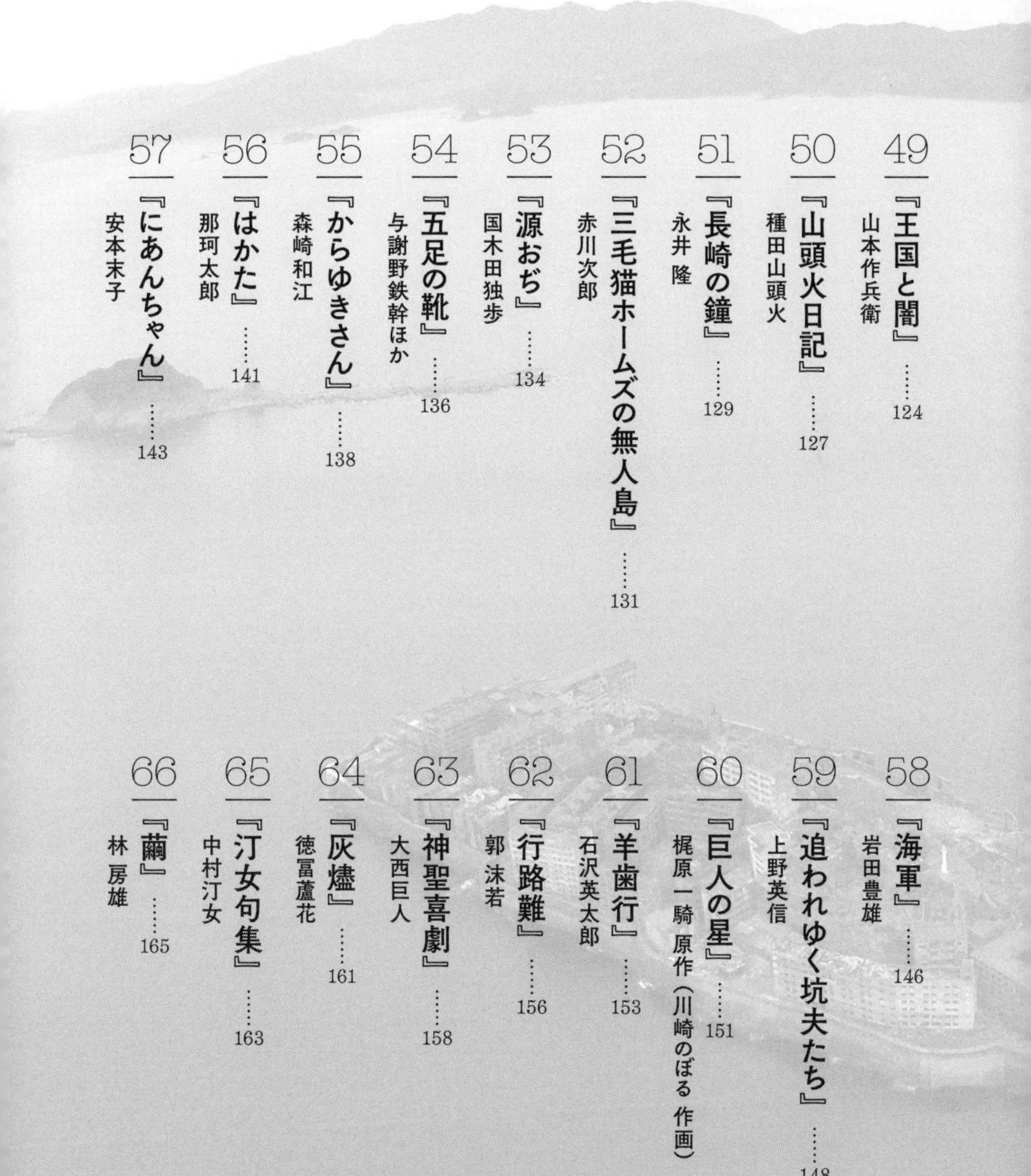

＊赤川次郎『三毛猫ホームズの無人島』の舞台となった長崎沖の〈軍艦島〉（撮影：伊東昌一郎／本文131頁）

67 『落日燃ゆ』……168
城山三郎

68 『ファザーファッカー』……170
内田春菊

69 『異聞浪人記』……172
滝口康彦

70 『第一阿房列車』……175
内田百閒

71 『日向』……177
中村地平

72 『九州文学散歩』……180
野田宇太郎

73 『パンドラの鐘』……182
野田秀樹

74 『記憶の固執』……185
山田かん

75 『東の国から』……187
ラフカディオ・ハーン

76 『山河の賦』……190
劉 寒吉

77 『水俣 MINAMATA』……192
W・ユージン・スミス／アイリーン・M・スミス

78 『山之口貘詩集』……195
山之口 貘

79 『武王の門』……197
北方謙三

80 『三たびの海峡』……200
帚木蓬生

81 『博多っ子純情』……202
長谷川法世

82 『三十三年の夢』……205
宮崎滔天

83 『原点が存在する』……207
谷川 雁

84 『永遠の1／2』……210
佐藤正午

85 『地雷を踏んだらサヨウナラ』一ノ瀬泰造……212
86 『蘇峰自伝』徳富蘇峰……215
87 『九州文壇日記』原田種夫……217
88 『少年の港』藤原新也……220
89 『水滴』目取真 俊……222
90 『童話術講話』久留島武彦……225
91 『蒸発』夏樹静子……228
92 『口伝 亜砒焼き谷』川原一之……230
93 『銀河の雫』高樹のぶ子……233
94 『聖水』青来有一……235
95 『銀河鉄道999』松本零士……238
96 『青湖』安永蕗子……241
97 『地底の宮殿』平野 遼……243
98 『百年佳約』村田喜代子……246
99 『白仏』辻 仁成……248
100 『サザエさん』長谷川町子……251

＊『原点が存在する』の谷川雁が幼年期に眺めていた不知火海（写真：納富猛／本文207頁）

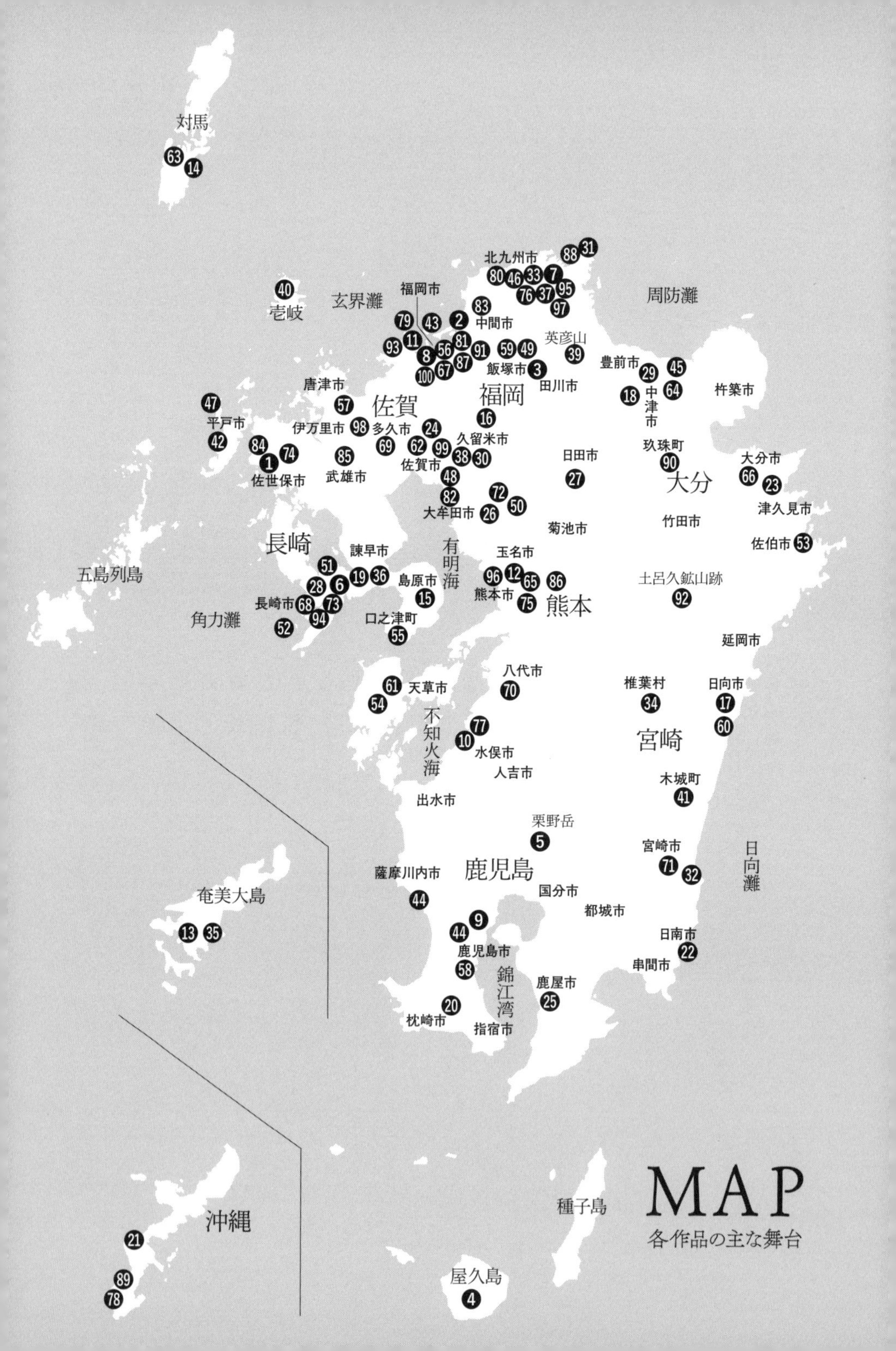
対馬
63 14
40
壱岐
玄界灘
福岡市
79 43 2
93 11 8 56 81 91
100 67 87
北九州市
88 31
80 46 33 7
76 37 95
97
83
中間市
59 49
英彦山
39
飯塚市 3
田川市
周防灘
豊前市
29 45
18
中津市
64
杵築市
唐津市
57
佐賀
福岡
47
平戸市
42
伊万里市 98
多久市
24
69 62 99
16
久留米市
38 30
佐賀市
84 74
1
佐世保市
85
武雄市
48
82
大牟田市 26
72 50
日田市
27
玖珠町
90
大分
大分市
66 23
津久見市
竹田市
菊池市
佐伯市 53
長崎
諫早市
51
19 36
6
28
長崎市 68 73
94
52
角力灘
五島列島
島原市
15
口之津町
55
有明海
玉名市
96 12 65 86
熊本市 75
熊本
土呂久鉱山跡
92
延岡市
八代市
70
天草市
61
54
不知火海
77
10
水俣市
人吉市
出水市
椎葉村
34
日向市
17
60
宮崎
木城町
41
栗野岳
5
宮崎市
71 32
日向灘
鹿児島
薩摩川内市
44
国分市
都城市
9
44
鹿児島市
58
錦江湾
鹿屋市
25
日南市
22
串間市
20
枕崎市
指宿市
奄美大島
13 35
沖縄
21
89
78
種子島
屋久島
4
MAP
各作品の主な舞台

1 『69 sixty nine』
2 『点と線』
3 『筑豊のこどもたち』
4 『浮雲』
5 『大造じいさんとガン』
6 『沈黙』
7 『まんだら屋の良太』
8 『ドグラ・マグラ』
9 『魔海魚譜』
10 『苦海浄土』
11 『戒厳令の夜』
12 『草枕』
13 『魚雷艇学生』
14 『忘れられた日本人』
15 『まぼろしの邪馬台国』
16 『月白の道』
17 『若山牧水歌集』
18 『恩讐の彼方に』
19 『明日 一九四五年八月八日・長崎』
20 『幻化』
21 『カクテル・パーティー』
22 『幸島のサル』
23 『海神丸』
24 『次郎物語』
25 『奇妙な国』

26 『トーマの心臓』
27 『砦に拠る』
28 『祭りの場』
29 『福翁自伝』
30 『リツ子・その愛』『リツ子・その死』
31 『復讐するは我にあり』
32 『無尽灯』
33 『富島松五郎傳』
34 『後狩詞記』
35 『田中一村作品集』
36 『諫早菖蒲日記』
37 『阿部一族』
38 『思ひ出』
39 『杉田久女句集』
40 『海狼伝』
41 『君も僕も美しい』
42 『栗林慧全仕事』
43 『志賀島』
44 『西郷隆盛』
45 『旅愁』
46 『花と龍』
47 『鯨神』
48 『廃市』
49 『王国と闇』
50 『山頭火日記』

51 『長崎の鐘』
52 『三毛猫ホームズの無人島』
53 『源おぢ』
54 『五足の靴』
55 『からゆきさん』
56 『はかた』
57 『にあんちゃん』
58 『海軍』
59 『追われゆく坑夫たち』
60 『巨人の星』
61 『羊歯行』
62 『行路難』
63 『神聖喜劇』
64 『灰燼』
65 『汀女句集』
66 『繭』
67 『落日燃ゆ』
68 『ファザーファッカー』
69 『異聞浪人記』
70 『第一阿房列車』
71 『日向』
72 『九州文学散歩』
73 『パンドラの鐘』
74 『記憶の固執』
75 『東の国から』

76 『山河の賦』
77 『水俣　MINAMATA』
78 『山之口貘詩集』
79 『武王の門』
80 『三たびの海峡』
81 『博多っ子純情』
82 『三十三年の夢』
83 『原点が存在する』
84 『永遠の1/2』
85 『地雷を踏んだらサヨウナラ』
86 『蘇峰自伝』
87 『九州文壇日記』
88 『少年の港』
89 『水滴』
90 『童話術講話』
91 『蒸発』
92 『口伝 亜砒焼き谷』
93 『銀河の雫』
94 『聖水』
95 『銀河鉄道999』
96 『青湖』
97 『地底の宮殿』
98 『百年佳約』
99 『白仏』
100 『サザエさん』

1

停滞突き抜けた〝祭り〟

『69 sixty nine』

村上龍

1987・集英社／のち集英社文庫、文春文庫

一九七〇（昭和四十五）年夏、大阪。日本万国博覧会を訪れた中村聡は、敗北感にさいなまれながらも、不思議な安らぎを感じていた。国民総生産（GNP）で自由主義圏第二位に立った敗戦国が、「人類の進歩と調和」をテーマに開催した世紀の祭典。近未来の意匠をまとったパビリオンに並ぶ人々の顔は、誇りと喜びに輝いていた。

「ぼくらの戦いは終わったんだ、とはっきり分かったんです」。五十三歳になった中村は述懐する。「そう、戦いです。龍さんなら『祭り』というでしょうがね」。郷里、長崎県佐世保市でイベント企画などを手掛ける中村は、照れたようにほほ笑んだ。

小説『69』は六九年の佐世保を舞台にした、痛快な「闘争と祭り」の物語だ。

高校三年のケンは相棒のアダマ、後輩のマスガキらと、夜の高校に侵入。屋上への出入り口を机やいすでバリケード封鎖（バリ封）し、校舎のあちこちにペンキで書き殴った。「国体粉砕」「造反有理」「同志よ、武器を取れ」。屋上からはためく垂れ幕には「想像力が権力を奪う」。校長の机にうんこまで垂れた。バリ封後、自宅謹慎をくらう。解かれた後はさっそく、ロックと自主制作映画のフェスティバルへ――。

エピソードはほぼ実話に基づき、登場人物にはモデルがいる。ケンはもちろん村上龍。中村はマスガキで、後日談的につづれば、翌七〇年に卒業式粉砕を決行して退学処分を受け、関西の高校に転校している。

「女にもてたい！」というオスの本能に忠実なケンは、「何かを強制されている個人や集団を見ると」「不快になる」。体制の中で退屈して生きる者には「一生、オレの楽しい笑い声を聴かせてやる」と言い放つ。ほとばしる反権力のエネルギーこそ、ロングセラー小説の魅力である。それは時代を揺るがした力でもあった。

アダマこと室田正則（54）＝広島市＝は「当時は文化も政治も生活もすべてが変わるという熱気があった」と語る。六〇年代末、「ラブ＆ピース」「自由」を叫ぶ色鮮やかなカウンターカルチャーとともに、世界各国で若者による反体制闘争が勃発した。日本の学生たちが闘った大きな敵は主に二つ。体制のヒエラルキーを固定化する大学の管理主義と同盟国・米国が進める〝汚れた戦争〟、ベトナム戦争だった。

六八年一月十七日、米原子力空母エンタープライズ号の寄港に反対する学生約八百人が、平瀬橋で機動隊と激突した。血を流して追われる学生を市民はかくまい、逃がした。「いい女を連れ回し、少ない平地を独占する米国に対するうっぷんが、学生への共感を生んだ」とマスガキ＝中村。機動隊に投石した中学生の一人だった。

学生運動はこの年、一気に燃え上がるが、約一年後の東大安田講堂陥落を境に退潮が始まる。

夏、長崎県内有数の進学校だった県立佐世保北高校で村上はバリ封を起こした。まるで、安定期に移行する体制を不意打ちするかのようであった。

六〇年代末の闘いは敗北に終わった――という見方は今も根強い。万博のにぎわいに挫折感を抱いた中村もその一人だろう。が、その後のジェンダー、人権、環境といった多様な分野における、小さいが息の長い闘争をはぐくむ素地になったという意見もある。

ともあれ、一つだけ言えることがある。社会はその後、徐々に熱を失い始めたということだ。

芸能プロモーターとして西日本を奔走するアダマ＝室田は「豊かさの中で日本人は去勢されてしまった」とつぶやく。『69』ではバンド仲間のフクちゃんとして登場し、今もベースを弾く増田清晴（54）＝福岡市＝は「七二年のあさま山荘事件が最後通告。以降、音楽でいえば、『反体制』さえパッケージ化されて消費されるようになった」という。「モノを買う」行為が幸せや満足感、時には自由の感覚やアイデンティティーさえ与えてくれる高度消費社会が到来した。うっすらと虚無感を伴いながら…。

二〇〇五（平成十七）年末、中村と別れて夜の佐世保を歩く。ふらりと寄ったバーで、中年男性が語りかけてきた。「福岡はどう？　佐世保は不景気でどうしようもない」。疲れのにじむ顔が、くたびれた自分を映す鏡のようで気が滅入った。瞬間、村上の精気あふれる顔を思い出す。まったりとした停滞感や退屈、もたれ合いに対する、強烈な嫌悪といらだちは、『69』から近作『半島を出よ』まで一貫して変わらない。『69』に描かれた青春こそ、作家・村上の原点だった。

バーを出ると、星一つない曇り空が広がっていた。朗らかなケンの笑い声を無性に聞きたくなった。（文＝岩田直仁）

村上龍　一九五二（昭和二十七）年二月十九日、長崎県佐世保市生まれ。佐世保北高校卒。武蔵野美術大学在学中の七六年、デビュー作『限りなく透明に近いブルー』を発表し、第十九回群像新人文学賞、第七十五回芥川賞を受賞。主な著作に『コインロッカー・ベイビーズ』（八〇年刊、野間文芸新人賞）、『愛と幻想のファシズム』（八七年）、『村上龍映画小説集』（九五年刊、平林たい子文学賞）、『イン　ザ・ミソスープ』（九七年刊、読売文学賞）、『共生虫』（二〇〇〇年刊、谷崎潤一郎賞）、『半島を出よ』（〇五年刊、毎日出版文化賞、野間文芸賞）、『歌うクジラ』（一〇年刊、毎日芸術賞）など。『69』は女性雑誌「ＭＯＲＥ」に連載された後、八七年に単行本として出版された自伝的小説。二〇〇四（平成十六）年、映画化された。

2

『点と線』

松本清張

虚線の裏の実線あばく

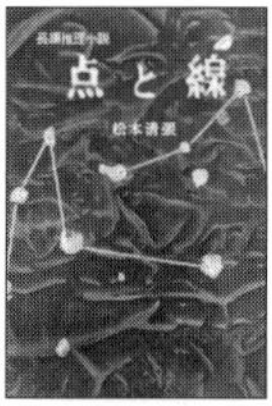

1958・光文社／のち光文社文庫、新潮文庫ほか

今から、ほぼ半世紀前に書かれたこの小説について、最近、二つの面白い話を聞き込んだ。

一つは、ミュンヘン五輪（一九七二〈昭和四十七〉）で日本男子バレーボールを世界の頂点に導いた、あの鮮やかな「時間差攻撃」が、この『点と線』のトリックから誕生したという話だ。バレーボールと、この推理小説が一体、どんな線で結ばれているのか？　取材は、時間差攻撃を編み出した男、日本バレーボール協会の松平康隆・名誉会長を訪ねることからはじまった。

東京・渋谷のカフェ。カプチーノを前に松平氏は、話しはじめた。

「東京五輪以来、日本男子バレーは、背丈の高い欧米選手のブロックに苦戦していた。厚く高い壁だった。そんな時、たまたま『点と線』を読んだ。冒頭の東京駅のシーンにハッとした。ラッシュアワーの東京駅で男が、連れの女二人に、仲むつまじく列車に乗り込む男女を目撃させる。十三番ホームから十五番ホームが見渡せるわずか四分間の空白を使って…」「そのときひらめいた。水平のホームを縦にしたら、バレーに応用できるのではないかと。東京駅の〝四分間の空白〟のように、相手のブロックを空白にする時間をつくればいいと」

おとりの選手がジャンプすることで、相手のブロックのタイミングを外し、別の選手がその空白の一秒間にスパイクを打ち込む——。時間差攻撃は、意外にも、この小説から生み出されていた。

もう一つの話は、福岡に住む中国人留学生からもたらされた。「母国では『点と線』は警察官の参考書です」と言った。本当だろうか？　半信半疑で、北京の首都師範大学の王成助教授（日本文学専攻）に国際電話を入れた。王氏の返事は、そのことを裏付けた。「『点と線』は、一九七八年に中国に紹介された。出版したのは警察官向けの出版物を出す群衆出版社。殺人を心中に偽装する手口、難攻不落のアリバイを持つ犯人を追い詰めてゆく刑事の執念が、まず、この小説を警官の実用書として普及させた」

『点と線』は、日本の社会派推理小説の原点といわれる作品である。一九五七年から一年間、日本交通公社（当時）発行の月刊誌「旅」に連載された。物語は、冬の寒い朝、福岡市の香椎《かしい》海岸で一組の男女の死体が発見されることから展開する。男は贈収賄事件の渦中にある中央官庁の課長補佐で、女は割烹《かっぽう》料亭の仲居。二人は一週間前、東京駅十五番ホームで博多行き寝台列車「あさかぜ」に乗り込むところが目撃されていることもあり、警察は情死事件として処理しつつあった。しかし、細部に疑問を持った地元の古参刑事と警視庁の若手刑事が事件を追跡、やがてある容疑者にたどりつく。が、彼には鉄壁のアリバイがある――。

　手に汗握るのは、時刻表を駆使し、九州、東京、北海道にまで張り巡らせた容疑者の周到なアリバイ工作を、刑事たちが突き崩していく過程である。それに、人物に圧倒的なリアリティーがある。特に、容疑者の妻が情死偽装に加担していく、暗く切ない情念の描写は精緻を極める。

　北九州市立松本清張記念館の学芸担当・中川里志氏は「捜査権を発動させないための偽装情死、東京駅ホームの四分間の空白などのトリックに加え、全編に漂う旅情、事件の背景に汚職事件という社会性を盛り込んだ新しさなど、数々の魅力が『点と線』を彩っている」と語る。それが、多くの評者をして、この作品を「トリックと人間を描くことを融合させ、日本の推理小説に新しい地平を開いた作品」と言わしめる所以《ゆえん》であろう。

　松本清張は、この作品に関して興味深いことを語っている。要約してみる。…自分は昭和二十八年暮れ、朝日新聞西部本社から東京本社に転任し、家族を残してしばらく荻窪の親戚の家に下宿し通勤していた。夕方、中央線のホームに立つと、九州行きの列車が見える日があった。あの列車に乗れば、明日の昼ごろには小倉の家族に会えるという感傷があった…。

　そうだったのだ。この作品の奥底には、単身赴任していた清張の郷愁が流れているのだ。清張は、その郷愁を旅情に昇華させ、高度成長期に向かって目まぐるしく変化する昭和三十年代初頭の世相や、上級役人を支えるため官僚組織の中で翻弄《ほんろう》される下級官僚の悲劇もこの小説に書き込んだ。そして、常識の盲点を突き、虚線に隠された実線をあばく、この小説は出版後、一挙にベストセラーに躍り出た。

　取材の最後に、夕刻の東京駅に立った。コートを着て家路を急ぐ無数の人々が、それぞれ孤独な「点」に見えた。私も、また、「点」となって、九州行きの寝台特急に乗り込んだ。

（文＝藤田 中）

松本清張　一九〇九（明治四十二）年十二月二十一日、福岡県企救郡板櫃村（現・北九州市小倉北区）生まれ。五〇（昭和二十五）年、朝日新聞西部本社広告部に勤務する傍ら書いた小説『西郷札』が週刊朝日の懸賞で入選（翌年の直木賞候補となる）。五三年『或る「小倉日記」伝』で第二十八回芥川賞。同年十一月上京。五六年から作家活動に専念、『点と線』『眼の壁』などで社会派推理小説という新分野を開拓。作品は歴史小説、古代史・現代史など多岐にわたり、代表作に『砂の器』『ゼロの焦点』『古代史疑』（毎日出版文化賞）『日本の黒い霧』（同賞）『昭和史発掘』など。菊池寛賞（七〇年）、朝日賞（九〇年）ほか受賞。九二（平成四）年八月四日死去。翌年、松本清張賞（主催・日本文学振興会）が創設された。

3

「時代の熱」が立ち上る

『筑豊のこどもたち』

土《ど》門《もん》 拳

1960・パトリア書店／のち築地書館（新装版）

福岡県筑豊地方の大任《おおとう》町に生まれ育った帆足由紀（30）は一昨年（二〇〇四）、若手写真家の登竜門の一つとされる富士フォトサロン新人賞を手にした。受賞作は《風景――炭坑の町だった筑豊》。審査員の江成常夫（写真家、九州産業大学大学院教授）は「土門拳さんの名作『筑豊のこどもたち』とどこか通じるものを感じる」と評価した。

思いがけず巨匠土門の名が出たことに、帆足は喜びの半面、戸惑った。土門のカメラがとらえた半世紀前の筑豊は、自分の写した町と「まるで別物」に思えるからだ。

高度経済成長の前夜、エネルギー政策の転換で炭鉱労働者が失業にあえいでいた国内最大の筑豊炭田。土門はそこで、子どもを主役に据えて社会のひずみを撮った。帆足は「『筑豊のこどもたち』の本当の主役は、写真の奥底から立ち上ってくる『時代』だと思うのです」と話す。

一九五九（昭和三十四）年十二月。パトリア書店（東京）の撮影依頼を受けて、土門は助手と筑豊に乗り込む。廃屋のような炭鉱住宅（炭住）に泊まり、炭住街や学校、ボタ山と撮り回った。しかし、取材は難航。二週間という時間の制約に加え、労組や役場も協力的とは言えなかった。土門は「気負い込んでやって来たが、想像したほどではない。この程度の貧困なら東京の江東にも随分ある。写真集としてはこのままでは弱いような気もする」と現地からの第一報を出版社に寄せている。

体調不良も気分を滅《め》入《い》らせたに違いない。田川市の医師中山陽（78）は、診療所に訪ねて来た土門の血圧が一八八もあるのに驚き「つらそうな感じだった」と記憶する。

筑豊を追う土門の目は子どもに向かった。撮影地の一つに、不遇な家庭環境の子どもを保護する福岡県田川児童相談所がある。大きな体と鋭い眼光の土門に子どもたちはおびえた。同所の嘱託医でもあった中山の述懐。「土門さんは偉かった。最初の一日、全くカメラを出さなかった。しかも小便臭い布団に子どもと一緒に寝たんだよ」

白い下敷き状のレフ板（反射材）を構えた助手が子どもたちをあやし、緊張がほぐれた一瞬を切り取る。寡黙な土門は、自らの造語である「シャッターチャンス」を見事に積み重ねていった。

子どもたちの姿は、週刊誌（B5判）大で九十六ページ、わら半紙を用いた定価百円の写真集に編まれた。土門は

「丸めて手にもてる、そんな親しみを、見る人々に伝えたかった」と記している。

暗い屋内を背に、ひとみに不安を漂わせる表紙の少女は、当時小学四年のるみえ。妹のさゆりとともに、極貧に暮らす「筑豊の姉妹」として写真集の主人公のようになった。五五年に石炭合理化法が制定され、最盛期に二百七十四坑あった筑豊のヤマは、撮影時には百六十八坑に減っていた。閉山はその後もなだれを打って続く。るみえのまなざしは、炭鉱の先行きを憂う人々の心情に重なった。

ジャーナリスト長谷川明は、土門が公式な自己批判はしていないものの、戦前の報道写真に一番欠けていたのはリアリズムだと考え、自分なりの戦争責任の取り方としてリアリズム運動に傾注した、と自著『写真を見る眼』で推察している。土門は戦後、意識して「報道写真」の言葉を避けていたという。

筑豊を訪れる前年、土門は写真誌の審査評で、北海道でボタ拾いの労働者を撮影したアマチュア作品を「きわめて通俗的な筋書きを追って、対象のすごさによりかかっているだけ」と酷評している。自分ならば炭鉱をこう撮る――『筑豊のこどもたち』は土門流の鮮烈な主張でもあった。

国の無策に怒りを込めた土門の写真集は、全国に筑豊の支援運動を広げる熱を放つ。初版九千部の写真集は十万部を超すベストセラーとなった。一方で、地元には「恥部をさらけ出された」と冷ややかな受け止め方もあった。土門がクローズアップした「暗く、貧しい筑豊」は、住む者の胸を締めつけ、直視できない強烈さも伴った。

出版から四十六年を経た『筑豊のこどもたち』を手に、筑豊を歩いた。同行した帆足は「おそらく地元でも若い人の大半が、この本を知らない」と言う。自分自身も社会人となり、カメラを手にして土門拳を知った。地元の炭鉱についてきちんと教わった経験もない。「大人になった『筑豊のこどもたち』は、炭鉱の記憶を避けようとしてきたのかもしれません」

筑豊のボタ山は次々に姿を消し、残された炭住跡の建て替えも進む。町中で炭鉱の足跡をたどることは難しくなった。その中にあって、赤い表紙の『筑豊のこどもたち』は熾《おき》のように、時代の熱をたたえている。（文＝大久保昭彦）

土門 拳　一九〇九（明治四十二）年十月二十五日、山形県酒田市生まれ。家族と共に七歳で上京し、神奈川県立横浜第二中学（旧制。現・横浜翠嵐高校）時代は画家を志すものの、父の反対もあり断念。二十四歳の時に母の勧めで写真の道に入る。名取洋之助主宰の「日本工房」などを経て、古寺や文楽の撮影を開始。戦後はリアリズム写真を唱え、写真集『ヒロシマ』『筑豊のこどもたち』などを発表した。「古寺巡礼」をライフワークとし、さまざまな対象を通して〝日本の美〟を追求した功績により七一（昭和四十六）年、菊池寛賞。七四年、紫綬褒章、酒田市名誉市民、七八年、朝日賞ほか。七九年に脳血栓で倒れ、意識が戻らぬまま九〇（平成二）年に八十歳で死去。闘病中の八一年、土門拳賞（主催・毎日新聞社）が創設されたほか、酒田市に土門拳記念館がある。

4

『浮雲』林 芙美子

屋久島に抱かれ
過去を清算

1951・六興出版社／のち
角川文庫ほか

長編小説『浮雲』は、主人公のゆき子と富岡が屋久島に流れ、そこでゆき子が死んで終わる。何の伏線もないヒロインの死を唐突に感じ、鹿児島港からフェリー・屋久島2に乗った。手掛かりは林芙美子の取材日記ともいえる随筆『屋久島紀行』である。午前八時、屋久島2はモヤイを解いた。

花の命は短くて苦しきことのみ多かりき

有名な歌碑の建つ芙美子の本籍地・桜島が、だんだんと小さくなった。

物語は男と女の情念がもうもうと立ち上る。戦時中、仏印のダラット（ベトナムの高原の町）で蜜月の時をすごした二人だったが、引き揚げた焼土の東京では、富岡はボロ布のように疲れていた。仕事はうまくいかず、家庭や妻、愛人ゆき子との関係が疎ましい。そんな富岡の気持ちを知りながら、ゆき子はずるずると逢瀬《おうせ》を重ねる。情死を考えた温泉旅行、妊娠、堕胎。外国人との行きずりの恋や、昔の男との復縁もある。富岡も新しい愛人をつくる――といった具合だ。

芙美子の取材行は激しい雨で船が出ず、鹿児島で四日間足止めを食っている。当時の照国丸が、マルセイユで見た客船に似ていると感じた芙美子は「このまま何処でもいいから遠くの外国へ向かって航海して行きたい気がした」とつづる。当時、沖縄や奄美諸島は米国統治下にあり、屋久島は日本の南端。国境の島だった。物語の終着点にこの島を選ばせたのは、何かから逃れたいという芙美子の願望だったと思われる。

屋久島に向かう照国丸の乗客たちは、土産の金魚鉢を抱えていた。

「へー金魚鉢、ちね」

屋久島2に乗り合わせた自営業の男性（76）は、何度もこの航路を利用してきた。が、そんな光景に出会ったことはないという。他の乗客も首を横に振った。芙美子は実際に見ていて「屋久島には金魚がいないのかしら」「どの人の手にも小さい金魚鉢がかかえられているのは、何となく牧歌的である」と感じている。

『浮雲』が雑誌連載された足掛け三年の間に、作家の心境は変化していった。船で南に向かうことも芙美子をウキウキした気分にさせたろう。たった一行の記述だが、金魚鉢のくだりにはそれまでにない陽気さが漂う。戦前、芙美子は自宅の池でランチュウを飼うほど金魚が好きだった。

　ドロドロとした筋立ての『浮雲』が風俗小説に堕することがなかったのは、折に触れて回想されるダラットの光景にある。ダンディーだった富岡をはじめ仏印のまばゆい光景は、寒々と湿っぽく描かれる敗戦国・日本を照射し、人々の心の闇を際立たせた。そこには芙美子の後ろめたさといったものも吐露されていよう。

『放浪記』によって人気作家となっていた芙美子は、戦時中、従軍記者としてペンを振るった。陥落後の南京に一番乗りした署名記事などが、派手に新聞を飾っている。帰国しては戦況報告会を開き、戦意高揚に一定の役割を果たした。無論、国家総動員体制下でのこと、ではある。

　ダラットの富岡に「絶対に勝てやしないよ」と言わせたのは、勝てると言わされた者の心の痛みではなかったか。

　丸い屋久島を時計盤に見立てれば、十二時の位置が宮之浦、安房《あんぼう》は三時である。そこには大きな桟橋がない。照国丸は沖合に停泊し、はしけが富岡とゆき子を吊り橋下の浜に運んだ。『屋久島紀行』には、三人の男が櫓《ろ》をこいだとある。

　かつてその吊り橋の近くでガソリンスタンドを経営していた内田喜一さん(62)は「バスが通ると一メートルも沈み込むような橋だった」と苦笑いする。

　芙美子は島に一台しかないバスを雇って島内を巡った。「月に三十五日も雨が降る」と言われる屋久島。雨音が耳をふさぐほどだった。道は狭くタイヤはぬかるみ、今なら二十分ほどの道のりに二時間も費やしている。途中、買い物帰りの女性を送ろうとしたが、彼女は車が怖いと断った。多くはランプ生活、子どもたちは裸足《はだし》。ほとんどの人は島から一歩も出たことがなく、宮之浦さえ知らない人もいた。後日、世界遺産となる自然の中に暮らす人々を見た芙美子は、ベトナムやジャワを思い浮かべた。そして彼女の中で何かがふっきれたに違いない。

　死の間際のヒロインに抜けるような青空を見させ、はっきりとした贖罪《しょくざい》の言葉をつづる。つまり、東京裁判を伝えるラジオ放送を二人が聞くシーンを回想として書き、富岡に「胸が痛い」と言わせ、ゆき子にこう語らせる。

「私や貴方もふくまれているのよ、この裁判にはね。私、戦争ってものの生態を、聴いておきたい気がするのよ」

　芙美子の分身であるゆき子は間もなく血を吐いて帰らぬ人となる。唐突に思えたその死は、芙美子自身の過去との決別だったのであろう。

（文＝井口幸久）

林 芙美子　一九〇三（明治三十六）年、山口県下関市生まれ（福岡県門司市説もある）。行商をしていた両親とともに各地を回った。尾道の女学校を卒業後、愛人を追って上京。カフェの女給など職を転々としながら詩を書き、文学を志す。このころの多感な日々を日記風につづった『放浪記』（三〇年刊）がベストセラーとなり作家の道へ。『風琴と魚の町』『牡蠣』『うず潮』『晩菊』（女流文学賞）などを発表。朝日新聞に『めし』を連載中の五一（昭和二十六）年六月、心臓麻痺で急死。『浮雲』は四九年十一月から五〇年八月まで雑誌「風雪」に、同九月から五一年四月まで雑誌「文學界」に連載された。二〇一四（平成二十六）年、林芙美子文学賞（主催・北九州市）が創設された。

5

動物に託し
命の重さ問う

『大造じいさんとガン』

椋《むく》鳩《はと》十《じゅう》

1947・光文社（『動物のふしぎ』に収録）／のち大日本図書、理論社ほか

私が『大造じいさんとガン』と出合ったのは小学五年生のとき、国語の教科書でした。わずか十数ページの物語ですが小学生にとっては〝長編〟でした。それでも、一気に読み上げました。大空に飛び立つガンの頭領・残雪を、大造じいさんが見送るラストシーンが目の前に鮮明に広がり、すがすがしい気分になったのを二十年後の今もはっきりと覚えています。

この作品は、太平洋戦争に突入する直前の一九四一（昭和十六）年十一月、月刊誌「少年倶楽部」に発表されました。椋鳩十は動物を主人公にした児童向けの物語を三百以上も書き残していますが、『大造じいさんとガン』はごく初期の作品です。

舞台は鹿児島県北部栗野岳のふもと。年老いた狩人から聞いたガン狩りの話として、物語はつづられます。翼に真っ白な混じり毛を持った残雪はガンの群れのリーダー。利口で人間を寄せ付けません。大造じいさんは、数年にわたって残雪と戦いますが、仕留めることができません。ある年、残雪は大造じいさんが用いたおとりのガンを助けようとしてけがを負います。思いがけず残雪を捕まえた大造じいさんは残雪を介抱してやり、けがの癒えた残雪を放つのでした。「おれたちはまた堂々とたたかおうじゃないか」と呼び掛けて。

作品は現在も教科書に掲載されています。鹿児島市に住む椋の長男・久保田喬彦さん（75）は、作品の魅力を語ります。「いつまでたっても新しく感じます。おじいさんとガンの関係性はいかなる時代も変わらない。おじいさんやガンの行動に変な理屈をつけないところも、深く考えさせられます」

椋の作品に通じるもう一つの特徴は、正確な描写です。鹿児島県姶良《あいら》市加治木《かじき》町の椋鳩十文学記念館には、二百冊以上に及ぶ取材ノートが残され、狩りの方法から肉の分け方まで、その特徴を地区ごとに何通りも細かく書き出しています。講演に行けば、謝礼の代わりに地元の猟師を紹介してほしいと頼んでいたほど。クモやマムシまで、自宅で飼えるものは飼って観察し、生態や習性を描写しました。無駄がなく精密な文章がいつまでも古くならない要因でしょう。

受け入れられなかったこともありました。一九七〇（昭和四十五）年前後、ある学校で講演したとき教師の半数以上がボイコットしました。『大造じいさんとガン』は、大戦直前に発表され、子どもを戦争へ駆り立てる意図が隠されている——というのが、その理由でした。

これについて椋は、次のように心境を語っています。戦時中「死ぬことが美しい」という考え方が広まった。そうではなく「生きることこそ美しい」ことを強調したかった。不合理で、非人間的な軍国主義の時代だからこそ、「動物ども」の生命の尊厳をうたいあげることが、最も痛烈にクレージーな時代を告発することになると私は信じた、と。厳しい言論統制下にあっては、動物を主人公にしない限り、命の尊さを直接に伝えることが困難だったのでしょう。

椋は一九三〇（昭和五）年、種子島で高等小学校の代用教員に就きました。そこでは「ふんどしで授業をして三カ月でクビになった」という逸話を残しています。喬彦さんによると、当時の教え子はそんな授業は受けていないと言い、代用教員の任期も初めからの約束だったようです。

「父はほら吹きだったという人も多い。サービス精神が旺盛なので聞く人の反応を見ながら喜ぶような話に変えたので、『ほら』になったのかもしれません」

膨大な取材ノートに見られるように、几帳面《きちょうめん》でもありました。特に時間には厳しく、例えば空港に行くときは、高速が不通になって引き返し一般道で向かうという万が一の場合を想定して、時間を逆算して出掛けたといいます。

さまざまな顔を見せる椋を喬彦さんは「人間らしい人間というしかない」と言います。教え子が授業中にこっそり本を読めば「こっちの方がいいぞ」と別の本を渡したという話もあります。

「鹿児島は人情がいい。ここなら飢え死にしない」と椋は言い、その言葉通り鹿児島に骨をうずめます。自ら「一匹狼」と称し、地方の作家として独自の創作活動を貫きました。

読み直すと、大造じいさんと残雪の交流に変わらぬさわやかさを感じ、相手を思いやる気持ちや傷ついても一生懸命生き抜く姿が、命の重みや生き方を問いかけます。動物の本能や自然の懐の深さを通して人間の本質を問う。椋の基本軸は、最後までぶれることはありませんでした。目に見える豊かさだけに執着してギスギスと余裕のない今。「ほらの一つも吹けなくてどうする」という椋の声が聞こえてきそうでした。

（文＝小池鈴美）

椋鳩十　一九〇五（明治三十八）年、長野県下伊那郡喬木村阿島生まれ。本名・久保田彦穂。法政大学在学中、詩人佐藤惣之助主宰の「詩之家」の同人となる。三〇（昭和五）年、鹿児島に移り、加治木高等女学校に勤務しながら、「椋鳩十」のペンネームで山窩小説『山窩調』を出版。三八年、初めての児童向け動物物語『山の太郎グマ』を「少年倶楽部」に発表。四七（昭和二十二）年から同県立図書館館長を務め「母と子の二十分間読書運動」を提唱。五八年、図書館活動の功績により西日本文化賞。『片耳の大鹿』で文部大臣奨励賞（五二年）、『孤島の野犬』で国際アンデルセン賞、サンケイ児童出版文化賞（六四年）、『マヤの一生』『モモちゃんとあかね』で第一回赤い鳥文学賞（七一年）などを受賞。八七年十二月二十七日死去。九一（平成三）年、椋鳩十児童文学賞（主催・鹿児島市）が創設された（二〇一四年で終了）。

6

『沈黙』遠藤周作

転び者の声なき声を

1966・新潮社／のち新潮文庫ほか

カトリック作家・遠藤周作の代表作『沈黙』（一九六六〈昭和四十一〉）は発表されてしばらく、作家が愛し、小説の舞台とした長崎では「禁書」にひとしかった。司祭が踏絵《ふみえ》に足を掛ける結末を快く思わなかった教会の指導者から糾弾されたためである。

司祭ロドリゴが潜伏したトモギ村こと外海《そとめ》。角力灘《すもう》を見下ろす「沈黙の碑」は建立間もない一九八八年、何者かによって青ペンキがかけられた。二〇〇〇（平成十二）年には遠藤周作文学館が開館、陸の孤島といわれた寒村に年三万を超す遠藤ファンが訪れている。だが土地の人は「遠藤先生の沈黙ですか…。難しゅうして、ようと分からんです」などと言葉を濁すのである。

平成の大合併で長崎市に編入された外海は、遙かに五島を望む西彼杵《にしそのぎ》半島の西岸にあり「かつては全村民のほとんどが洗礼を受けた」キリシタンの里である。徳川の禁令から七代にわたる弾圧をなめた子孫には、フィクションとはいえ、往時を活写した小説は読むに辛《つら》いのかもしれない。心ならずも「転んだ」先達《せんだつ》の、足の痛みを思うのだろうか。

外海を訪ねた日は、ロドリゴが上陸した翌朝と同じように雨が降り続いていた。遠藤も取材で訪れた枯松《かれまつ》神社は、全国で三社しかないというキリシタンを祀《まつ》る祠《ほこら》だった。近くに横たわる自然石は表面がごつごつしており、よく見ると十字が刻まれている。

「キリシタン墓です。十字架が見えんように、表と裏を逆さにして置かれとったとです」。外海史跡保存会の山崎政行さん（76）が教えてくれた。

表向きは仏徒を装い、子へ孫へと祈りの言葉であるオラショをひそかに口伝えた末裔《まつえい》は、教会に戻ったカトリックと寺に帰依した仏教徒、そして潜伏時代の習俗を守るカクレキリシタンとに分かれている。禁令が解けて百三十三年。選び取った宗旨の違いからいがみ合うこともあった三派に、変化の兆しが見えてきた。

枯松神社で年一回、そろって先祖を偲《しの》ぶ祭りが六回を数える。一昨年（二〇〇四）は、カトリック式のミサに続いてキリシタンの爺役《じいやく》がオラショをささげ、僧が教えを説いた。潜伏時代、外海の住民が形の上で檀家となった曹洞宗天福《てんぷく》寺の十一代、塩屋秀見住職（53）である。

椎木《しいのき》がザワザワ音を立てていた。住職はこう呼び掛けた。

「一本一本の木、一枝一枝が、四百年前の先祖の思いを受け継いで、この日を喜び音を立てているのでしょう」

同じように遠藤順子夫人（78）は『沈黙』についてこう語っている。「転び者として教会の歴史に長く閉じ込められてきた多くのキリシタンの声なき声こそ、主人は書きたかったのです」。

遠藤周作は『沈黙』の執筆に取り掛かる前、肺結核で三度の手術を受けている。心臓が何秒か停止するほどの難手術だった。四千ccの血を流し、死と向き合うなか、看護婦に手を握られ「ふしぎに傷の痛みが鎮まっていくのを感じた」。病室へ戻ると、苦しみと孤独とを打ち明ける相手だった九官鳥が、身代わりのように死んでいた。

病床体験などを題材にした短編群に登場する犬の眼や鳥の眼は、人間の弱さをほんとうに理解する同伴者イエスを暗示している。『沈黙』のイエスも、主人公がマカオで思い描く「雄々しい力強い顔」が徐々に変化してゆき、踏絵の場面では、くたびれ果てた「悲しげな眼差《まなざ》し」で司祭を見つめる。そして「私は沈黙していたのではない。一緒に苦しんでいたのに」と語りかけるのである。

枯松神社を訪ねた次の日。山崎政行さんの先導で次兵衛《じへい》岩を目指した。ダム上流にある林道の行き止まりから杖《つえ》を頼りに沢伝い、一時間余り登ったところにそびえる巨岩の洞窟は、小説と同時代に日本人司祭がひと冬を過ごした隠れ処《が》だった。近くには炭焼き窯の跡もあり、山中を彷徨《ほうこう》するロドリゴがよみがえってくる。

「ほら、これが大文字草《だいもんじそう》。褪《あ》せてしまっとるけど、十月から十一月ごろは真っ白か花ばつけて、そりゃあ美しかですよ」。苔《こけ》むした岩の間からのぞく野草に、山崎さんは腰をかがめた。遠藤も、繰り返される蠅《はえ》の羽音、蟬《せみ》の声、鶏鳴といった単調なリズムで自然を描きながら、その汎神的風土にも働く神の存在を映し出そうとした。

母に従い十二歳で受洗した遠藤は、「着せられた洋服」であるキリスト教をぬぎ棄《す》てられず「自分に合う和服」に仕立て直す試みを生涯続けた。『死海のほとり』『侍』へと続く母のイメージをもつ同伴者イエス、そして『沈黙』とともに柩《ひつぎ》に入れられた最後の長編『深い河』で到達した、文化や国の違いに応じてさまざまな表情を見せる神の提示である。

生前、遠藤が「神が僕のためにとっておいてくれた土地」といった外海の文学館のテラスに立つ。眼前に広がる凪《なぎ》の海に、うるんだ夕陽《ゆうひ》が吸い込まれていった。海も陽も、もちろん何も語らなかったが。

（文＝田川大介）

遠藤周作　一九二三（大正十二）年三月二十七日、東京・巣鴨で生まれる。大連から帰国後の三五（昭和十）年受洗。慶応大仏文科卒。五〇（昭和二十五）年、戦後初の留学生として渡仏。五五年『白い人』で芥川賞。安岡章太郎、吉行淳之介らとともに「第三の新人」と呼ばれる。九州大医学部の生体解剖事件を題材にした『海と毒薬』（五八年刊、毎日出版文化賞）で文壇的地位を確立。純文学の傍ら執筆した「ぐうたらシリーズ」などの〝狐狸庵もの〟も人気を集める。素人劇団「樹座」の結成、心あたたかな医療キャンペーンも展開。谷崎賞（六六年）、読売文学賞（七九年）、文化勲章（九五年）ほか。九六（平成八）年九月二十九日死去。長崎市東出津町に遠藤周作文学館がある。

7

愚かさ賢さ
湯に肩並べ

『まんだら屋の良太《りょうた》』

畑中 純

1979〜・実業之日本社（マンサンコミックス）／のち畑中純事務所（オンデマンド版）ほか

ずいぶん久しぶりに読みふけった。通勤電車の中で。取材に向かうバスの中で。際限なくスケベな一コマ一コマを、隣に座った女性客の視線から隠すようにして。劇画調の描線からにおい立つのは温泉郷の湯煙だけではない。性欲、金銭欲、暴力、ずるさ、賢さ…。生身の人間の強烈なにおいが鼻を突く。

「九鬼谷《くきたに》の千両万両湯舟の中で　人の愚かさ賢さが肩を並べて笑ってござる　千両もろても湯谷はいやよ　鬼の巣じゃもの谷じゃもの　万両のおみやげ持たせてあげよ　花も実もある谷じゃもの」

作者、畑中純が掲げた案内に誘われる。読む者は、いつしか幻の九鬼谷温泉を旅する。

峠を行くバスはうなりを上げた。JR小倉駅前（北九州市小倉北区）から「九鬼谷温泉行き」に乗る。街を抜け、紫川の源流へ。バスは福智山麓を目指す。約三十キロ、一時間ほど揺られる。「国見峠」を越えると、たなびく雲はるか、ひそかに浮かぶ桃源郷「九鬼谷温泉」が眼下に広がる。

地図に、その名を見つけることはできない。畑中は「生まれ育った北九州・小倉の中でも特に好きな南はずれにユートピアをつくりたかった」という。門司を有する企救《きく》半島の付け根、小倉南区の鱒淵《ますぶち》ダム付近にあたる。半島名をひっくり返した温泉名。「昔、谷には鬼が住んでいるといわれた。鬼は人間の欲望。九鬼谷にはいろんなタイプの鬼がいるのです」

観光旅館「まんだら屋」は温泉街の南にある。露天風呂の数を尋ねると、「五つや。風呂だけが自慢の宿やけ」。北九州弁が返ってくる。丸刈りの頭に下膨《しもぶく》れの顔、小太り体形の十七歳。この老舗旅館の二男・大山良太である。小倉城南高校の生徒だが世間を知り尽くしたかのようなずぶとさを持つ良太と、九鬼谷温泉に出入りする人たちが「艶笑《えんしょう》騒動譚《そうどうたん》」を生み出す。

その中心にはあからさまなセックスシーンが描かれる。エロ漫画として楽しんでいる読者も多い。「騒動譚」が人間のエネルギーにあふれる理由でもある。例えば、仲居のムッちゃんと野性味あふれる夫が、食べて、寝て、セックスをする姿を軸とした「美的生活」という作品。畑中は「食欲と性欲のみで男のエゴをかわいく表現してみたかった」と振り返る。

「どんな欲望、どんなマイナスを引きずっていても、すべてひっくるめて人間なのだから」。人間の体温や体臭を織り込む。畑中の作品づくりは命のはつらつさを確認する作業でもあった。

まんじゅう屋「与之介」、土産屋「こけし堂」、ストリップ「湯の町ヌード劇場」、スナック「ロマン」…。

九州各地の温泉を取材するエッセイスト、筒井泰彦さん（61）＝佐賀市在住＝も九鬼谷温泉を旅する。「わいせつ、土産、そぞろ歩き。川も、祭りも土俗的な信仰も。温泉に期待する非日常の世界がすべてある」と。

畑中がユートピア建設を始めたのは約三十年前。届いた一組の絵はがきがきっかけだ。漫画家としては食えず、「周囲に生活保護を勧められるぐらい、貧しかった」。妻となる女性からの絵はがきに描かれていたのは大分県の湯平《ゆのひら》温泉。「温泉に行く作品はたくさんあった。温泉側から、やって来る人を眺めてやれ」。視点を逆にしたことで、動きだした。

湯煙の間を縫って行くと、すれ違う人々も個性的だ。やくざの親分、不良少女、人生に疲れたキャリアウーマン、ヒモ、大金持ち…。管理社会からドロップアウトした人ばかり。「北九州は労働者が集まって一旗揚げようとしのぎを削った。街も人もエネルギーにあふれていた」。性のにおいのする映画、近所の貸本屋でよみふけった漫画、競輪場に集まる男たち。畑中が十代を過ごした三萩野《みはぎの》（北九州市小倉北区）で見た人々、体験が多彩な生と性になり、九鬼谷の湯に肩を並べるのだ。

連載を終えて十七年になる。畑中は、まだ、まんだら屋の湯につかっていた。「良太を通した方が社会を見やすい。ここまで付き合ったのだから、良太と付き合い続ける」という。続編について頭をめぐらせている。ただ、昨年（二〇〇五）秋、体調を崩した。「死を意識していい年になった。取りこぼしたものを一つ一つ拾っていくことになるかもしれない」

時代の問題はその都度描いている。これからの九鬼谷温泉はニートや引きこもりも引き受けることになるのだろう。「どこまでいっても人間の欲望との対決です。時代が変わっても欲望は変わらない」。もちろんセックスも。「老人の性を大きなテーマとして扱おうと思う。年をとってもセックスがなけりゃおもしろくない」

振り返ると、良太が隣で聞いていた。「あんまりオレの夢ん中でスケベなことするんやないど。慎み深く生きれよ。エッ、エッ、エッ（笑）」

（文＝松尾健児）

畑中 純　一九五〇（昭和二十五）年三月二十日、現在の北九州市小倉南区城野に生まれる。県立小倉南高校一年で漫画家になる決意を固める。卒業後、上京して東京デザインカレッジに入学するが、翌年、同校が倒産。建設作業員などを続けながら漫画を描き続け、七四年、一枚漫画集『それでも僕らは走っている』を自費出版した。七七年「月夜」でデビュー。七九年から十年間、雑誌「漫画サンデー」で『まんだら屋の良太』を連載。作品は八一年第十回日本漫画家協会最優秀賞を受賞した。雑誌「実話時代」に『極道モン』、同「ブル」に『三郎丸』を連載。宮沢賢治作品の版画化にも取り組む。二〇一二（平成二十四）年六月十三日死去。

8

迷宮に響く
時代への警鐘

『ドグラ・マグラ』

夢野久作《きゅうさく》

1935・松柏館書店／のち講談社文庫、角川文庫ほか

無限軌道の轟音がブルドーザーの接近を告げるように、「ドグラ・マグラ」という異様な響きにこそ、この小説が秘めた衝撃力のすべてがある。

主人公の「私」は、柱時計の時報で目覚める。隣室からは少女の「お兄さま」と叫ぶ声。「私」は九州大学医学部の精神病棟に記憶喪失者として収容されている。「私」は正木敬之と若林鏡太郎という二博士に会い、自分の名前は「呉《くれ》一郎」、隣室の少女は従妹《いとこ》で許嫁《いいなずけ》の「呉モヨ子」らしいと知る。

「私」は催眠状態で二つの殺人を犯したらしいが、その殺人は二博士によって自分の出生以前に計画された「心理遺伝」の証明作業の一段階で、実験は依然進行中と気付き慄《りつ》然《ぜん》とする。

果たして自分は「呉一郎」か？

違うとすれば、自分は一体誰か？

恐怖に満ちた「自分探し」の迷宮に、「私」は引きずり込まれていく…。

「これを書くために生まれてきた」と夢野久作が構想からほぼ十年手を入れ続け、一九三五（昭和十）年に書き下ろし作品として世に出した、原稿用紙千二百余枚の大作。奇《き》天《て》烈《れつ》な内容から初版本の惹句《じゃっく》は「幻魔怪奇探偵小説」だった。

久作の熱情とこの作品のルーツはどこにあるのか。彼の日記をひもとくと、一本の映画に行き当たる。

——昭和元（一九二六）年四月五日　銀座にて映画を見る。ガリガリ博士——

「ガリガリ博士」とはドイツ映画『カリガリ博士』のことだ。ある町にカリガリ博士という催眠術師が見世物小屋を開く。出し物は催眠状態で予言をする「眠り男」。眠り男はある観客に「今夜死ぬ」と言い、その通りになる。不審を抱いた若者が博士の正体を追及すると、実は精神病院の院長だった。眠り男はその患者で院長に操られて殺人を繰返していたのだった。追及した若者は院長の手で患者として病院に監禁され、映画は終わる。

映画を見た頃、久作は『ドグラ・マグラ』の原型「狂人の解放治療」に着手する。久作がこの映画に触発されたとするなら理由は何か。久作とこの映画の制作者たちが共有する「同時代の不安」があったからではないか。

『カリガリ博士』は、ロベルト・ヴィーネ監督らユダヤ系映画人がファシズムの台頭を予感しつつ制作した。当初の脚本では、カリガリは人民を操り、戦争に駆り立てる催眠術師として描かれ、映画の「予言」は数年後、ヒトラーの出現で現実となった。

『夢野一族』『夢野久作読本』の著者、多田茂治（78）は「『ドグラ・マグラ』は、怪奇あり、猟奇ありの内容で目くらましされそうだが、実は文明批判を基軸とした思想小説であり、近代の闇を照らしている」と指摘する。『ドグラ・マグラ』に着手する前年の一九二五年に治安維持法制定、三一年に満州事変、三三年に日本の国際連盟脱退…。軍靴の響きが着実に近づいていた時代だった。

久作は『戦場』（一九三六）で「戦争とは（中略）人間の大群が、やはり何の興味も感激もなしにバタバタと薙《な》ぎ倒され、千切られ、引き裂かれ、腐敗させられ、屍毒《しどく》化させられ、破傷風化させられていくことである。その劇薬化させられた感情の怪焔《かいえん》…毒薬化された道徳の異臭に触れよ、戦慄せよ」と激越な表現で戦争を弾劾している。

『ドグラ・マグラ』が刊行された翌月、父で「政界の黒幕」といわれた杉山茂丸《しげまる》は久作に言う。

「汝《なんじ》は俺の死後、日本無敵の赤い主義者になるやも計られず」と。久作も「全く痛み入る。あたらずとも遠からず。修業足らざるがゆえに看破されたる也《や》」と苦笑している。

当時の軍国日本の思想、風潮からいえば久作は異端者であった。だからこそ彼は、『カリガリ博士』という戦争の予感に満ちた不安の物語に強く共振していったのではないか。


久作の長男、杉山龍丸《たつまる》は著書『我が父・夢野久作』で印象的なエピソードを紹介している。子ども時代に龍丸が、国学書「大学」を学校で習った通りに「天子の道は民に親しむにあり」と声に出して読んでいたら、「馬鹿っ！　そんな読み方をする奴があるかっ！」と、書斎から久作が飛び出してきて「これは『民を親《おや》にするにあり』と読むのだ」と怒鳴ったという。

天皇の親は人民であるという久作の思いとは裏腹に時代は流れた。「大君《おおきみ》の辺にこそ死なめ」——。軍歌《海行かば》に象徴されるように国に殉ずることが美化され、軍部はノモンハン、ガダルカナル、インパールと人民の命を浪費した。ある意味、日本全体が戦争遂行のための、巨大な集団催眠装置と化していったのだ。

戦後六〇年が過ぎた。しかし、くだんの催眠装置は日本のどこかで静かに、そして強力に稼働してはいないだろうか。安らかな眠りを破り、人間が人間でなくなる時代の始まりを告げる柱時計の音が鳴り渡る日は近いのかもしれない。闇の中に一人震える「私」とは、まさにあなた自身のことである。

（文＝大田精一郎）

夢野久作　一八八九（明治二十二）年一月四日、福岡市小姓町（現・中央区大名）に、杉山茂丸、ホトリの長男として生まれる。本名は泰道。慶応義塾大中退後、同市東区香椎に杉山農園を開くが、その後、雲水などをして全国を放浪。一九（大正八）年に九州日報（現・西日本新聞）記者となる。二六年、雑誌「新青年」の小説募集で、初めて夢野久作を名乗った『あやかしの鼓』が二等になり注目される。『瓶詰地獄』『犬神博士』『氷の涯』『暗黒公使』

『近世快人伝』などで、探偵小説界に特異な地位を築くが、三六（昭和十一）年三月十一日、前年に没した茂丸の葬儀の決算報告を受けた直後に脳出血で倒れ、四十七歳で死去。

9

今に伝わる
天然色の豊潤

『麑《げい》海《かい》魚《ぎょ》譜《ふ》』

白《しら》野《の》夏《か》雲《うん》 編／木《き》脇《わき》啓四郎・二《ふた》木《き》直《なお》喜《き》 画

1883・鹿児島県勧業課／のち島津出版会（新版）、書肆侃侃房、坊津歴史資料センター輝津館ほか

　魚市場を訪れると、その一種独特な雰囲気にのみ込まれてしまう。目の輝きをそのままに残したタイやヒラメ、アラカブ、タチウオ…。氷を乗せた昔ながらの大八車がせわしげに行き交う。鼻をくすぐる潮の香り。競り人の声が次第に大きくなり、圧倒的な男の世界が熱気を帯びていく。

　明治初期の鹿児島。「売り」と「買い」という生活の原風景の中で、競りにかけられる魚をギラリ、凝視していたのが『麑海魚譜』の絵師、木脇啓四郎と二木直喜であった。

『麑海魚譜』の「麑」は鹿児島のことを指す。つまり、「麑海魚譜」を平たくいえば、錦江湾を中心とする鹿児島近海の魚介類を集めた図鑑だ。

「そん魚を、一匹くいやんせ」

　市場に魚を水揚げする、赤銅《しゃくどう》色に潮焼けした漁師たちに、二人がこう声を掛けていたのは想像に難くないだろう。オコゼもいれば、トビウオもいる。ナマコもあれば、ワタリガニもある。二人が描いた魚介類は三百二十五種。その作品群は天然色のオールカラー（三分冊。作製されたのは一セットのみ）で、一部を除き原寸大で描かれている。『薩摩博物学史』（上野益三著）によれば、二人はわずか一年半で魚譜をほぼ完成させたという。

　ところでこの魚譜、直接の作製意図は一八八三（明治十六）年に東京・上野で開かれた第一回水産博覧会に出品し、「鹿児島の水産の富を周知させる」（『薩摩博物学史』）ため、当時の県令渡辺千秋が命じたものだった。

　時代を振り返れば、大政奉還の年の一八六七（慶応三）年、薩摩藩は独自にパリ万博に薩摩焼や漆器などを出品。その三年前には藩の洋学養成機関として薩摩藩開成所を開いている。幕末、明治期を通じて貫かれた「外に開き、吸収する」という姿勢。その同じベクトル上に『麑海魚譜』があ

『麑海魚譜』より。「てのしかけゑい」

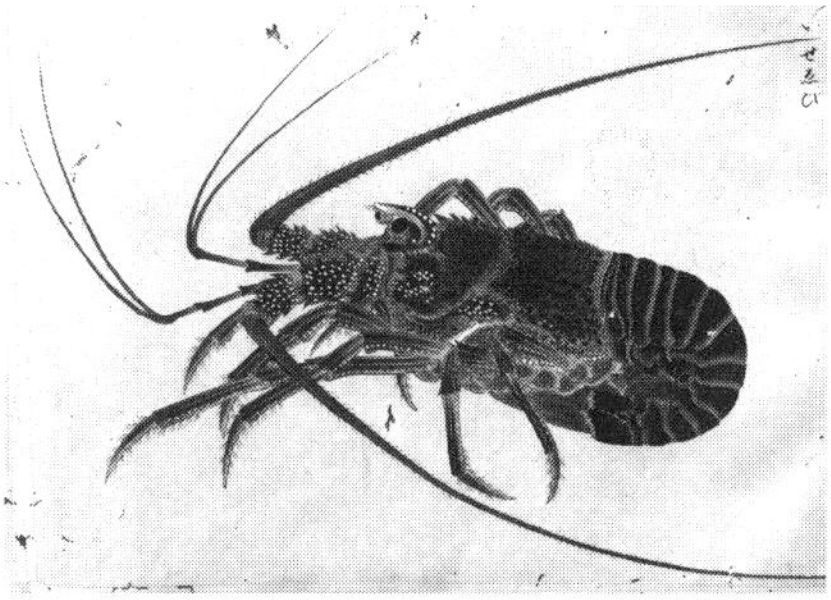

「いせゑび」

「ほこ」（ほうぼう）

「きこい」（タカノハダイ）

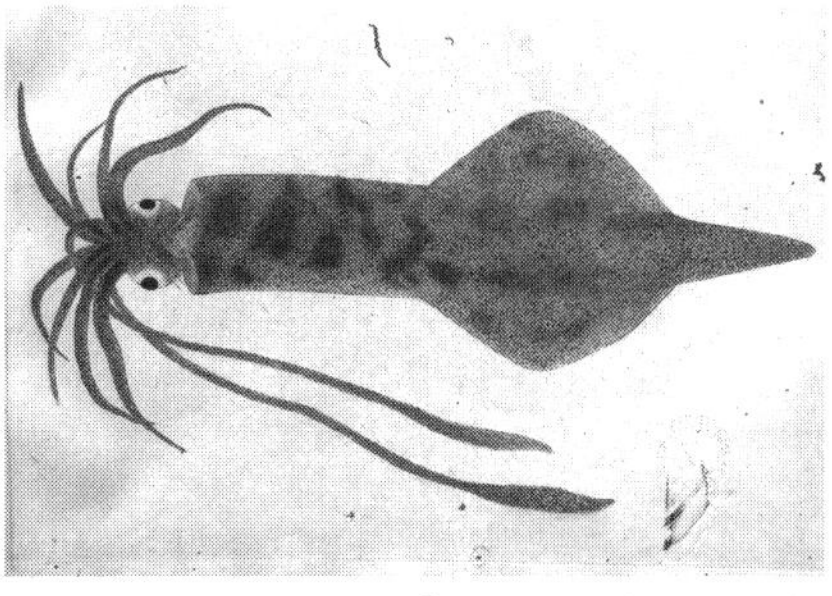

「とんきゅう」（するめいか）

ったとみてもいいだろう。水産博覧会に出品された魚譜は、図書部門で最高賞を受賞した。

「二木のことは、ほとんど分かっていません」（渋谷幸一・鹿児島県立図書館資料課長）という。その半面、木脇についてはその輪郭が史実にある。「祖父は朝早く魚市場へ出掛けて行き、いろいろと魚を探し求め、やっと気に入った魚の写生ができた時は、大変に機嫌がよかった」。そんな孫娘の言葉も残っている。

絵師としての才覚を発揮する一方、木脇は行政官にも転じ、各地の地頭も務めた。幕末期、政治の一場面にもひょっこり顔を出す。坂本竜馬が鹿児島を訪れた際、「木脇は竜馬の妻おりょうに華道の手ほどきをした」というエピソードもある。

『麑海魚譜』は現在、鹿児島県立図書館に所蔵されている※が、その存在感は今もなお精彩を放ち、南海の豊潤さを教えてくれる。

（文＝田端良成）

※『麑海魚譜』には肉筆彩色の本作以外に東京国立博物館所蔵の銅版手彩色本や国会図書館他蔵の銅版本など複数の稿本がある。

10

『苦《く》海《かい》浄土』

石牟礼道子

「沈黙」が語る。より雄弁に

1969・講談社／のち講談社文庫ほか

ある裁判の記録が残っている。一九七四（昭和四十九）年六月、熊本地裁の出張尋問で水俣病患者の男性が証言した。

「――私たちは、小さいときに、桃太郎が鬼を退治に行く話をよく聞かされたわけで、桃太郎は本当に気は優しくて力持ちで、弱い者を助けて、鬼を退治すると、本当にえらいなと思っとりましたが、その桃太郎が鬼を退治するんじゃなくて、弱い者をいじめ抜いて本当に悪い桃太郎になってしまったなと、そういうふうに思って、情けないわけです――」

ここでいう桃太郎とは国家を、鬼とは水俣病の原因企業・チッソを指す。被害者に優しく手を差し伸べるはずの桃太郎が、なぜ弱い者をいじめるのか、と。後日、水俣病の支援者に向けた機関紙に、この証言が再現された。

「わたしどもは、親たちから小《こ》まんか時、桃太郎の話をきいて、桃太郎は、えらかねえ、ち…思いよりました。鬼征伐にゆく桃太郎は、えらかねえ、ち、思いよりました。桃太郎は、…ああ、裁判長さん、今は、逆さま、逆さまの世の中で、桃太郎は弱かもんいじめをして…、鬼がわたしどんばいじむっとこれ、桃太郎はどげ（どこ）…ああほんなこて、こげん裁判ばして、裁判長さん…」

一読して分かるように、後者は脚色である。だが、それは圧倒的に前者の「事実」を凌駕する。石牟礼道子さんの筆にかかってしまうと。

『苦海浄土』は今日、いわゆるノンフィクションやルポルタージュではなく、小説の項に分類されている。

しかし、地名や日時ばかりか、人物や団体の名前にも実在のそれが多く登場する。「虚」が、より雄弁に「実」を語る世界に知らず知らずのうちに引き込まれる。

ふるさと・水俣で起きた未曾有の公害。それを描くことは「悶々《もんもん》たる関心と控えめな使命感を持ち、これを直視し記録しなければならぬという盲目的な衝動」（『苦海浄土』第三章「五月」）であったと記す。

「私の故郷にいまだに立ち迷っている死霊や生霊の言葉」（同・第一章「死旗」）を語り伝えるために「（私は）近代への呪術《じゅじゅつ》師とならねばならぬ」（同）とも述べる。

いわれなき死に見舞われた人たちの。脳を冒され人生を失った人たちの。生まれながらに毒に蝕《むしば》まれた子どもたちの。

その沈黙に閉じ込められた声なき声、言葉にできない言葉を、静かな怒りを込めて代弁する。「石牟礼道子巫女《みこ》説」。今日まで、そうささやかれる由縁でもある。

それにしても、この本に誘われて一体どれだけの人が水俣に足を踏み入れたことだろう。

「ぼくら、外から来た人間にはバイブルです」

水俣市で紙漉《す》き工房を営む金刺潤平さん（46）は即答する。大学卒業後、本に触発され縁もゆかりもない水俣に移り住んだ。紙漉きを始めたのも、「胎児性水俣病の子どもたちにも、何かできる作業があるんじゃないかしら」と漏らした石牟礼さんの言葉がきっかけになった。

「『苦海浄土』は創作だけど、とんでもない労作。あれを読んだら、『自分も何か』と第三者の傍観者ではいられなくなる」

かつて水銀ヘドロで覆われた水俣湾埋め立て地に、野仏が立つ。石牟礼さん、金刺さんたちのグループが、毎年、数体ずつ手彫りのお地蔵さんを供える。

水銀に毒された魚介や、実験の犠牲になった猫など、あらゆる生類の霊を悼む。いま五十三体。いずれも、海に向かって手を合わせる。

一九六九年の発表から三十七年。作品の魅力は、いまも失《う》せてはいない。石牟礼さんを通じて発せられる被害者たちの声は、変わらず水俣病を告発し続けている。

だが、そうやって輝き続けるが故の「功罪」を指摘する声が、ポツリ漏れ聞こえる。水俣市のある患者支援者はいう。

「『苦海浄土』のイメージがあまりに強すぎて、水俣はいまだに悲惨な状態だと、あんなひどい症状の人だけが水俣病だと誤解されはしないか」

もちろん、作品の側にその責があるはずもない。ただ、当然ながら今は『苦海浄土』の水俣ではない。劇症の重篤な症状だけが水俣病でもない。

そして支援者は続けた。「『苦海浄土』に続く水俣病を誰も書けなかった。『苦海浄土』がでかすぎて、誰もその壁を乗り越えられなかった」――。

記者は数年前、石牟礼さんにコメントを求めたことがある。水俣病事件史のもう一つの主舞台、東京・丸の内にあったチッソの本社が移転することになったため、往時、その〝内側〟で闘争に立ち会った証人として話をうかがいたかったのだ。

瞬間、絶句した。「あの当時は、チッソの方々もご苦労されたんだと思います」。消え入りそうなか細い声で、短く、そんな趣旨の言葉が返ってきた。

祈りの世界など遠く思いも至らず、多少なり憤怒の言葉を期待していた私もまた『苦海浄土』をひきずっていた一人だった。

（文＝進藤卓也）

石牟礼道子　一九二七（昭和二）年、熊本県・天草に生まれ生後三カ月から水俣市に移り住む。戦前は代用教員を務めたが軍国教育の一端を担ったと自責し、戦後退職。結婚後、主婦業の傍ら、五六（昭和三十一）年五月一日に公式確認された水俣病の被害者、家族の姿を書きためた。被害者が起こした水俣病第一次訴訟を支援する「水俣病対策市民会議」の発足に携わる一方で、裁判によらずチッソとの直接対話を求めた故・川本輝夫さんたちの自主交渉を支援、その現場を生々しく伝えた。『苦海浄土』はその後、「第二部・神々の村」「第三部・天の魚」を加えて完結し全集等に収められている。マグサイサイ賞（一九七八年）、朝日賞（二〇〇二年）など。一八年二月十日死去。二〇年二月、三回忌の集い「不知火忌」が熊本市で営まれた。

11

『戒厳令の夜』

五木寛之

九州との決着、いまだ…

1976・新潮社／のち新潮文庫

拝啓、五木寛之様。

長文の手紙、お許しください。どうしても確かめたいことがあります。一九七六年に発表された長編小説『戒厳令の夜』について、過日、取材させていただきました。そのとき質問できなかったことが、疑問となって横たわっているのです。

壮大な物語です。舞台はネオン輝く博多・中洲から、戒厳令下の南米チリへと移ろいます。主人公の雑誌記者、江間は中洲のバーで一枚の絵を見つけ、スペインの幻の画家パブロ・ロペスの作品ではないかと考えた彼は、右翼の大物で美術通の鳴海に見せ、本物との確信を得ます。ロペスの絵がなぜ日本に？　江間は恩師の秋沢助教授を訪ねますが、彼はロペスの名を聞いただけで怯《おび》え、江間を追い出すのでした。秋沢は直後に自殺し、一人娘の冴子が父の遺言を手に江間の元に現れます。ロペスのコレクションは、国家権力をゆるがす疑獄事件の鍵を握ったまま日本に秘匿されていました。江間は冴子、鳴海とともに名画群の行方を政情不安のチリまで追うのでした。

お尋ねしたいのは『戒厳令の夜』は五木さんが自身に向けて書いた鎮魂歌ではなかったか、ということです。

「生きている者に鎮魂歌なんて」と笑われますか。では「五木さんの中の九州と決着をつけた作品はないのですか」と。生まれて、引き揚げて来て、高校まで育った九州での体験を、記紀以前からの歴史の中に投げ込んで成立させた物語に、作家の特別な意志が感じられて仕方ないのです。そんな「仮説」を考えるに到った理由を、いくつか記してみます。

私は「最初の九州の記憶は何ですか」と質問しました。熟考の後「広々として水の豊かな場所」。五木さんの生まれ故郷、筑後地方の風景が浮かびました。福岡県久留米市三潴《みずま》町。五木さんの「最初の記憶」に映ったであろう風景を訪ねました。

のどかな田園風景を青い流れをたたえた水路が横切っています。そこに「水沼《みぬま》の里」という自然公園を見つけてハッとしました。本書に「水沼隠志」という人物が登場するからです。

国家権力の罠にはまり、指名手配を受けた江間と冴子をかくまうこの老人は三潴の住人。大和政権の成立以前から、漁撈《ぎょろう》で生きてきた「海人」の末裔《まつえい》と名乗っています。五木さんの最初の九州の記憶には、日本人が忘れていた「過去」まで含まれていたのでしょうか。五木さんは、朝鮮半島から引き揚げてきた直後の記憶も語られました。

「太陽が地平線に沈まないことに驚きました。陽が移動すると山に陰ができ、明るい場所と暗い場所が生まれるのが印象的でした」と。

ロペスの絵は、筑豊の炭坑主が隠し持っていました。鳴海たちは強奪し、英彦山《ひこさん》に移します。絵を正当な所有者、チリ人民連合政府に返還するために活躍するのも、日本の先住民でした。太古より山に暮らしてきた山の民の末裔、九州山民連合の面々。警察の包囲網を突破して熊本・天草に絵を送ります。五木さんが見つめた山の陰には、九州山地を遊行し暮らした山の民の姿があったのではないでしょうか。

英彦山に登りました。恥ずかしながら息が上がってしまいました。休息していると、北九州市から来た佐藤幸弘さん(68)という方が声を掛けてきました。本書に出てくる山の民のことを話しました。

「山窩《さんか》さんですね。子ども時分、山から下り町で買い物をしている姿を見たことがあります。彼らしか知らない山の道を行き来していたそうです」

佐藤さんの話を聞きながら、クマザサやブナ林の間にその道を探し、「幻の道」を行く人々の姿を思い描きました。

想起したのは、五木さんのエッセー「Y歌を聞きに行く」でした。引き揚げてきた直後のことが記されています。「私たち一家は家を持たず土地を持たぬために、さまざまな苦しい日々を送った」。「土地所有者でないということは、貧しいユダヤ人として異国にあることに等しい。（中略）持たざるもののふるさと、非農、デラシネたちの故郷はどこにあるのか」

以前、作家の山川健一さん（53）に興味深い推論を聞きました。「江間と冴子は日本を追われパスポートのない難民となる。引き揚げてきた故郷で異国人のように扱われ、母国を失ったように感じた五木さんの体験が投影している」と。五木さんは「いろんなことを考える人がいるんだね」と、笑っておられました。しかし、否定はされませんでした。

海や山を伝って自由に暮らし、為政者に支配された日本の先住民たち。消しがたい五木さんの引き揚げ体験。そして『戒厳令の夜』。三者が一本の線で結ばれた気がします。それゆえ本書が「九州と決着をつける書」と思った次第でした。ただ、私の仮説は、空説に終わりそうです。取材の場で本書の続編を構想していると聞き、驚いた次第です。「第二部は江間と冴子がジャングルの強制収容所から脱出するシーンから始まります。第三部ではロペスの絵が、故郷のスペインに戻ることになるでしょう」。九州との決着の物語は、いまだに完成していなかったのですね。

（文＝塩田芳久）

五木寛之　一九三二（昭和七）年、福岡県八女郡（現・八女市）生まれ。間もなく朝鮮半島に渡り、父の転勤で各地を転々とした。中学一年で終戦、直後に母を亡くす。四七（昭和二十二）年に帰国。早稲田大学中退。マスコミ関係の仕事を転々とし六六年、『さらばモスクワ愚連隊』でデビュー。第五十六回直木賞受賞作の『蒼ざめた馬を見よ』をはじめ『青春の門』（「筑豊編」で吉川英治文学賞）『青年は荒野をめざす』など数々の話題作、問題作を発表。六六年、小説『艶歌』を発表し、音楽ジャンル「演歌」の確立に大きな影響を与えるなどエンターテインメント界の第一線で活躍を続けながら、直木賞、小説すばる新人賞、九州芸術祭文学賞等の選考委員も歴任。近年は『生きるヒント』『大河の一滴』などの人生論、『百寺巡礼』『蓮如物語』『親鸞』（二〇一〇年刊、毎日出版文化賞特別賞）など宗教と向き合った作品で読者層を広げている。日本作詞家協会賞（一九七〇年）、菊池寛賞（二〇〇二年）、日本レコード大賞・功労賞（一五年）ほか。

12

『草枕』 夏目漱石

文豪の慕情、ひそやかに

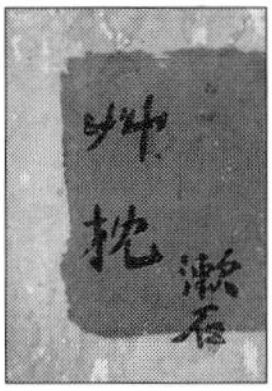

1914・春陽堂／のち岩波文庫、新潮文庫ほか

那美さんに会ってみたい。

『草枕』の読み方はいろいろあるだろうが、私のような三十代後半、中年の域に差しかかる男性ならば、同じ読後感を抱くのではないか。作品を二週間前後で書き上げた三十九歳の漱石が、ヒロインに寄せるひそかな思いを行間に読み、共感するからだ。

　この作品は、漱石が旧制・第五高等学校（熊本市）の英語講師時代に体験した小天《おあま》村（熊本県玉名市）への小旅行を題材にしている。

　主人公は漱石を投影した「画工」。那美さんは、画工が宿泊する温泉宿に出戻った美しい女性として登場する。このヒロインが実に魅力的だ。画工が俳句を書き留めた写生帳にこっそり自作の句を書き込んだり、湯船につかっていたら全裸で現れたり、夕暮れの廊下を振り袖姿で何度も往復してみせたり。画工はとっぴな行動に引かれつつ、おろおろするばかりだ。

「私が身を投げて浮いている所を――苦しんで浮いてる所じゃないんです――やすやすと往生して浮いている所を――奇麗《きれい》な画《え》にかいて下さい」

「え？」

「驚いた、驚いた、驚いたでしょう」――。

　那美さんにも実在のモデルがいる。孫文らの辛亥革命に深くかかわった女性だった。

＊

　華道家・宮崎蕗苳《ふき》さん（80）＝東京都豊島区＝は、昭和の初めごろ、自宅の向かいに住む「おツナおばあさん」を覚えている。祖母の姉にあたる人で、熊本から上京してきたという。

「とても穏やかな人だったわね。小学校への通学路沿いにあったから、帰り道に立ち寄ったりしてたんですよ。いつも質素な着物姿でした」

　那美さんのモデル、前田卓《つな》（戸籍上はツナ。一八六八―一九三八）の晩年の姿である。そして卓の妹の夫、つまり蕗苳さんの祖父は日本亡命中の孫文を援助し、辛亥革命を成功に導いたアジアの快男児、宮崎滔天《とうてん》（一八七一―一九二二）＝熊本県荒尾市出身。

　卓は小天村の大地主で、自由民権運動の先導者でもあった前田案山子《かがし》の二女として生まれた。武芸に秀でた、おてんば娘だったらしい。だが、奔放《ほんぽう》さが時代に受け入れられなかったのか、三度の結婚に失敗。実家も兄弟姉妹間の争いの果てに没落していく。

一九〇〇（明治三十三）年、卓は自活の道を求めて上京。滔天に勧められ、孫文らが結成した中国革命同盟会の拠点、民報社に住み込み、家事の「取り締まり役」となる。ただの賄いのおばさんではなかったらしい。民報社は当時、国際政治の陰謀渦巻く場所だった。

「ずいぶん危ない橋を渡りました」

彼女は後年、漱石のまな弟子、森田草平にそう語っている。

＊

漱石が小天村を訪れたのは一八九七年暮れ。案山子が迎賓館として活用していた別邸に八日間宿泊した。卓は二度目の離婚を経験して実家に戻っており、漱石の世話をしたらしい。

評論家・江藤淳は著書で「重要なことはこういう女（卓）に金之助（後の漱石）が惹《ひ》きつけられたという事実である」と書いている。恋愛感情があったかは分からない。ただ、漱石は小天村を「那古井《なこい》」と表現しており「那美さん恋し」の暗示とも読める。

『草枕』は『吾輩は猫である』『坊っちゃん』に続く、漱石三作目の小説として世に出た。前二作にはヒロインと呼べる登場人物は見当たらないから「那美さんは漱石が初めて描き、その後の作品で追求した『新しい女』の原型だった」（中村青史・元熊本大教授）といっていい。

女性像だけではない。博多、久留米、佐賀、宇佐、日田、阿蘇…漱石は熊本時代に九州各地を旅し、その体験を『二百十日』『三四郎』『道草』などの作品に生かしている。彼は生涯で二千句近くの俳句を残しているが、うち四割がこの時代のものという。漱石の文学は九州で幅を広げた。

＊

後に知識人の苦悩を描き、近代の意味を問い続けた漱石が、九州の片田舎で新時代の風に触れながら悶々《もんもん》とした日々を送る卓に、少なくとも親近感を抱いたのは間違いない。だが、さすがの彼もアジアの革命に目を開いていく「新しい女」のたくましさまでは見抜けなかったのかもしれない。

『草枕』が発表（一九〇六）されてちょうど百年。漱石が歩いた「山路」をたどり、かつての小天村を訪ねた。菜の花が目に染み、ヒバリのさえずりが聞こえた。峠を越えて眼下に現れたのは有明の海に縁取られた鄙《ひな》の里だった。

この風景で二人が出会って十数年後。卓は漱石の自宅を訪れ、その後の波乱の人生を語っている。遠い日に心を寄せた女性の思わぬ身の上話に、漱石はどのような感慨を抱いたか。

「…そういうことだったのか。それではひとつ『草枕』も書き直さなければならないかな」

文豪はそうつぶやいたという。

（文＝山本敦文）

夏目漱石　本名・夏目金之助。一八六七（慶応三）年、江戸牛込馬場下横町（現在の東京都新宿区）に名主の末っ子として生まれる。幼いころに養子に出され、青年期まで塩原姓を名乗る。東京帝国大学英文学科卒。愛媛県尋常中学校（松山中学）英語教諭を経て九六（明治二十九）年、第五高等学校に英語講師として赴任。熊本には四年三カ月暮らし、結婚や長女の誕生、六回の転居などを経験している。英国留学の後、東京大講師に就任。一九〇五年、『吾輩は猫である』を雑誌「ホトトギス」に発表、大評判となった。代表作に『坊っちゃん』『三四郎』『それから』『こころ』など。一六（大正五）年、胃潰瘍による内出血で死去。

13

『魚雷艇学生』

島尾敏雄

特攻隊員の心、壕の闇に

1985・新潮社／のち新潮文庫

生ぬるい風がほおをなでた。木々の新緑が群青色の水面に深い影を映している。鹿児島県加計呂麻島《かけろま》・呑之浦《のみのうら》。奄美大島の南端、古仁屋《こにや》港を出発して十五分。船は静寂を縫うようにその入り江に入っていった。

あまりに原初的な光景に胸がざわつく。「ここで百八十人以上の兵隊たちが戦闘の準備をしていたなんて、考えられない」。海上タクシーという名の舟に同乗してくれた、同県瀬戸内町立図書館長の澤佳男さん(57)は、そうつぶやいた。

五メートルほどの特攻艇「震洋《しんよう》」。ベニヤ張りの木の葉のようなモーターボートは、先端に炸薬《さくやく》を詰め敵艦を囲むようにぶつかり、散る。非人間的なこの舟を五十隻ほど集めた部隊、第十八震洋隊が、ここ呑之浦にあった。隊長は島尾敏雄。十二の格納壕《ごう》が、波打ち際に深く暗い口をぽっかり開けている。

浜辺に降り、その横穴に入った。湿気とかび臭さが居心地を悪くする。その闇に慣れて目をこらすと、フナムシが二匹、土壁を這《は》っているのが見えた。足元には、白化したサンゴの死骸《しがい》が転がっていた。

一九四三（昭和十八）年、島尾は九州大学を繰り上げ卒業した。海軍予備学生を志願し、翌年、第一期魚雷艇学生となった。横須賀などで訓練し、同年十一月、第十八震洋隊隊長として加計呂麻に配置された。出撃命令が出たのは四五年八月十三日である。だが、発進命令が出ないまま終戦を迎えた。死に向き合い、死を覚悟しながら、死に突き放されたのだった。

島尾は戦後、戦争体験に基づいた小説を相次いで発表した。このうち『魚雷艇学生』（一九八五）は、島尾が海軍に入隊してから呑之浦に配置されるまでの心の動きを淡々と描いた。

学生たちは「自由な一日をやるから特攻隊に志願するか

どうか考えろ」と言われる。が、実際は志願を強いている。そんな、異様な社会状況だった。島尾たちが呑之浦に船で入るラストシーンは、美しい自然が死に向かうしかない若者たちの運命を悲しいほどに際立たせている。

地元紙である南海日日新聞の写真記者だった写真家の越間誠さん(67)=鹿児島県奄美市在住=は、県立図書館奄美分館長だった島尾によく会った。温厚で人当たりが良かったという。悩みがあるときは図書館を訪れ、島尾と目を合わせるだけで何も言葉を交わさずに帰ってきた。それだけで越間さんは心が落ち着いた。しかし、こちらが距離を置いてしまう、壁みたいなものもあったという。

六八(昭和四十三)年、島尾ら数人と呑之浦に渡ったときのことが、越間さんは忘れられない。その表情に「肝《きも》の据《す》わったすさみ」を感じた。

「復員後、命知らずで荒れ狂っていた若者たちと同じ表情でした。〝特攻崩れ〟という言葉が頭をよぎりました。身体に染み付いた思想というか、後ろめたさもあったのではないでしょうか」

『魚雷艇学生』の中に、ある学生が出てくる。志願を考えるため自由になったその一日、彼はウニを食べていた。モデルである古賀英也さん(84)=福岡県春日市=は、島尾と同じ第一期魚雷艇学生。古賀さんは戦後、戦友会「一魚会」で島尾と親しくなった。その飲み会があったときのこと。島尾が「あの日、古賀は何をしていたか」と聞くので、「わしゃーね、島でウニとカキを採って食ったよ」。それが小説になってね…、古賀さんはがはがはと豪快に笑った。

特殊潜航艇に乗っていた古賀さんは四五年一月、沖縄への出撃命令を受けた。その朝は搭乗服に身を包み、寄せ書きに「サヨウナラ」と書き、「これでおしまいやな」と思った。ウイスキーの角瓶を半分飲み干した。

「なんでこんなおかしな戦争をするんかなあと思ってた。でも、身を放り込んでやれるだけやろうって、朗らかなもんだったですよ」

潜航艇は沖縄近くでしけにあって故障し、広島・呉に戻った。そしてまた出撃命令が出たが、終戦となった。

戦争体験に基づく島尾の小説を、よく書いてくれたと喜ぶ同期もいる。しかし、古賀さんはその話に及ぶと、一変して厳しくなった。

「どうしたって戦争に行ってない者に真意は伝わらない。島尾の書いたものは間違っていない。が、読む人には分からんだろう。だから私は書かない」

戦後、古賀さんは自ら死を選ぼうとしたことがあるという。朗らかさと裏腹にある影。極限状態で死に向かい合った人しか持ち得ない気配は、格納壕のように深い闇に覆われていた。その深淵《しんえん》は、目をこらしても見えないような。

特攻隊での体験を書くことについて島尾はこう語っている。

――事柄のすさまじいおかしさにくらべて、私の言葉はまるで上調子だ。語ったあといつも甚だしい空しさに襲われる。しかし、その空しさの中に自分を投げ入れることによって、更に何かが分かってくるのではないか、というはかない期待があった――と。

（文＝酒句純子）

島尾敏雄　一九一七（大正六）年、横浜市で生まれる。両親の出身地は福島県小高町（現・南相馬市）。長崎高等商業学校、九州帝大を経て四三（昭和十八）年、海軍予備学生の一般兵科に採用。四四年、第十八震洋隊隊長として呑之浦基地に赴任し、後に妻となるミホさんと出会う。戦後は実家のある神戸市に戻りミホさんと結婚。五〇（昭和二十五）年には加計呂麻での体験をつづった『出孤島記』で第一回戦後文学賞を受賞。心因性反応に苦しんだミホさんとの日々を描いた『死の棘』は代表作となった。五五年から二十年間、奄美に住み、日本列島をポリネシアやミクロネシアと同じ群島ととらえる「ヤポネシア論」を提唱した。八六年十一月十二日、六十九歳で死去。

14

温もりを持つ時代の羅針盤

『忘れられた日本人』

宮本常《つね》一《いち》

1960・未来社／のち岩波文庫ほか

狭い入り江に張り付いた長崎県対馬市厳原《いづはら》町浅藻《あざも》は、対馬島の西南端にある百戸余りの集落である。戦後復興が軌道に乗り始めた一九五〇（昭和二十五）年夏、民俗学者・宮本常一は白い開襟シャツにリュックを背負ってここに現れた。二時間も三時間も、「宮本先生は囲炉裏端で話をしよった。もっとおってやせんかねえ」

梶田味木さん(82)は、当時既に八十を過ぎていた義父の富五郎と宮本が熱心に話し込んだ様子を覚えている。富五郎は、宮本と同郷の山口県周防大島に生まれた。幼くして孤児になり、もらわれた漁師の船で、無人に近かった浅藻に移り住んだ。人々は土地を開拓し、入り江の岩を小舟で運び出して港を造り、集落を栄えさせた。

「はァ、わしがここ来たのも古いことじゃ…」で始まる富五郎の波乱に満ちた身の上話を宮本はつぶさに聞き採り、「梶田富五郎翁」として『忘れられた日本人』に収録した。「後から宮本先生の本を読むと『わしァのう…』『…でございす』と、おじいさんのしゃべり口があまりに実際通りで驚いたですよ」

宮本の足跡を訪ねて、厳原、浅藻、豆酘《つつ》、仁田、佐護、小《こ》綱《づな》、鰐浦《わにうら》、豊《とよ》、比田勝《ひたかつ》、唐舟志《とうじゅうし》、千尋藻《ちろも》といった対馬の集落を車で巡った。四百五十キロほど走ったが、宮本に比べればごく一部に過ぎない。「旅の巨人」と呼ばれた宮本は生涯に十六万キロ、地球四周分をほとんど自分の足で歩き続けた。そのパトロンで民俗学の師でもあった実業家の渋沢敬三は「もし宮本君の足跡を日本の白地図に赤インクで印したら全体真っ赤になる」と評した。誇張ではない。戦後だけで十万枚とされる写真撮影や、今なお刊行が続く膨大な著作は、その旅の濃密さを伝える。

宮本の関心は、民話や口承文学、農漁業史、塩業史、生活史、考古学と果てしなく広がった。十三編の文章からなる『忘れられた日本人』にはそのエッセンスが詰まっている。「対馬にて」は、伊奈という村で「とり決め」を行うために昼も夜もなく、延々と続く村人たちの寄り合いを題材とした。のどかに見えて、共同体運営の知恵が凝縮された日本古来の「民主主義」を見事に照射した。

宮本は五〇年と五一年の対馬調査に約八十日間を費やした。島内を結ぶ幹線道もないころ、バスや浦々をつなぐ沿岸船を乗り継いだ。峻険な山々に囲まれ、複雑に入り組んだ海岸線に点在する村落を泊り歩いている。学究の徒である一方、離島振興法の成立に奔走し、辺境の民の生活向上に腐心した実践家でもあった。

調査のかたわら、広範な知識と見聞に裏打ちされた話で多くの人々を魅了した。農業を始めたばかりのころに宮本と出会った村瀬敬三さん(74)は、コメやイモの増産が叫ばれる中で「ここにはブドウなどの果樹が適する」と助言を受けて驚いた。糸瀬博さん(86)は、恒常的な水不足を解消する方策として「井戸水は飲料に使い、生活用水のために雨水をためなさい」と教えられた。「半農半漁でなく、農業に七割の力を注いだ方がいい」と宮本に勧められ、入り江の突端にあった先祖代々の家から、湾奥部に転居したという。

浅藻の港で漁師の松原徳義さん(75)と知り合った。祖父は周防大島の属島である沖家室《おきかむろ》島の出身。妻のクマ子さん(72)も、周防大島の漁師の「三世」だ。二人とも「富五郎じいさん」をよく覚えていた。タイ釣りの名人で、餌のフナムシを捕って届けると、お礼にお菓子をくれる好々爺《こうこうや》だった。

今も浅藻の土地の大半は、西に四キロほど行った旧豆酘村の人々が所有している。明治初め、周防大島の漁師は海で遭難した豆酘の船を救い、礼として浅藻に住む許しを得た。その際の逸話が面白い。「何でも望みをかなえる」という豆酘の申し出に、漁師たちは「浅藻湾一帯のフナムシを捕まえる権利をほしい」と願ったというのだ。

地元の年寄りたちは「あの時にフナムシでなく土地をほしいと言うときゃ、三代にわたって地代を払うこともいらんかったのに」とからから笑う。

真偽は別にして、こうした話は、定住に固執しない海の民の遺伝子が今も浅藻の人々の中に生き続けていることを感じさせる。一時は遊郭が七、八軒も並び繁栄した集落も、激しい過疎と高齢化の波に襲われている。松原夫妻は「人のいない昔の浅藻に戻ろうとしよるのかもしれん」と漏らした。

宮本は『忘れられた日本人』で、近代化や高度経済成長の陰で失われゆく民の生活を書いた。高知県の山中で出会った盲目の元馬喰《ばくろう》が、若い時分の女性遍歴を独白する「土佐源氏」は最高傑作とされる。土佐方言による語り口は、切ないエロチシズムを発しながら「どんな女でもやさしくすれば、みんなゆるすもんぞな。（中略）かけた情は忘れるもんじゃァない」と、人に対する慈しみを紡ぎ出す。

生涯通して貧困を友にし、肺結核や内臓の疾病に悩まされても辺境を歩いた。歩いて、歩き抜いた。それは、離島や山村の中に、時代を超越して伝承すべき精神や風土、営みがあると信じたからにほかならない。未来志向のリアリストの目がそこにある。宮本の著作は、複雑化し混迷する現代社会において、温もりを持った羅針盤の役をも担おうとしている。

（文＝大久保昭彦）

宮本常一　一九〇七（明治四〇）年、山口県周防大島町（旧家室西方村）生まれ。小学校高等科を出て農業に従事する。二三（大正十二）年四月に大阪逓信講習所に入り、郵便局に勤務。その後、大阪府天王寺師範学校第二部を経て、教職のかたわら民俗学の世界へ。三四（昭和九）年に柳田国男、三五年に渋沢敬三と出会う。三九年、渋沢の主宰するアチックミュージアムに入り、全国の民俗調査を開始。戦後に再開し精力的に離島や山村を巡る。六〇（昭和三十五）年、『忘れられた日本人』を刊行。六一年には『日本の離島』で第九回日本エッセイスト・クラブ賞を受賞。六四年からは武蔵野美術大学で教鞭を執りながら研究や著作に励み、退職後の八〇年、郷里の周防大島に手弁当の「郷土大学」を設立、学長として講義した。八一年一月三十日死去。没後の八六年、山口県東和町名誉町民の称号が追贈される。

15

『まぼろしの邪馬台国』

宮崎康平

心の目で見た
古代ロマン

1967・講談社／のち講談社文庫

やわらかな日差しの中、赤いツバキの花が地面に落ちていた。近くの高校から部活動の掛け声が届く。「はーい」「はーい」。女子高生がテニスボールを打つ小気味いい音が交差する。長崎県島原市の島原城の片隅。「盲目の作家」、宮崎康平さんの石碑が静かに立っている。

「終戦は無慈悲に、私に失明を与えた。それから十五年、白いステッキにすがりながら、とぼとぼとまぼろしの国を探し求めてさまよい歩き、いまやっと、その周辺にたどり着いたような気がする」

碑文は『まぼろしの邪馬台国』のまえがきだ。四十年ほど前、全国的な古代史ブームを巻き起こしたベストセラーである。

中国の歴史書「魏志倭人伝」に書かれている邪馬台国は、千八百年ほど前、女王卑弥呼《ひみこ》がいて、中国に使いを派遣した。しかし、日本のどこにあったのか分からない。康平さんは、そんな「まぼろしの国」に迫り、本を書いた。以来、高度経済成長期が終わり、オイルショック、バブル経済、その崩壊を経て、二十一世紀になった。それでもなお、邪馬台国は謎のままだ。

　島原城近くの歩道に小さな観光記念碑がある。「遠い国ヤマタイさがした康平さん」。優しい碑文に目をとめていたら、子犬連れの散歩の人が軽く会釈をして通り過ぎていった。

　康平さんは島原鉄道の常務を務め、火野葦平や劉寒吉《りゅうかんきち》らが活躍した「九州文学」の同人でもあった。いま、同誌の代表の高尾稔さん（80）＝佐賀市＝が懐かしむ。「天衣無縫というか、やんちゃ坊主というか。涙もろい情熱家でしたね」。同人仲間が参加した韓国旅行で、韓国の文化関係の大臣と面会したとき。みんなが緊張した面持ちでいたのに、康平さんだけは平然とあぐらをかいて座ったという。

『まぼろしの邪馬台国』の中にも書いているように、早稲田大学で学生生活を送ったのは戦時色が濃くなる昭和十年代。恩師、津田左右吉《そうきち》教授が日本の神話に疑問を呈して、職を追われた。康平さんは涙を流し、「邪馬台国は私らの手で必ずさがしてみせると誓った」と同書に記している。

　戦後、ようやく歴史の研究も自由になったものの、学閥が強かった。邪馬台国が近畿地方にあったとする畿内説が多い中にあって、康平さんは少数派の九州説を唱えた。「魏志倭人伝」に書かれた邪馬台国への行程を、古事記や日本書紀の記述と照合した。目が見えないので、妻の和子さんに読み上げてもらい、繰り返し聞いた。

　長崎県の対馬、壱岐（一支）、福岡県の糸島（伊都）…。位置が確定している所から先は、和子さんと二人で歩き、推定を重ねた。行き着いた「邪馬台国」は古里の長崎県西南部。「我田引水だね」と冷やかされ、苦笑いする康平さんを高尾さんは覚えている。今も島原市に暮らす和子さん（76）は「夫にとって、九州が世界の中心だった」と笑う。しかし、先見の明もあった。

　約二十年後、佐賀県の吉野ケ里遺跡が姿を現す。卑弥呼の時代より少し前だが、巨大なクニが確かに有明海の近くにあったのである。

＊

　小説でもなく、評論でもない。「まぼろしの邪馬台国」はジャンル分けが難しい。「康平さんの人生の賛歌であり、彼のロマンの詩でもある」と高尾さんは言う。康平さんは戦前、戦後を生き抜き、多くの人と付き合った。

　よく知られるのは、早稲田大学の同窓という縁があった、俳優の森繁久弥《もりしげひさや》さんとの付き合い。

「♪おどみゃ　島原の　おどみゃ　島原の　ナシの木　そだちよ…」

　森繁さんは康平さん作の《島原の子守唄》を歌い、全国的に有名にした。

康平さんは、歌手のさだまさしさんの「生みの親」でもある。さださんの父親に頼まれて長崎の放送局にさださんを紹介し、デビューのきっかけをつくった。和子さんは言う。「さだ君はよくうちに遊びに来てました。主人はおじさんのようにかわいがっていましたよ」

「♪おまえを嫁に　もらう前に…」

さださんが大ヒットさせた「関白宣言」は、康平さん、和子さん夫婦がモデルかもしれないという。歌を聴くと、亭主関白であり、かつ、心やさしい男の姿が思い浮かぶ。

＊

康平さんの足跡をたどるうちに、気になったことがある。康平さんが追い求めた「ロマン」。その言葉を最近、あまり耳にしなくなった。時代に漂うあきらめのせいだろうか。

フランスの飛行機乗りだった作家、サン＝テグジュペリが『星の王子さま』で書いたメッセージを思い出す。「心で見なくちゃ、ものごとはよく見えない。かんじんなことは、目に見えないんだ」

盲目の康平さんだからこそ「邪馬台国」が見えたのかもしれない。それは、どんな姿だったのだろう。

そんな思いを胸に、吉野ケ里遺跡に立ち、目をつむってみた。

（文＝江田一久）

宮崎康平　一九一七（大正六）年、長崎県島原市で生まれる。本名は一章。早稲田大学文学部を経て、東宝に入社するが、兄の死去で帰郷。家業の土建業・宮崎組取締役と島原鉄道取締役になる一方、「九州文学」の同人となる。眼底網膜炎で失明し、五八（昭和三十三）年、和子さんと再婚。自作の《島原の子守唄》がレコードになる。六〇年、島原鉄道常務を辞任。六五年から「九州文学」に連載した『まぼろしの邪馬台国』を六七年、講談社から出版しベストセラーに。同年、本作により第一回吉川英治賞を夫婦で受賞。八〇年、『新版・まぼろしの邪馬台国』を刊行。同年三月十六日、六十二歳で死去。

16

抜歯のきかぬ戦場の痛恨

『月《つき》白《しろ》の道』

丸山 豊

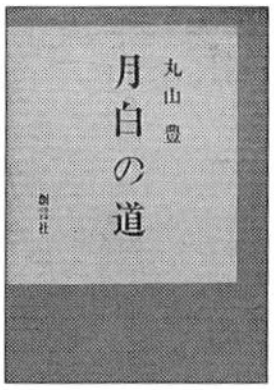

1970・創言社（のち新版）

旧陸軍の軍医だった丸山豊は、壮絶を極めた南方戦線から奇跡的に生還した。その記憶を書き残す決意を固めるには、四半世紀の時間を要したと述懐している。丸山にとって戦争は、痛恨の記憶として生涯その胸に刻み込まれていた。一九六九（昭和四十四）年、西日本新聞に連載した『月白の道』は、中国・雲南省からミャンマー、タイへと敗走を続けた戦場の記録。書き出しは感情を抑えた、さざ波のような文章である。

「私たちはおたがいに心の虫歯をもっていたほうがよい。…でないと、忘却というあの便利な力をかりて、微温的なその日ぐらしのなかに、ともすれば安住してしまうのだ」

平和な日常にあっても折に触れて痛み出す「抜歯のきかぬ虫歯」こそが、丸山にとっての戦争の記憶だった。連載には書くことへの強い「ためらい」が散見される。戦場の現実をどこまで忠実に表現するのか。丸山は死の二年前に復刊された新訂増補版の前書きにこんな思いを吐露《とろ》した。

「戦争については、書けぬことと書かぬことがある。…それをどこまでも追い詰めるのが勇気であるか、化石になるまで忍耐するのが勇気であるか、私は簡単に答えることができない」

二千キロもの敗走。数少ない生存者となった丸山は四六年（昭和二十一）六月に帰国し、福岡県久留米市に医院を構えた。自宅には患者なのか芸術家の卵なのか判然としない大勢が、丸山を慕って身を寄せた。「往診を断らない医師」「後進の育成に熱心な詩人」のみならず、民事調停委員や校歌の作詞、ハンセン病患者への詩作指導。心のすき間を埋めるかのように寸暇を惜しんで働き通した。そんな時を経て、筆を執ったのが『月白の道』であった。

戦後六十余年。戦争を振り返る新聞記事は、戦争を知らない世代の記者たちが、証言や古い資料を頼りに書く。飛び交う銃弾と爆音、戦友のなきがらの腐臭。細部にわたる事象をかき集め、つぶさに書き連ねることで、臨場感を再現しようとしがちだ。戦場の肌触りを知る丸山は、必ずしもむき出しの描写をしなかった。随筆の体裁にもかかわらず、ある時は感性的な長編詩のようなくだりもある。「酔いのいましめ」と題した一章で「鎮魂のねがいをこめて、醒《さ》めつづけ痛みつづける胸奥の覚えがきである」と結んだ。「書いて伝えることの限界を知る詩人だからこそ、雄弁な言葉や、書き飾るような描写がもたらす虚実を自ら戒めたのでしょう」と、丸山の長男・泉（56）は語る。

　丸山は周囲にも戦争の細事を語ることは少なかった。だが晩年にも、夜中に跳び起きてはまぶたを濡《ぬ》らす姿を亡き妻は見ていたという。その脳裏にどんな記憶がよぎったのか、詩集『球根』に収められた「稲妻」にこんな一節がある。

山のけものおまえもみじめ
兵士の肉をはらわたに納めます
そのけものを追いつめて
私のはらわたに納めます
その順序に名前などありません

　丸山が故人となったいま、「私」のはらわたに納まった「肉」が、私が追いつめた「けもの」のものか、息絶えた「兵士」のそれか。そこに「順序」はないともあり、読者に判断はつかない。ただ、この一節が想像させるのは、人として最後の尊厳さえ打ち捨てなければ生き延びられない戦場のむごたらしさである。飢えと渇き、人を人と扱わないゆがんだ欲情。足手まといとなる身内の兵を始末するための無謀な作戦、死を目前にした兵士を安らかに眠らせる軍医の務め。良心を許さない戦場を丸山は目に焼き付けた。

「魂の司令官」「戦場の闇での何ものにもまさる光」。丸山は、彼らを率いた少将・水上源蔵についてたびたび記した。

だが、記者はどうしても、丸山の尊敬の念ほどに、この人物に思い入れを抱くことができなかった。戦場でも理性を失うことなく、命を預かった兵の痛みと苦しみを思いやる水上少将は、撤退の途中で自ら命を絶った。だからこそ、丸山らが味わった後の生き地獄を知ることなく、最期を迎えられたとも思えるからだ。丸山自身も「どうも表現が難しい」と打ち明けているが、この人物の評価をめぐる戸惑いは、決してその筆力の問題ではあるまい。誤解を恐れずに言えば、水上少将とは、丸山の魂がつくり上げたヒューマニズムの偶像だった。過酷な戦場に生きる唯一の希望として、行き場のない精神の拠《よ》り所として、無意識にその存在を望んだのではなかろうか。

「形だけの、体制に組み込まれた民主主義」「拝金社会」。丸山は戦後の日本社会に失望を隠さなかった。戦場でも、ヒューマニズムへの希望を捨てなかった丸山にとって、それを見失いゆく世間に身を置くのは堪え難かったに違いない。身近に戦場の名残さえ見当たらない、こんな時代だからこそ。


（文＝池田 郷）

丸山 豊　一九一五（大正四）年、福岡県広川町に生まれ同県久留米市で育つ。旧制・明善中時代から、同県小郡市出身の野田宇太郎（詩人）と詩誌を刊行するなど詩作に励んだ。早稲田大学第一高等学院を退学、九州医学専門学校（久留米大学医学部）に進んだ。四〇（昭和十五）年に臨時召集で久留米陸軍病院に入隊。四二年から南方戦線に軍医として身を置いた。四六（昭和二十一）年に帰国、四七年に野田らと詩誌「母音」を創刊。日本現代詩における代表的存在として活躍した。フランスの文学者アラゴン主宰の「フランス文学」

が「十人の日本詩人」として紹介した（六九年）。第三十三回西日本文化賞（七四年）、日本現代詩人会主宰の先達詩人顕彰受賞（八九年）。久留米市を中心に学校の校歌を数多く作詞したことでも知られる。八九（平成元）年、七十四歳で死去。九一年、丸山豊記念現代詩賞（主催・同賞実行委）が創設された。

17

『若山牧《ぼく》水《すい》歌集』

古里離れ、
きょうも旅ゆく

若山牧水

1936・岩波文庫（のち新版）ほか

朝、集団登校する子どもたちは、学校玄関の前で立ち止まり、声をそろえて朗詠する。

若竹の伸びゆくごとく子ども等よ
真直ぐにのばせ身をたましひを…

宮崎県日向市東郷町内の小学校五校では、登校時、若山牧水の歌を詠む。二十年ほど前から受け継がれてきたその節回しは、学校によって微妙に異なっているのだそうだ。「今日も一日楽しく過ごそうって気持ちになります」。ランドセルの児童がそう言う。ここ東郷小学校でも、それは毎朝のあいさつ代わり。牧水の歌の心が、子どもたちの心に溶け込んでいるようだった。

白玉の歯にしみとほる秋の夜の
酒はしづかに飲むべかりけれ

「どの歌も子どもたちは明るい声で詠んでいますよ」とは、圖《ず》師《し》宗忠教頭（46）。秋の夜の哀愁も子どもたちにかかれば、春の朝のさわやかさに変わるのだった。

幾山河越えさり行かば寂しさの
終《は》てなむ国ぞ今日も旅ゆく

旅をこよなく愛した歌人・若山牧水。「旅ゆく」牧水は何を思い、何を求めていたのだろうか。彼の故郷、東郷町を訪ねた。生家がある坪《つぼ》谷《や》地区を牧水は次のように書いている。

「家は村を貫通する唯一の道路に沿ひ、真下に渓に臨んで居る。（中略）私はものごころのつく頃から痛くこの渓と山の雨とを愛した」

牧水という号の「水」はこの渓流、「牧」は母の名マキにちなむ。牧水の歌の原点は故郷にある。進学のため十四歳で故郷を離れて延岡市に移った牧水は、以降東京、沼津と居を移し、東は網走《あばしり》、西は韓国の珍島《チンド》まで旅をした。生涯に詠んだ約九千首のうち三分の一は旅の途上で生まれ、全国各地には三百近くもの歌碑が残る。歌人で、宮崎県立看護大学の伊藤一彦教授（62）はこう話す。

「常に外界にあこがれながら、同時に古里を求めていた。その二面性が表現の源なのです。歌を詠むためには、旅をせずにいられなかった」

旅に出ては、そこの自然に故郷や妻子の表情を重ねる歌を詠み、家にあっては、遠くの山水に思いをはせる。いとしいものを率直に求める心は、ありのままの良さを歌い上げる「牧水調」を生んだ。

あるときその牧水調が、読点を多用した破調へと変化をみせた。

思ひつめてはみな石のごとく黙《つぐ》み、
黒き石のごとく並ぶ、家族の争論

第六歌集『みなかみ』は、牧水が二十七歳のころ父の病により坪谷に帰郷した時代の作品。いとしいはずの故郷の自然が、苦悩を投影する対象として描かれている。二代続く医者の家の長男として生まれた牧水にとって、帰郷し、そこに根を下ろすことは、歌人としての道を絶つことを意味した。

＊

若山牧水記念文学館の那須文美事務局長（64）の案内で、生家の裏山に向かった。斜面に沿って横たわる直径二メートルほどの石に、歌が刻んである。

ふるさとの尾鈴の山のかなしさよ
秋もかすみのたなびきて居り

「この岩に寝そべって、自分の行く末を思い悩んでおったそうです」

ひんやりとした岩に座り込むと、牧水が「かなしい」と詠んだ尾鈴山の緑が目前に広がった。分厚い雲が辺りを包み、心なしか緑もくすんで見える。この緑を、彼はどんな思いで見つめたのだろう。目を閉じて川のせせらぎと鳥の声を聞いた。

納戸の隅に折から一挺の大鎌あり、
汝が意志をまぐるなといふが如くに

歌人として生きることを選んだ牧水は再び故郷を離れた。もう故郷に住むことはない。このとき、坪谷の自然は牧水にとっての確かな原風景となったに違いない。伊藤教授は言う。

「牧水が多く歌に詠んだのは、風光明媚な名所ではなく、ありふれた里山だった。坪谷の代わりを探していたわけではないが、坪谷のような場所に、自然と足が向いてしまう」

　白鳥は哀しからずや空の青
　　海のあをにも染まずただよふ

坪谷から川に沿って伸びる一本道を下り、太平洋に臨む海岸まで足を運ぶと、空に海鳥が一羽、目的が定まらないかのように、ぐるぐると低空飛行を繰り返していた。

白鳥が漂い続ける「あお」という名のよりどころ。それは何だったのだろうか。故郷か、家庭か、歌の道か、旅なのか。

牧水の妻、喜志子もまた歌人だった。四人の子どもを育てながら、夫の帰りを待っていた。いい歌ができたとき、帰宅する牧水の足音がひたひたと軽やかで、それを聞くのが幸せという人だった。つらくなかったのだろうか。よほど心が強かったのだろう。私には耐えられそうにない。二人は互いを、方法は違えど同じ道を歩む同志のように感じていたに違いない。

故郷の原風景と同志のような妻に支えられ、何ものにも染まず漂い続けた牧水。その姿はすがすがしい。たとえそれがかなしくもあれど。


（文＝大矢和世）

若山牧水　一八八五（明治十八）年、宮崎県東郷村（現在の日向市東郷町）生まれ。本名繁。旧制・延岡中学時代から短歌投稿を重ね、早稲田大学では同級生の北原白秋らと交流した。人妻、園田小枝子との恋愛と苦悩を中心に詠んだ第三歌集『別離』（一九一〇年刊）が好評を博し名を成す。歌人でもある喜志子と結婚してからは神奈川県や静岡県沼津に居を置き、全国各地を旅しながら詠んだ歌を発表した。「酒の歌人」としても知られ、酒を詠んだ歌は約三百首。二八（昭和三）年九月に没した。死因は肝硬変だった。生涯に十五冊の歌集と紀行文集や随筆などを残している。九六（平成八）年、宮崎県、同県教委、宮崎日日新聞社、延岡市、日向市の共催で若山牧水賞が創設された。

18

『恩《おん》讐《しゅう》の彼方に』

菊池 寛《かん》

清濁あってこそ…人間賛歌

1919・春陽堂（『我鬼』所収）／のち新潮文庫、岩波文庫ほか

「いやぁ、あれは史実とは違うと言う人もいて…。私も二十年前に一度読んだきりですね」

周防灘から山国《やまくに》川をさかのぼること十キロ余り。大分県の名勝耶馬渓《やばけい》にある「青の洞門《どうもん》」が作品の舞台である。菊池寛あっての観光地であり、地元にはさぞかし愛読者も多いだろうと思いきや、中津市教委本《ほん》耶馬渓教育センターの平原潤さん(45)からはつれない言葉が返ってきた。

菊池寛の代表作『恩讐の彼方に』は、三百六十メートルに及ぶ岩壁を掘り貫いた禅海和尚をモデルにした短編である。後の了海こと市九郎は、主人の愛妾《あいしょう》お弓と通じて主人を殺し、さらには旅人を殺して金品を奪う極悪非道の暮らしをしていた。そして、出家し、諸人救済の旅で人々を悩ましていた難所に行き当たり、これを取り除こうと決意する。里人に笑われてもやめることなくツチとノミで掘り続けて二十一年目の秋。巨岩はついに貫通し、敵討ちに来た主人の遺児・実之助も感激の涙を流す——。見事に改心し、大事業を成し遂げた了海の感動の半生を描いている。

従って禅海和尚は死後二百年以上たった今もなお、旧本耶馬渓町(現・中津市)の偉人である。「禅海橋」に「禅海スポーツセンター」、お盆に開催するのは「禅海ふるさと夏まつり」。名刹《めいさつ》羅漢寺のふもとにある禅海和尚のお墓も、大切に守られてきた。

「町のシンボルとも言える禅海さんが人殺しであっては具合が悪いわけです。でも今では小説が本当の話として広まってしまって…」

人口三千八百人の山里の複雑な思いを、平原さんは解説するのである。

では、本当のところ禅海和尚は罪人ではなかったのだろうか。

一九八一(昭和五十六)年、青の洞門の中ほどに安置されていた地蔵の台座から、禅海自筆の板切れが見つかった。そこには寛延三(一七五〇)年の日付とともに、江戸浅草の住人で生まれは「越後高田」、姓は「福原」と書いてあった。信用して間違いないのはこの資料くらいで、羅漢寺に残っていた他の記録は焼失。禅海和尚の〝前歴〟はよく分からないというのが結論である。

一方、明治以降の文献には『恩讐の彼方に』と似た筋書きのものがある。菊池寛が作品を発表したのは一九一九(大正八）年の「中央公論」一月号だが、執筆の基礎資料としたのは、地元で郵便局長をしていた小川古吉が一九〇五（明治三十八）年に出版した『耶馬渓案内記』だとされている。そこには禅海の主人殺しと山賊をしていた話が紹介され、また一九一二年の『下《しも》毛《げ》郡史』では、禅海が主人を殺してその妻と駆け落ちしたが、女性が病気で死んだのがショックで出家したという筋になっている。つまり、小説になる以前も、地元では同じような話が語り伝えられていたのだ。

　これには「禅海さん」を擁護する平原さんも「やっぱり人間、きれいごとじゃ動かんということでしょうか」と言うほかはない。確かに単なる善行物語では、なぜ何十年もの間、巨大な岩に立ち向かったのかまるで説得力がないというものである。禅海和尚の話は後に国語の教科書に取り上げられて広く知られるようになるが、動機はただ「万人の為に安全な路《みち》を造ってやろう」と書かれ、「そんな聖人君子どこにいる」と文句の一つもつけたくなる。

　人間は弱く打算的である。そして競秀峰《きょうしゅうほう》の岩壁は余りに巨大である。史実はともかく、過去への悔恨という力が必要であり、だからこそ人々に共感を持って語られたのではなかろうか。

「文藝春秋」を創刊し、後に「文壇の大御所」と呼ばれた菊池寛は、延々と描写が続く明治時代の文学に対して、主題とストーリーを重視し、庶民が楽しめる大衆小説を生み出した。新聞や雑誌連載で絶大な人気を得るが、その出世作が『恩讐の彼方に』である。

　実は、禅海和尚には後日談がある。洞門の完成後、人は四文《もん》、牛馬は八文の通行料を取ったと伝えられ、百両ほど貯金もあったらしい。洞門が日本初の有料道路ともいわれる由縁である。小説では洞門を掘っている時の姿を「人間とも死骸とも付かぬ、半死の老僧」と散々に言っているが、晩年は悠々自適、八十八歳で大往生した。

　菊池寛がこの結末を知っていたかどうかは定かではない。しかし、承知した上で「そんなものだよ」と笑って書かなかったような気もするのである。

「こうして洞門に来たお客さんにお茶出したりするけんな、お弓さんの生まれ変わりじゃなち言われるんよ」

　洞門の入り口にある観光案内所で、二十四年「店番」をしているという土井イツコさん（76）はかき餅を火にあぶりながら、ほほほと笑った。

「お弓さん」は、小説では市九郎も逃げ出す強欲の女性だが、土井さんにとっては「禅海さんの恋女房」なのだという。

　悪も善も嘘《うそ》も真《まこと》も。すべてがない混ぜの人間社会に、菊池寛は希望の物語を送り出した。人の心の機微を巧みに描き、希望を託したヒューマニスト。生きにくい現代だからこそ、人間の素晴らしさを描いた、彼ならではの「結末」が心に染みるのである。

（文＝南 陽子）

菊池寛　一八八八（明治二十一）年、香川県の現・高松市生まれ。勉強熱心で中学時代、市立図書館の二万冊の蔵書のうち読みこなせるものは読破したといわれるが、学生生活は波瀾万丈だった。最初に入学した東京高等師範学校は「放縦」を理由に除籍。二十二歳で入った第一高等学校では、芥川龍之介や久米正雄らと知り合うが、友人の窃盗の罪を着て卒業目前で退学した。一九一六（大正五）年、二十八歳で京都帝大を卒業後、時事新報社の記者をしながら『父帰る』『忠直卿行状記』などを発表、新進作家に。新聞小説『真珠夫人』で絶大な人気を得た。二三年、「文藝春秋」を創刊。文芸家協会を組織したり、芥川賞・直木賞を設けたりと文壇の大御所として手腕を発揮し、将棋や競馬など趣味を極めたことでも知られる。四八（昭和二十三）年三月六日、持病の狭心症で急逝。享年五十九。五三年、菊池寛賞（主催・日本文学振興会）が創設されたほか、高松市に菊池寛記念館がある。

19

「普通の日々」が一番尊い

『明日　一九四五年八月八日・長崎』

井上光晴

1982・集英社／のち集英社文庫

向かいの机では、先輩記者が頭をかきながらパソコンをにらむ。奥の机では、支局長が長崎総局のデスクと明日の紙面づくりについて、電話で話している。後ろの席では、パートの女性が新聞をスクラップしている。

窓の外では、午後の晴れ空と対照的に、喪服の女性がコツコツとヒールの音を響かせて支局の前を通り過ぎた。近くの駐車場では、背広を脱いだ男性が車の鍵穴に鍵を差し込んでいる。

二〇〇六（平成十八）年五月×日午後三時三十七分、私は長崎県佐世保市の西日本新聞社佐世保支局で、この原稿を書き始めた。例えば明日、この風景が消し去られてしまうなんて、私にはうまく想像できない。

原爆を主題とする小説『明日』には、人が「霧のごとくに消されてしまう」（『長崎の証言』第五集）姿も、「焼けただれたからだのまま右往左往する人々」（同）も描かれてはいない。あるのは、原爆投下の前日、一九四五（昭和二十）年八月八日に、笑ったり泣いたりする人々の姿だ。

「井上は若いころ、酒を飲みながら『こんな普通の日々が壊されんことが一番いい』と言いよった」

戦後、井上光晴が身を寄せた佐世保市で一緒に同人誌を作るなどした力武伊佐夫さん（91）＝同市＝は、私の名刺を受け取ると、そう言った。

「原爆に、こんちくしょうと怒るのはたやすいが、その怒りは、原爆が尊い『普通の日々』を奪うからだ。『明日』に限らず、その真理を、井上は追求しとった」。そこまで話すと、力武さんはにかっと笑った。

「日ごろは嘘《うそ》ばっかりつく男じゃったけどね」

＊

「嘘つきみっちゃん」――。取材の度に、その呼び名を耳にした。佐世保文学伝習所で十年間事務局を務めた林田京子さん(59)=同市=は、井上の写真を箱から出しながら話し始めた。

「先生は、本当に嘘ばっかりやったねえ」。そう言いながらも、林田さんは笑みを浮かべていた。

「先生のすごいのは、人を傷つける嘘はつかなかったことね」

酒の席などで「日本一の腕前」と豪語するトランプ占いを披露する井上を林田さんは覚えている。「あんた、今年は運がいい」「悩みは間もなく解決するよ」。井上が差し出す「明日」は決まって明るかった。

「どうしたら人がより幸福になれるか」を、井上は追求した。それは、裏を返せば、人々の「今日」が必ずしも明るい話に満ちてはいないからだ。小説『明日』でも、井上は、八月八日の陰鬱《いんうつ》な長崎を描いている。

島原半島の精神科の病院から追い出されようとしている娘、冨美の処遇を気にする山口キヨは、気を病み、突然絶叫したり、小学生の息子、ヒデちゃんを折檻《せっかん》したりしている。

それでも井上は、希望をかき集めようとするキヨを描く。

畳にひれ伏し、「ぎえっとも、うえっともきこえる泣き声」を上げるキヨは、「オムレツば作ったこともあっとよ」と知人が話すのを聞くと、かすれた声で「(作り方を)習いたか」と訴える。「明日、(娘に)食べさせてやりたかと」

そんな井上自身の「明日」に影が差すのは一九八九年。癌《がん》に冒される。

井上は、少年時代を過ごし「小説家としての出発点」とした長崎県西海市崎戸町を、しばしば訪れた。民宿「椿の宿」に宿泊して、主人の故福岡照一さんと文学談議を交わした。亡くなる半年ほど前、椿の宿を訪れた井上は、福岡さんの長男、昭和《あきかず》さん(63)に〝遺言〟を遺《のこ》した。

「癌に関するあらゆる文献を読みあさったよ。その結果、治らないと分かった。おまえとも崎戸とも、これが最後だ」

「ただ、癌の予防策は分かった。おまえを死なせたくない。だから、言うことを聞け。粉ミルクを飲め」

「粉ミルク?」。いつもの嘘か、本気で言っているのかつかみかねて、昭和さんは苦笑した。けれど、井上に笑みはなかった。酒を飲みながらこうも言った。

「まだ死にたくない」

＊

小説『明日』の最終章・0(ゼロ)章では、一九四五年八月九日午前四時十七分、長崎市でツル子という女性が男の子を産む。

「私の子供は今日から生きる」と、ツル子が身体を裂く痛みを越えて産んだ子どもを見つめるところで、小説は終わる。戦時下の困窮した生活であれ、ツル子と子どもにとっては「日々が壊されんことが一番いい」。二人は、「まだ死にたくない」なんてことさえ、考えていなかっただろう。それから七時間足らずで、長崎に原爆が落とされる。

西海市崎戸町の井上光晴文学室には「なにゆえに書くか」として、井上が引用したスタール夫人の言葉が展示されている。「何時か同じ運命にあうかもしれぬ者たちの役にたつかと思ってである」と。

この新聞が各家庭に届く二〇〇六年五月二十八日の午前四時十七分にもまた、〝ツル子とその子ども〟はいるだろう。二十八日午前十一時二分、私たちは、二人の日々を壊さずにいれるだろうか。


（文＝田篭良太）

井上光晴　自筆年譜では一九二六（大正十五）年、旧満州・旅順生まれ。十二歳で長崎県西海市崎戸町の崎戸炭鉱に移り、炭鉱労働者として働く最中に、朝鮮独立に同僚を扇動した容疑で逮捕された、などとしている。一方、死後、親類らが明かしたところによると、出生は福岡県久留米市。炭鉱で働いた事実や逮捕歴も「確認できない」とされた。敗戦後、二十歳で「九州評論社」をたち上げ、詩などを発表するようになる。二十九歳で本格的に作家を目指し上京。翌年、郁子さんと結婚。『地の群れ』（六三年）や『心優しき叛逆者たち』（六九年）、『明日』（八二年）を発表する。九二（平成四）年五月三十日、六十六歳で死去。『明日』は八八（昭和六十三）年、黒木和雄監督によって映画化された。

20

『幻《げん》化《け》』

梅崎春《はる》生《お》

死の淵に見た生の輝き

1965・新潮社／のち講談社文芸文庫ほか

主人公の五郎が、東京の精神病院を抜け出して鹿児島に向かうところから物語は始まる。常識的にはこのような行為を「現実逃避」とでも呼ぶだろう。だが、五郎は身の回りのものがリアリティーを失って信じられず、例えば「現実」とは何か、あるいは「逃避」が何を意味するのか、そんなことの輪郭がぼやけている。その朝、五郎はコーヒーを飲み、ちょいと散歩に出るような風情で飛行機に乗ったのだった。

太平洋戦争末期、梅崎春生は海軍の通信下士官として鹿児島県坊津《ぼうのつ》（現・南さつま市）に配属されていた。暗号電文解読の任務から、沖縄の惨敗や、いつ米軍が上陸してきてもおかしくない戦況を知っていた。坊津から桜島に転属して終戦を迎えるが、この間の事情を綴り、軍隊の狂気を描いたのがデビュー作『桜島』である。そして二十年後の『幻化』が遺作となった。二つの作品は合わせ鏡として読むのが面白い。五郎は『桜島』の村上兵曹とほぼ逆のコースで、鹿児島から坊津へと向かう。記者もその足跡をたどった。

＊

かつお節の香り漂う枕崎市街地を抜けると耳取《みみとり》峠という不気味な名前の峠がある。道が下り始めた辺り、木々の切れ間から唐突に眺望が開けた。海が青い。際限なく青く、まぶしい。

この場所で五郎は「これだ。これだったんだな」とつぶやく。封印された記憶が動きだし、五郎は自らの逃避行の目的を知る。失われた時間を取り戻す旅だったのだ。坊津に入ると記憶はいよいよ鮮明となり、たまたま出会った女に「今はうしなったもの、二十年前には確かにあったもの、それを確かめたかったんだ。入院するよりも、直接ここに来ればよかった。その方が先だったかも知れない」と語る。

今は失ったもの、かつては確かにあったもの。それは何なのか。

一九六三（昭和三十八）年、梅崎は津恵夫人を伴って現地を訪れた。旅行雑誌の取材である。肝臓病を宣告されていたころだが、洋酒のポケット瓶を忍ばせ、ハンチングをシャイにかぶっていた。まだジェット機はなく、プロペラ機を乗り継いだ。二年後に発表した『幻化』の冒頭には、飛行機の潤滑油が漏れ客室の窓を黒く染めるシーンがあるが、このトラブルは実際にあったという。

現場を歩くと、梅崎が忠実に現地の風物を書いていることが分かる。ただ、繰り返される五郎の回想になるとたちまち正常と異常の境が怪しい。砂浜で男児が魚を捕るといった見慣れた光景でも、凝視し続ければシュールレアリスムの世界へと導かれる。

正気と狂気、事実と虚構。「人生幻化に似たり」。五郎は、小説のタイトルそのままに虚実の皮膜を旅する。

＊

かつて確かにあったもの。それは死であった。米軍が上陸してくれれば、死は確実に訪れる。それは、逃れようのない前提であった。軍隊生活は悲惨を極めた。三十歳の梅崎に、年の端《は》もいかぬ上官の命令が飛ぶ。階級がすべての世界で「東大出の下士官」は真っ先に制裁や私刑を受けた。

梅崎は否応《いやおう》なく死のありようを考えた。それは、自分とは何か、存在とは何かを問うことである。容易に結論は出ない。せめて「美しく死にたい」と思い詰めた。そんな悲壮な考えは、軍隊では小ばかにされた。殺戮《さつりく》の現場には累々たる死体があるだけで、やがてカラスがその腐肉をついばむのだと、ある上官は爬虫《はちゅう》類のような冷たい眼で睨《にら》んだ。それでも梅崎は美しく死ぬことを思うしかなかった。

美しく「死ぬ」ことは、その瞬間まで美しく「生きる」ことに他ならない。両者は単独では極まらず、相互関係でしか深まらない。死を意識しない限り、生は輝かないのだ。

終戦。引き揚げ途中の耳取峠の光景は死の重圧からの解放だったろう。そこから先は、生が輝いているはずだった。だが、世の中ままならない。

焼け跡からの復興、そして、高度経済成長へ。この国がしだいに豊かになっていく中で、人気作家である梅崎の不安は膨らんでいった。一見陽気な生き方の底にオリのように溜まった。平和の時代。死が遠のいたのになぜか生がかすむのである。一時の安らぎを、酒に求めるしかなかったはずだ。やがて経済合理主義は、日々の暮らしや男女の愛にまで浸透し、そして生死までもパッケージ化、記号化していく。梅崎は抜き差しならぬ所まで追い詰められていったのだろう。

＊

『幻化』の旅は、五郎が学生時代を過ごした熊本を経て阿蘇山の火口で終わる。そこで五郎は、丹尾《にお》という男と賭けをする。彼は交通事故で家族を亡くし自殺願望を持つ。五郎とは鹿児島に向かう機内で隣り合わせ、阿蘇山で再会した。火口を一周する間に、丹尾が飛び込むか否かを賭けたのだ。

噴煙と硫黄臭が漂う、地獄の窯が蓋《ふた》を開けたような活火山。丹尾はよろよろと歩き、五郎は双眼鏡で見守る。果たしてあいつは飛び込むのか。丹尾が半周ほど歩いたとき、五郎が叫ぶ。

しっかり歩け。元気出して歩け！

旅の終着点。五郎は死の淵《ふち》を歩く丹尾の後ろ姿に確かな生を発見したのだ。君には生きていく値打ちがある。間違いなくあるのだ。そして、梅崎にも。もちろん、読者にも。

（文＝井口幸久）

梅崎春生　一九一五（大正四）年、福岡市生まれ。厳格な軍人の家庭に育つ。熊本の第五高等学校から東京帝大を卒業。朝日新聞などを志願したがすべて不合格。東京市教育研究所吏員となる。四四（昭和十九）年召集され、海軍佐世保相ノ浦海兵団に入る。終戦の翌年に発表した『桜島』で一躍人気作家に。続く『日の果て』は映画化された。野間宏、椎名麟三らとともに戦後派の代表的作家となり、後輩である遠藤周作らとの親交も深かった。『ボロ家の春秋』で第三十二回直木賞（五五年）、砂川事件を取材した長編『砂時計』などを執筆するがこのころから神経不安定に悩む。六五（昭和四十）年、戦後文学の完成点と絶賛された『幻化』を発表した一カ月後に肝硬変で死去。五十歳だった。命日の七月十九日は本作にちなみ「幻化忌」と命名された。

21

親善に潜む「偽り」を告発

『カクテル・パーティー』

大《おお》城《しろ》立《たつ》裕《ひろ》

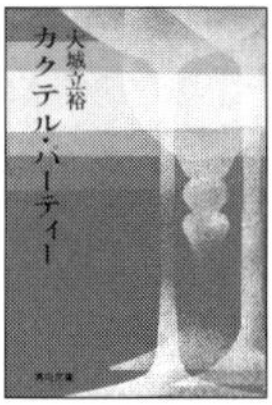

1967・文藝春秋／のち角川文庫、岩波現代文庫ほか

オオグスクからオオシロへ。「大和的」な読み方で呼ばれだしたのは、中学校に上がった昭和十三（一九三八）年前後のころだったろうか。「日本人らしくなれ」。学校の先生は、そう教育する一方で、「沖縄の言葉を忘れるな」と説いた。

戦前、沖縄県最後の県費留学生として、中国・上海にあった東亜同文書院に学んだ。「日中の架け橋」になるはずだった。

在学中、日本軍に服務したことがある。現地の農民から食糧を調達する「軍米収売」という現場で警備に就いた。銃剣を持って農家に入り、泣いて訴える農民からなけなしの食糧を巻き上げる兵隊たち。五族協和。八紘《はっこう》一宇《いちう》…。美名の陰の現実を見た。

終戦の報には開放感を感じた。敗戦の悔しさはなかった。

終戦後間もなく、上海の映画館に行った。上映前、国民党（当時）の党歌がかかり、中国人の観客が全員起立して合唱した。その途端、全く突然に涙があふれ出した。

自分は一体、何者なのか。

常にアイデンティティーが揺れていた。

＊

――主人公の「私」は、米軍基地内でのパーティーに招かれる。本土復帰前の沖縄。基地に出入りできる特権的な沖縄人として「選ばれた楽しみを感じる私」。まさにその時間、事件が起きていた。娘が米軍人の男にレイプされるが、男に大けがを負わせ逆に逮捕されてしまう。

アメリカと日本。日本と沖縄。戦勝国と、占領軍と、被占領民と…。個人のレベルをはるかに越えた重層の狭間《はざま》で、男を告訴しようと奔走する主人公は、自分が本当は何を告発しようとしているのかを意識する。

物語は後半、突如、語り手が変わる。「娘はなんのためにお前の二十年前の罪をあがなって…」「お前は息をつめて、娘の全身の形をみつめ…」

二人称の「お前」の発する言葉が、突き刺すように読者に放たれる。

＊

「七、八年越しの作品だった」と大城立裕氏はいう。

「米軍政下で虐げられる沖縄。頭の中に漠としたイメージはあったけど、そんな単純な、センチメンタルなテーマでは小説にならない、と思ったんです」「向こうから問い掛けられたらどうしようか。『お前たちだって中国でレイプしたじゃないか』と。主人公に『過去』を背負わせ、その『過去』とどう向き合うか。そのテーマがひらめいたことで、単純な抵抗文学にならずにすんだんです」

発表したのは一九六七（昭和四十二）年。その数年前には、沖縄ではペリー来航百十年を記念した「米琉親善」ムードに包まれた。

「それは上辺《うわべ》のブームなのではないか。当時は、沖縄人が米軍要員の婦女をレイプすれば死刑だが、沖縄の女性が米軍人にレイプされても泣き寝入りするしかない。そんな力関係の下での、親善の欺瞞《ぎまん》性を暴きたかった」

だから。

大城氏は、「お前」にこんな言葉を与えた。

「私が告発しようとしているのは、ほんとうはたった一人のアメリカ人の罪ではなく、カクテル・パーティーそのものなのです」

＊

発表した六七年、『カクテル・パーティー』は芥川賞を受賞する。沖縄の作家初の芥川賞だった。

「文学不毛の地と呼ばれ、本土文学の模倣にとどまっていた沖縄で、沖縄でしか出てこない作品が生まれた」

近代沖縄文学が専門で、大城作品の全集編纂《へんさん》にも携わった沖縄国際大総合文化学部の大野隆之教授（43）は指摘する。

「（ともに芥川賞作家の）又吉栄喜《またよしえいき》さんや目取真俊《めどるましゅん》さんがあるのも、これが出発点。今考えても極めて重要な作品だと言える」

大城氏も、いささかの自負を込めてこう口にする。「私の芥川賞と、その翌年、高校野球での興南高校ベスト4。それとボクシングの具《ぐ》志《し》堅《けん》用《よう》高《こう》の世界チャンプ。それまで負け犬根性だった沖縄が、全国レベルでやれるんだと自信をもったのが、この三つでした」

もっとも、書きためた作品を順番に発表していく中で、『カクテル・パーティー』は最後に残った、「一番出来が悪いと思っていた」小説だったらしいのだが。

＊

二〇〇六（平成十八）年五月十五日、あらためて大城氏の自宅を訪れた。沖縄、本土復帰の日。四十年目の「カクテル・パーティー」を尋ねに。

「米琉親善の、ビジュアルな光景は見当たらなくなりましたね。むろん、基地はあり、基地問題はあるが、日常的にアメリカを意識することはかなりなくなった。政治問題以外では、日本の沖縄差別もなくなってきたと感じます」

「特に一九八〇年代から、言葉や生活パターンが無限に日本式への『同化』に向かっている。沖縄文化をいい意味で引っ張り上げてくれるでしょうが、沖縄のオリジナリティーをどう残すか、『異化』の問題が重要になっている」

沖縄のアイデンティティーは今も、胸の内で揺れ続けている。

（文＝進藤卓也）

大城立裕　一九二五（大正十四）年、沖縄県中城村生まれ。終戦後、熊本県・阿蘇にいた姉の元に引き揚げ、四六（昭和二十一）年沖縄に戻る。米軍通訳、教員を経て、琉球政府に勤務。八六年、沖縄県立博物館館長を定年退職するまで公務員生活の傍ら執筆活動を続ける。本作以外に『小説　琉球処分』『朝、上海に立ち尽くす』『さらば福州琉球館』『対馬丸』『日の果てから』（平林たい子賞）『普天間よ』など、沖縄の歴史と風土に根差した作品を発表し続けている。二〇〇〇（平成十二）年沖縄県功労賞、一五年「レールの向こう」で川端康成文学賞、一九年、井上靖記念文化賞。

22

『幸《こう》島《じま》のサル』

三戸サツヱ

野生ザルに「人情」重ね

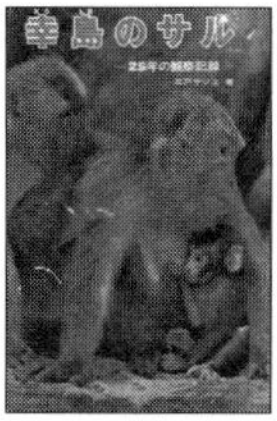

1971・ポプラ社／のちポプラ社文庫、鉱脈社みやざき21世紀文庫

日南海岸の南端、宮崎県串間市市木《いちき》は、時間が止まったようだった。照り付ける太陽、生い茂る亜熱帯植物。海岸に沿って続く一本道は、人影がまばらだ。過疎の波に洗われているのだ。だが、三百メートルほどの沖合に浮かぶ幸島の名は、世界中の霊長類研究者が知っている。周囲四キロの小さな島で「サルにも文化がある」という驚くべき発見がなされたのである。

瀬渡し船で数分、幸島に渡った。ビロウ、バナナ、アコウ…。懐深い森には百匹ほどのサルが住む。六月は出産シーズンで、この日も母子ザルが浜辺に現れた。子ザルの目はつぶらで、キラキラと輝いていた。

「私しゃ何事にも三日坊主だけどさ、サルだけは続いたね。サルって面白いからねー」

幸島の対岸に住む三戸サツヱさんは、島のサルたちを半世紀以上にわたって見詰めた。九十二歳。今も自転車に乗り、求められれば、一緒に幸島に渡る。年齢を感じさせないエネルギーは島のサルや周囲の自然からもらったものに違いない。

さるたちは　若き世代になりぬれど
　昔かわらぬ　みどりの島影

三戸さんの事務所に掲げられている書は、日本の霊長類研究に先鞭《せんべん》をつけた故今西錦司《きんじ》氏の筆による。今西氏ら京都大学の研究者が幸島を初めて訪れたのが一九四八（昭和二十三）年。翌四九年からサルの観察が始まった。当時、三戸さんの両親が旅館を営み、研究者がその旅館を利用したことから三戸さんもサルの観察に興味を持った。小学校教諭の傍ら、研究者が大学に戻った留守の間の観察を引き受けた。

「日曜日には必ず幸島に渡ったねー。サルの顔を見分けるコツも自然と身について、若い研究者に教えるまでになりましたよ」

忘れられないサルたちがいる。ボスだったカミナリは、常に群れの安全に気を配り、浜に乱入した犬とも勇敢に戦った。一番メスのウツボは、死んだ赤ん坊がミイラ化しても離さず、五十九日間も一緒に過ごした。乳がんにかかったメスのサンゴは、三戸さんに抱きかかえられて車で宮崎大学まで運ばれ、そこで力尽きた。

海水でイモを洗って食べ始めた頭のいいメスの子ザルもいた。芋洗い行動はみるみるうちに群れに広まり、子ザルは「イモ」と名付けられた。

サルが海水でイモを洗う――。それがサルにも文化があると言われたゆえんだ。そんなサルたちや研究者との出会いを書き綴《つづ》ったのが『幸島のサル』。七一年に出版された。

＊

幸島で餌《え》づけによる観察が始まってから半世紀。今、研究者の間では、幸島などの事例は餌づけによる特殊なものと理解されている。だから今の幸島では餌を極力与えない。より自然の状態に近づけるためだ。その結果、群れは緩やかな集合体に変わった。ボスにも昔のカミナリのような威厳はない。

「サルは所詮《しょせん》、サルですよ」と若い研究者は言う。三戸さんは少し不満げだ。三戸さんは「人情」を重ねてサルたちを眺めてきたのだ。

「だって、あのころのサルは本当に立派だったのよ」

彼女にとって、島のサルたちはボスによる統率が見事にとれた一団であり、極めて人間に近い感情を持つ存在だったのだ。

サルたちも代替わりし、研究者の関心もアフリカや南米に向き、幸島を訪れるのは観光客がほとんどだ。

ただ、三戸さんも加わって五十七年前に今西氏らが始めたサルの観察メモは、現在に引き継がれている。島のサルたちの誕生、死亡などを克明に記録した、いわばサルの「戸籍」だ。三戸さん宅の近所にある京大霊長類研究所の幸島観察所に二人の職員が常駐し、観察を続けている。

研究が進み、学説は変わっても、日本の霊長類学の黎明《れいめい》期をリードした幸島の功績は変わらない。サルたちの平和な生活が続く限り、サルたちの戸籍づくりもまた営々と続いてゆく。


（文＝白石克明）

三戸サツヱ　一九一四（大正三）年、広島県佐伯郡観音村（現・広島市佐伯区）生まれ。地元の安田高等女学校などを経て、日本統治下にあった朝鮮半島、満州（現・中国東北部）大連で小学校教諭として勤務。敗戦後、両親の住む宮崎県串間市市木に移り、小中学校で教えた。幸島でのサル研究者の観察を助け、五三（昭和二十八）年、子ザルが芋を海水で洗って食べ、その行為が群れに広がる様子を確認。この事実は研究者によって国際学会で発表され、研究者たちを驚かせると同時に、幸島を世界的に有名にした。七〇年、京都大学の霊長類研究所幸島野外観察施設（現・野生動物研究センター幸島観察所）研究員。その後、非常勤講師。八四年、七十歳を機に退職。サンケイ児童文学賞（七二年）、吉川英治文化賞（七四年）、西日本文化賞（同）など。二〇一二（平成二十四）年四月死去。

23

極限状態の「地獄」と救い

『海神丸《かいじんまる》』

野上弥生子《やえこ》

1922・春陽堂／のち改造社、岩波文庫、講談社21世紀版少年少女日本文学館ほか

一九一六（大正五）年十二月二十五日早朝、大分県の下《した》の江《え》港から男四人を乗せた一隻の船が出航した。宮崎県の日向寄りの海に散在している島々に向かったが突風にさらされて遭難。以後、見渡す限り太陽と大空と海よりほかにはない状況で五十七日間にわたって漂流し、ミッドウエー付近で日本の貨物船に救助された。

野上弥生子の小説『海神丸』は、実話に基づいて書かれた。実際の船の名前は「高吉丸」。同県臼杵市にある野上弥生子文学記念館には、錆《さ》び付いた「高吉丸」の船名票と事件を報道した当時の新聞のコピーが展示されている。船長の渡辺登久蔵は、弥生子の生家に度々訪ねてくるような間柄で、弥生子は、実家の弟・小手川金次郎（一九七一年死去）が、渡辺本人から聞いた事件の話を手掛かりに、凄惨な殺人事件を書き上げた。

＊

飢えて極限状態に置かれた八蔵と五郎助の胃袋は「巨大な歯を持った一つの怪物」と化し、船長の甥である少年・三吉を斧で殺し、その肉を食おうとする。が、さすがに三吉を食べるまでには至らない。救助された船長は、三吉の死について役人から尋問を受けるが、三吉の死をあくまで「病死」と主張するのだった。そんな船長を前に八蔵は、骨ばかりの両手で顔を覆って泣き崩れた。

「船長だけには、八蔵が急になぜ泣きだしたのかよくわかっていた。船長はむしろ彼の現在の心持ちをあわれんだ。なんにも心配することはない、と言ってやりたい気さえした」

小説は、そんな船長の言葉で締めくくられる。

『海神丸』は、弥生子の最初の代表作といわれ、自身も「私としては小説らしいものがやっと書けた最初の仕事かも知れない」と述懐している。知的で理性的な女性であった弥生子は、極限状態におかれた人間の地獄模様を詳細に描きながらも、最後に「思いやり」や「理性」といった人間らしい感情を加えることで、作品に救済の光を当てた。どんなに苦しくとも、最後の一線、人間の尊厳は捨てない。弥生子の強い信念に貫かれた『海神丸』は、重厚な人間ドラマとして不朽の名作となり、後の大岡昇平『野火《のび》』や武田泰淳《たいじゅん》『ひかりごけ』でテーマとなったカニバリズムの先駆をなしたのである。

＊

事件後、船長の渡辺は「船はおずうなった（怖くなった）」と言って船乗りを廃業し、「恨んでも、悲しんでも、死んだものが生き返っては来ない」と、誰にも秘密を漏らそうとはしなかった。弥生子の甥にあたる小手川力一郎さん（84）＝フンドーキン醤油会長＝は、自宅をよく訪ねていた渡辺について「穏やかでどことなく男気のある人でした」と回想するばかりである。

果たして人の肉を食ったのか否か。真相は分からない。それはそれでいい。が、真相を知りたいのも人情ではある。

事件からほぼ半世紀を経た一九六八（昭和四十三）年二月、弥生子に一本の電話がかかった。弥生子は「受話器の底に一発の銃声がとどろいた」と「後日物語」に記している。「実は、海神丸を救ったのが、私なのです」。貨物船の船員だったと名乗る男性からの電話だった。このとき弥生子は八十三歳。当時二十三歳だった船員・大平精一は七十五歳になっていた。初対面の二人だったが十年の知己のように話が弾んだという。

大平によると、救助した際、三人の中の一番若い男（八蔵）が初めから元気にしていたことから、貨物船の船員たちの間では「あいつは人間でも食ったのじゃないか」と秘かにささやかれていたという。だが、やはり、真相は分からなかった。

＊

弥生子は九十九歳で亡くなるまで、『真知子』や『迷路』、『秀吉と利休』などの執筆活動を続けた。『海神丸』を発表した翌年の一九二三（大正十二）年七月三十一日からはノートに日記をつけ始め、それは亡くなる十七日前の一九八五年三月十三日まで続いた。

六十二年にわたる膨大な日記は、ノート百十九冊に保存されている。そこには、作家・中《なか》勘助との初恋や、哲学者・田辺元《はじめ》とのプラトニックな恋愛感情、夫への不満なども赤裸々に描かれ、人間味溢れる作家の一面を知ることができて興味深い。

小手川さんは、伯母・弥生子の印象を「妻としても母としても立派でしたし、物事の判断も正しく、常識ある女性でした」と語る。「人間は正しく生活しなければならない。熱心に仕事をしなければならない。主婦は家庭を大切にし、妻は主人を大切に、母は子どもを大切に、母は子どもを正しく、厳しくしつけなければならない。弥生子は亡くなる直前まで、これらの〝常識〟を主張し、実行していました」

＊

「大切なのは、美しいのは、貴重なのは知性のみである」。日記にこう書いた弥生子は、最後まで教養ある知識人としての生き方を求め、実践した。そして、一九八五年三月三十日の朝、ベッドに上がろうとした姿で永眠。享年九十九だった。

実家の小手川酒造には弥生子直筆の「白寿」と揮毫《きごう》したラベルの麦焼酎がある。それは、知的に、ストイックに生

きた作家を彷彿《ほうふつ》させるような切れ味だった。（文＝一木朋子）

野上弥生子　一八八五（明治十八）年、大分県臼杵市の代屋（現・小手川酒造）三代目の長女として生まれる。十五歳で単身上京し、同郷の野上豊一郎と結婚。夏目漱石の指導を受け、小説を書き始める。九十九歳で亡くなるまで現役作家として活躍し、『海神丸』『真知子』（三一年刊）、『迷路』（四八年刊、読売文学賞）『秀吉と利休』（六四年刊、女流文学賞）、『森』（八五年刊、日本文学大賞）など多数の作品を発表。『ハイヂ』『ギリシア・ローマ神話』などの翻訳も手掛ける。一九七一（昭和四十六）年、文化勲章を受章。大分県臼杵市に野上弥生子文学記念館がある。

24

『次郎物語』

下村湖人《こじん》

「生きる意味」問う宿題

1941〜・小山書店（全5部）／のち講談社青い鳥文庫、新潮文庫ほか

下村湖人が晩年を過ごした東京都新宿区百人町を訪ねた。湖人は庭に防空壕《ごう》を掘って戦時中も住み続け、疎開しなかった。逃げることが嫌いだったという。JR新大久保駅から歩いて数分。かつて湖人が住んだ木造住宅は八階建てのマンションになっていた。そこに住む湖人の二男・覚《さとる》さん（87）は、まるで昨日のことでも語るように、父・湖人を振り返った。

「私が五、六歳のころだったでしょうか。遊びに行った唐津の砂浜で、父から波の中に放り出されたもんでしたよ」。波が怖くて背を向けた覚さんは荒波に押し倒され、したたかに海水を飲んでおぼれかけた。いよいよ、という時に湖人は覚さんを抱きかかえて豪快に笑ったという。「波に背を向けるからこうなる。波の方を向けば、倒れずにすむぞ」

その言葉の通り、湖人は時代の波に背を向けることなく、生きることの意味を問い続けたのだった。

＊

『次郎物語』は、主人公・本田次郎の心の揺れ動きと成長をきめ細かに描いた五部構成の大作である。一九三六（昭和十一）年に書き始め、戦争の時代をまたいで十八年間にわたって執筆された。今でこそ不朽の教育小説といわれるが、第一部を出版した直後には「非教育的だ」「自由主義的だ」と非難された。

「こんなにしつけが悪く、乱暴な子ども（次郎）の話などけしからん」という理由である。この国が急速に軍国主義に傾いていった時代だった。

その第一部は、湖人が生まれ育った佐賀県千歳村（現・神埼市）が舞台。次郎は、湖人自身がモデルである。初めて読んだ記者は「なんて不幸な子どもだろう」と思った。幼くして他家に預けられ、強引に連れ戻された実家では祖母や教育熱心な母に疎《うと》まれる。中学受験には失敗し、裕福だった家は没落するのだ。もし、次郎が今を生きていたら、いわゆる「心の闇」を抱えたのでないかと。

＊

物語には、もう一人重要な登場人物がいる。思春期以降の次郎に大きな影響を与える朝倉先生だ。実はこれも湖人が自身を重ねた姿である。

湖人は東大を卒業し、地元佐賀の中学校教員を振り出しに各地の学校で教えた。だが、そのリベラルな生き方を、時代は次第に許さなくなっていく。

一九二九年、日本統治下の台北高等学校で自由な校風を求めるストライキが発生、中心の生徒十九人が退学処分となる。校長だった湖人は台湾人を含め全員の復学を認める一方、扇動した教師を退職させ、自らも責任を取って辞職する。その後、東京・小金井にできた青年団講習所長に就任し、青年教育に携わる。第五部はその実践記録といえる。『次郎物語』は、この時期から執筆され始めた。

講習所での湖人は、全国から集まった若者たちに自治生活の創造を求めた。そんな湖人は青年団の内外から「自由主義者」と指弾され、一九三七年に講習所を去っている。

第一部出版直後、知人にあてた手紙で湖人は「次郎（物語）のつづきは、（次郎に）いたずらもやらされず（中略）筆が渋ります」と漏らしている。だが、「書きにくくても、やはり書いてみたい」とも。時代の波に背を向けないとは、こういうことだろう。

「自分は強いとうぬぼれたら、もうそれは弱くなっている証拠なんだからね」。青少年に向けた朝倉先生の優しい言葉である。が、当時の時代に照らして読めば、国粋主義への強い批判が込められていたことが明らかだ。

＊

今なら「心の闇」を抱えそうな幼い次郎が真っすぐに育ったのはなぜか。その答えを求めて、湖人の母校・千代田東部小（佐賀県神埼市千代田町）を訪ねた。朝倉先生が説いた「白鳥《はくちょう》蘆花《ろか》に入る」にちなむ「はばたけ白鳥の子」の看板がある。真っ白なアシの花の中に一羽の白鳥が入ると、白鳥は見えなくともアシがそよぎだす。善いことは目立たずに行えという教訓だ。

六年生の向井理香子さん（11）に次郎の印象を聞いた。向井さんは友達と顔を見合わせ「行儀が悪いし、負けず嫌いだし、でも優しかった次郎の気持ちは、なんか分かるよね」。向井さんは、湖人の入学から数えて百十年後の生徒である。その彼女が「なんか分かる」という。時代は変わっても、人々は次郎に共感を持つ。

次郎の心がくじけなかったのは、どっしりとした父性愛をたたえた父・俊介をはじめ、母方の祖父母、乳母のお浜ら多くの大人たちが、それぞれの立場と持ち味で、彼にかかわっていたからではないだろうか。その多様さは登場人物たちの関係を把握するだけでも一苦労するほどだ。

そんな人々が次郎を励まし、叱咤《しった》し、慰め、時にはただ無言で見つめた。それはさながら、ボウリング場のレーンの両端に立つ衝立《ついたて》のように、次郎が横溝《ガーター》に落ちることを防いだのだった。

個人情報の保護が進む現代。不審者への警戒から、オートロックマンションが林立する。子どもたちが日々の暮らしでかかわる他人の数は、決定的に減っている。次郎は、多様な人間との関係の中で自らを相対化していった。そうしてたどり着いた優しさが、時代を超えて共感を呼ぶのではないか。次郎は私たちに「常に自らを省みながら、生きる意味を考える」という宿題を残していよう。そして今、私たちはその宿題を放棄しつつあるような気がしてならない。

（文＝福間慎一）

下村湖人　一八八四（明治十七）年、佐賀県千歳村（現・神埼市）生まれ。本名は虎六郎。佐賀中時代には「内田夕闇」の筆名で中央の文学雑誌に投稿。年少詩人として全国的に知られた。東京帝大卒業後は旧制・鹿島中（現・鹿島高校）や唐津中（現・唐津東高校）校長などを歴任。青年団講習所を退いた後は文筆活動と全国での講演活動に専念した。『次郎物語』第五部を出版した翌年の一九五五（昭和三十）年四月、老衰などのため七十一歳で死去。『論語物語』『若き建設者』など多数の著作がある。

25

『奇妙な国』

島 比呂志《ひろし》

「隔離」が蝕む人間の心

1980・新教出版社／のち講談社文芸文庫、皓星社（『ハンセン病文学全集3』に収録）

たとえば、園内の地図を開いてみる。集合住宅、スーパー、理髪店、さらには教会、火葬場そして、納骨堂まである。そこが一つの町と言ってもおかしくないことが分かるだろう。

鹿児島県鹿屋《かのや》市郊外。人里離れたサツマイモ畑の台地に国立ハンセン病療養所「星塚敬愛園」はある。五十年の人生をここで費やした島比呂志（本名・岸上《きしうえ》薫）は「奇妙な国」と呼び、皮肉を込めこう書き出す。

「あなたがたは面積が四十ヘクタールで人口が千余人という、まったく玩具のような小国が、日本列島の中に存在していることをご存じだろうか」

その国の住民は、日本との「安全条約」によって衣食住を保障されている。幾つかの条件がある。癩《らい》菌という「滅亡の虫」をばらまかないよう日本に浸入しないこと、子孫をつくらないよう精管を切除すること。そして「滅亡こそが国家唯一の大理想」と解く。

作中、納骨堂が象徴的に登場する。そのモチーフだろうか。園の外れの薄暗い杉林の奥に旧納骨堂がある。苔《こけ》むし黒ずんではいるが、古代ローマの建築を思わせる威容は、まだ朽ちてはいない。「滅亡の国のシンボル」。島はそう呼んだ。

＊

「ハンセン病患者の壮絶な姿を描いた北條民雄とは対極の作品。患者の生活を恬淡《てんたん》と描いているが、それだけに余計、不気味な感じがします」。島が立ち上げた同人誌「火山地帯」を引き継いだ作家の立石富男さん(57)は語っている。

『奇妙な国』に悲壮感は薄い。だが「三度の食事と睡眠以外の時間をどうまぎらすかが重大事」という退屈な日々が、じわじわと正常な精神を蝕《むしば》んでいく。療友の自殺も「長い年月の退屈を省き滅亡という国家目的に一足先に飛び込んだ」と、羨望の眼差《まなざ》しさえ向ける。

「火山地帯」に『奇妙な国』が発表されたのは五九（昭和三十四）年。島が星塚敬愛園に入所して十一年後のことだ。特効薬が開発されハンセン病は「治る病」となっていた。だが、五三年の「らい予防法」改正でも国は隔離政策を止めようとしない。「完治してもなお隔離を強いられる人々の生き地獄」が作品に浮き彫りにされる。

＊

島の作品はしばしば「告発の書」と評される。原点はいくつかの苦い経験にある。一九四七年、香川県の大島青松《せいしょう》園に入園した島は、職員が新入りの患者の布団を地べたに投げつけるように渡す光景を目にする。だが、一言も抗議できない。「言うべきことを言わないとしたら、自ら人間を放棄することになる」。激しい自責の念にさいなまれた末に「小説なら非人道的な行為を告発できる」と思い至る。初めての小説の題名は『癩院監房』となった。

星塚敬愛園への転園後も、断種の強制や検閲による小説の発表禁止など非人間的な扱いは続く。島は、自分が自分であるために書き続けた。

八四年の評論集『片居からの解放』ではこう告白する。「文章だけが療養所の垣根を越える唯一の手段」であり「不条理を打破して人間回復をはかるすべ」だった。「私にとって、書くということは、生きるということと同じことだった」と。その思いは、ハンセン病国家賠償請求訴訟（一九九八年七月）に立ち上がり、勝訴判決を勝ち取る原動力となっていく。

立石さん宅で、ある原稿を見せていただいた。題名は「やっと燃えた怒りの火——ハンセン病訴訟・告訴宣言」。一九九八（平成十）年五月、国賠訴訟提訴の意思を公にすべくつづったものだ。

「あまりにも遅い決意を笑わないでほしい。牙を抜かれ、五十年間檻《おり》の中で忍従の日々を送ってきた老残の身が、やっと示した小さな怒りの火を」。後遺症で変形した手でペンを握り、書き上げた震える文字に、思いの強さが明らかだった。

島が妻を連れて星塚敬愛園を退所したのは一九九九年六月。北九州市小倉南区に住む岸上昭子さん(64)の元へ向かった。八十歳だった。昭子さんは、島の作品に感動し療養所を訪ねて二十余年、きずなを深め、島の養女になった人物だ。授かるはずのなかった娘や孫たちとの日々は刺激にあふれ『奇妙な国』のような「退屈」に困ることはなかった。

＊

昭子さんが営む喫茶店には生前の島の写真が掛けられている。「お客さんによく話すんですよ。お父さんのことをもっと知ってほしいから」

社会復帰から四年目の〇三年三月二十二日、島は静かに息を引き取る。

「無意識なのに腕を振り挙げて、何かを書こうとしてましてね。もっと生きたかったんでしょう」

昭子さんはリュックに島の遺骨を背負い、生まれ故郷の香川県を訪ねた。思い出の地を回り、遺骨の一部を地元の寺に安置した。

『奇妙な国』は、主人公の老人が自らの命を絶つ場面で終わる。しかし島老人は、まんまと国に終生隔離を貫徹させることも、療養所の納骨堂への行列に加わることもなかった。

「果たして島さんは自由を手にできたのだろうか」。写真の中のその人は穏やかにほほ笑むだけだった。（文＝吉良 治）

島 比呂志　一九一八（大正七）年、香川県生まれ。四四（昭和十九）年東京農林専門学校（現・東京農工大）の教員。その後ハンセン病を患い、四七（昭和二十二）年ハンセン病療養所大島青松園（香川県）に入園。翌年、星塚敬愛園に転園した。五八年園内有志と同人誌「火山地帯」を創刊。小説や評論を発表し、らい予防法に基づく人権侵害を批判し続けた。ＨＩＶ訴訟原告の赤瀬範保氏からの「患者はなぜ怒らないのか」という手紙に発奮。らい予防法廃止から二年後の九八（平成十）年、国の責任を問う『「らい予防法」違憲国家賠償請求訴訟』に立ち上がり原告団の名誉団長として勝訴判決を勝ち取った。九五年に九州弁護士会連合会に送った「法曹界は傍観者か」との一通の手紙が訴訟の原点になった。著書に『生きてあれば』『生存宣言』などがある。二〇〇三年三月二十二日死去。

26

許すことで
得られる
愛と生

『トーマの心臓』

萩尾望都《もと》

1975〜・小学館（フラワーコミックス）／のち小学館文庫ほか

雪の日の朝、十三歳の少年トーマが陸橋から飛び降り、自ら命を絶つシーンから物語は始まる。品行方正な優等生ユリスモールのもとに遺書が届く。

「さいごに　これがぼくの愛　これがぼくの心臓の音　きみにはわかっているはず」

自分を慕った後輩の死に平静を装いながらもユリスモールは責任感にさいなまれ、トーマとうり二つの転校生の出現で動揺し始める——。

ドイツのギムナジウム（高等中学）を舞台に、繊細な心理描写で人間の愛と友情と試練を描いた『トーマの心臓』は萩尾望都初期の代表作である。舞台を異境に求めた心情を、故郷・大牟田を引き合いに萩尾が語っている。

「私が育ったのが九州の炭鉱町。戦後すぐだけど、すでに斜陽がかっている。町が痛々しいというか労働争議なんかがあったりして、そういう感じにはついていけなかった」（舞台『トーマの心臓』公演パンフレットより）

大牟田では一九五九（昭和三四）から六〇年にかけて「総資本対総労働の対決」と称された三池争議が起き、六三年には死者四百五十八人を出した三川鉱炭じん爆発事故が発生した。日本は石炭から石油への転換を図るエネルギー革命に突入、炭都の将来に陰りが出てきた時期のこの町で、萩尾は十代を過ごした。

「こういう不安な町じゃなくて、もっと落ち着いた静かな安定したところはないか」。土着的な故郷とは対照的な何百年もの文化の蓄積が風格をなす欧州の古い町並みにあこがれた。だが、それは反転した故郷でもあった。

＊

大牟田市立船津中時代の同級生で、高校時代に萩尾を漫画の同人誌に誘った漫画家のはらだ蘭（57）＝本名・原田千代子、東京都在住＝が苦笑する。「萩尾さんの家に遊びに行ってお母さんにあいさつしてもそっけなかった。大事な娘を悪の道に引きずり込む悪友と思われていたんでしょうね」

母親は厳格で、萩尾は甘えることもできなかった。漫画は勉強の妨げになるから読むなどもってのほか、有名になっても三十歳くらいまで漫画家を辞めるよう言われ続けた。

「萩尾さんって隣で戦争が起きても漫画を描いているような人。なのに、親に自分のやりたいことを認めてもらえず、見当違いの期待をされて苦しんだ。周囲の人との距離もなかなかうまく取れない。そんな苦しみから解放されるのが漫画の世界だったと思う」

萩尾は六九年、講談社の少女漫画雑誌「なかよし」でデビュー。だが、描きたいものが採用されない時期が続き、後に『風と木の詩』をヒットさせる竹宮恵子に引っ張られて小学館へ。少女漫画界では集英社や講談社に後れを取っていた小学館は新人作家の発掘に必死だった。

「少女コミック」で萩尾、竹宮を盛んに起用した編集者の山本順也(67)＝神奈川県在住＝は、萩尾が持ち込んできたコンテの数々を手にしたときの驚きが今も鮮明だ。それは講談社でボツにされたものだった。

「宝の山だ。次の時代に活躍する」

学園ものなど少女のあこがれを扱う作品が多い中、初対面の萩尾は「SFを描かせて」と切り出し、宝の山には血の通った人間像を組み立てたリアルな物語がぎっしり詰まっていた。山本の信条は「自由にわがままに思いきり描かせたい」。かといって、決して放任主義ではなかった。「掲載順は僕に決めさせてくれと言った。読者にキャッチボールしてもらって、作家の良さを知ってもらわないといけないから」

山本のもとで萩尾は本領を発揮し、傑作『ポーの一族』を七二年に開始。二年後には連載『トーマの心臓』を発表。別の編集者が長編で発注したが、「こんな趣味的な話で読者が喜んでくれるのか」という萩尾の不安が的中。初回は読者アンケートで最下位となり、編集長に昇格した編集者から打ち切りを告げられた。萩尾は「もう少しで終わりますから」などとかわすうちに、少女漫画で初の単行本となった『ポーの一族』の初版三万部が三日で完売。『トーマの心臓』の評判も上向き、結局、三十三回まで続いた。

＊

「この作品で人生が変わった」という人がいる。京都精華大マンガ学部の助教授マット・ソーン(41)は『トーマの心臓』を読み、少女漫画研究へ。

「なぜか号泣した。手塚治虫の『火の鳥』や白《しら》土《と》三平の『カムイ伝』も読んだけど、それは客観的な面白さ。これは人間の深い心理を表現して文学的だった」

ユリスモールはギムナジウムの先輩に暴行を受けた心の傷を負い、自分は愛されるに値しないと、トーマの愛をかたくなに拒み続けた。

「人は二度死ぬという。まず、自己の死、そしてのち、友人に忘れ去られることの死。それなら永遠にぼくには二度目の死はないのだ」

そんな思いを抱いたトーマは死を代償にして愛を貫いた。ユリスモールは自らが苦しんでいた罪をトーマが知っているか否かが問題ではなく、その罪をも許していたことが愛であり、人が生きるためには愛が必要だと悟る。

どんなにダメな人間でも、存在そのものは否定することはできない。「親からダメな子と見られていた」と自認する萩尾自身の問い掛けは、自己否定から克服していくユリスモールの姿に投影されている。故郷の土着性、そして、家族という強力な重力から逃れようと闘い、自らの作品世界、ひいては少女漫画の世界を切り開いた。ただ、そのいったん否定したものをも認めることで生き生きとした生が獲得できることも暗示している。

（文＝神屋由紀子）

萩尾望都　一九四九（昭和二十四）年、福岡県大牟田市生まれ。手塚治虫作品に触発されて漫画家を志す。福岡市の日本デザイナー学院卒業後、六九年に上京。同年、『ルルとミミ』でデビューし、七二年に不死の一族を描いた『ポーの一族』シリーズを開始。SF作品『11人いる！』（七五年）など代表作多数。同じ年に生まれ、七〇年代に少女漫画の表現世界を深化させた竹宮恵子や大島弓子らとともに「二十四年組」と呼ばれる。七六年、『ポーの一族』『11人いる！』で第一回小学館漫画賞を受賞したほか、九七（平成九）年『残酷な神が支配する』で第一回手塚治虫文化賞マンガ優秀賞、二〇一一年には全作品を通じた功績で第四十回日本漫画家協会賞・文部科学大臣賞。一六年、四十年ぶりに『ポーの一族』の新話を発表。一二年、紫綬褒章。一七年、朝日賞。一九年、英国・大英博物館で日本漫画の文化や歴史を紹介した「漫画展」に出品。同年、文化功労者に選ばれる。

27 『砦《とりで》に拠《よ》る』

松下竜一

いのちきの王国、勁《つよ》く勁く

1977・筑摩書房／のち講談社文庫、河出書房新社（『松下竜一その仕事15』に収録）ほか

赤茶けた土をむき出した湖底に、トンビが一羽、黒い影を描く。所々に残る石垣の残骸《ざんがい》が、ここに集落があったことを、かろうじて想起させる。

大分、熊本県にまたがる下筌《しもうけ》ダムの湖底を歩いた。梅雨に備えて水が落とされ、湖畔に太公望の姿もない。掛け合いで鳴くカラスの声が、山峡に響くばかりだ。

ほぼ半世紀前、ここに四百八十三世帯が暮らしていた。男は山仕事、女はこんにゃく作りなどに精を出す。山の恵みにはぐくまれる生活だった。

『砦に拠る』は、下筌ダムの建設反対を掲げ、国を相手に十三年に及ぶ闘争を繰り広げた山林地主・室原《むろはら》知幸（一八九九—一九七〇）の半生を追ったノンフィクションである。作者の松下竜一は、室原のことを「ただ一人で国家と拮抗《きっこう》してついに屈することなかった老人」と記す。高台に室原の墓があった。孤独の墓標は、ダムを真っ正面からにらんで、屹立《きつりつ》していた。

＊

ダム建設は、死者百四十七人を出した五三（昭和二十八）年の筑後川大洪水が発端。国は五七年、建設計画を打ち出す。反旗を翻したのが室原だった。長男の基樹さん（65）＝大分県日田市＝は「村人の生活《いのちき》を守ってやれるのは自分しかおらん、という思いだった」と振り返る。

室原は、子どもの入学・卒業式はおろか、隣家の葬式にも出席したことがない偏屈者であった。ところが五九年春、東京の大学に合格した基樹さんの入学式に出る。ダム計画にどう対処するか悩んでいた室原は、入学式にかこつけて利根川水系のダムを視察した。「おやじは自分の目で確かめたかったのです。ダムを実際に見て、移転した人々に補償や今の生活ぶりを聞いて回り、反対の意志を固めたのです」

「公共工事は、法に叶《かな》い、理に叶い、情に叶うものでなければならない。暴には暴を、法には法を」

室原の闘争が幕を開けた。事業認定無効の訴訟を起こす一方で、ダム建設予定地の山肌に「蜂《はち》の巣城」と名付けた堅固な砦を築き、住民と籠城《ろうじょう》した。ハイライトは一九六〇年夏。室原らは、津江川を挟んで国を相手に、水掛けやバリケード戦法で仮橋の設置を阻止し、全国の耳目を集めた。だが四年後、蜂の巣城は強制代執行で撤去され、住民は次々と村を去る。室原は、八十件近い訴訟を乱発し続け、一世帯になってもダム底にとどまった。

「一人で十三年も闘い抜き、死ぬまでダムに水をためさせなかったのは、おやじの『土性《どしょう》っ骨《ぼね》』としか言いようがない」と基樹さんは述懐する。

＊

松下は、大分県中津市を終《つい》の棲家《すみか》とした。大分弁でその日を何とか食いつなぐことを「いのちき（生活）する」と言う。松下は、市井《しせい》の一人一人の「いのちき」を何よりも大事にした。その延長から、環境運動や反戦運動に身を投じ、重厚なノンフィクションを数多くものした。

室原が反対闘争を繰り広げていた当時、松下は家業の豆腐屋を継ぎ、貧苦のどん底にいた。肺に持病を抱えた痩身《そうしん》にむち打ち、四人の弟を養っていた。

「泥のごとできそこないし豆腐投げ怒れる夜のまだ明けざらん」

書きためた短歌を軸に青春の苦悩や淡い恋を描いた『豆腐屋の四季』がベストセラーに。翌年、豆腐屋を廃業し、作家宣言する。室原が亡くなった一九七〇年夏のことであった。

松下が室原にひかれ始めたのは、さらにその四年後だ。松下は、中津の海を守ろうと、火力発電所建設反対闘争に身を投じていた。最初は市民規模の反対運動だったが、一年で運動はしぼむ。孤立した松下は、「環境権」という思想を打ち出し、六人の同志と九州電力を相手どり建設差し止め請求を提訴し、埋め立てが進む海岸で徒手空拳《としゅくうけん》の座り込みを続けていた。

「眼前の凶暴なクレーン船の群れに憎しみの視線を箭《や》のように刺しつつ、私はこの小柄な老人の勁《つよ》さをしきりに思い続けていた。（中略）はかない肉体を超えて聳《そび》え立つ一個の強靭《きょうじん》な意志力（中略）。勁さがほしかった」（『砦に拠る』）。

巨大な九電に対して、ただ座り込むしかできない存在。だが、人々の「いのちき」の源である海を守るため、ここで退くことはできない。松下は、室原の孤高の闘争に思いをはせることで自らのくじけそうな精神を鼓舞した。裁判は松下側が敗れた。松下は、裁判所で敗訴の垂れ幕を掲げた。

「アハハハ…敗《ま》けた敗けた」

強大な資本や国家権力を相手にする時、弱き市民は、負けても負けても挑み続けるしか道はない。判決を笑い飛ばす文面に、松下の精いっぱいの矜持《きょうじ》がにじむ。

＊

室原らが、懸命の闘争を展開したころ、経済白書は「日本はもはや戦後ではない」とうたい、安保闘争が過熱。九州では三井三池争議が燃え上がっていた。この国が、大きくうねっていた時代であろう。

そのころ室原が考案した「室原王国旗」なる旗を見せてもらった。日の丸の正反対の、赤地に白丸。お世辞にも趣味がいいとはいえない図案だ。赤地がすっかり色あせ、薄桃色に変色していた。室原は「日の丸は、権力が民衆を包みこんじょるが、わしん旗はそん逆じゃ。民衆が権力を取り巻いちょる」と得意げに説明したという。

廃村となったダム建設地。たった一戸残った室原の屋敷と砦跡に、この珍妙な旗が翻る光景を想像すると、何か物悲しさを覚える。この旗が、私たちに訴えるものは何だろう。松下が生きていれば、こう答えてくれそうだ。

「負け続けても折れない心を。いのちきの王国、勁く、勁くあれ」と。

（文＝鶴丸哲雄）

松下竜一　一九三七（昭和十二）年、大分県中津市生まれ。中津北高卒業後、家業の豆腐屋を継ぐ。六九（昭和四十四）年、処女作『豆腐屋の四季』がベストセラーになり、緒形拳主演でテレビドラマ化される。七〇年に豆腐屋を廃業し、著述業一本に。七三年、機関誌「草の根通信」を創刊し、環境や反戦運動に取り組む。八二年、社会主義者大杉栄の四女の流転の半生を追った『ルイズ　父に貰いし名は』で、講談社ノンフィクション賞受賞。『砦に拠る』のほか、甲山事件の冤罪に迫った『記憶の闇』、三菱重工本社爆破犯の真実を追った『狼煙を見よ』、『暗闇の思想を』『風成の女たち』など。二〇〇一（平成十三）年、本紙文化面に随筆「諭吉の里」を連載。〇四年六月、六十七歳で死去。

28

伝える難しさ、今なお

『祭りの場』

林 京子

1975・講談社／のち講談社文芸文庫（『祭りの場・ギヤマン ビードロ』に収録）ほか

日差しが痛い。真夏の太陽は、足元にくっきりと映し出された影を射抜き、地中に眠る人々に光を当てているようにさえ思える。七月下旬、長崎市の長崎大文教キャンパス。暑さのためか、学生たちの姿は広大な敷地に散在する木々よりも少ない。かつて同年代の青年たち、もっと若い少女たちが日々、汗と油にまみれながら刹那《せつな》的な青春を送り、そして一瞬にして消え去ったことを思い起こさせるものはない。

キャンパスの北側に隣接する一角に「三菱」をかたどった石碑がひっそりと立つ。「原爆殉難者芳名碑」。兵器工場の建物の中で、あるいは出陣学徒を送り出す儀式の最中だった広場で、三千―四千度の熱線を浴び、秒速三百メートルの爆風で吹き飛ばされた人々の名が刻まれている。

被爆六十年の昨年（二〇〇五）、林京子さんは同級生と初めて碑を訪ねた。「ごめんねぇ。ここにおったとね。寂しかったでしょう。今までごめんねぇ」。級友の名をなぞって泣いた。そして今年もこの碑の前に立った。「ごめんねぇ」。生き残った者が亡き者に掛ける言葉はほかに見当たらなかった。

一九四五（昭和二十）年八月九日。「被爆者林京子」の戦いはこの日から始まった。

*

『祭りの場』は、十四歳の「私」が、学徒動員先の兵器工場で被爆し、その後の体験をほぼ事実に即してつづっている。特に鮮烈なのが被爆の描写だ。

「幼女はオカッパ頭が半分そぎとられて、頰《ほお》にはりついていた。…老婆《ろうば》の体は肉がぼろぼろにはがれて、モップ状になっていた」「少女たちもモップ状になって立っていた。肉の脂がしたたって、はちゅう類のように光った」

その直前まで、オカッパ頭の幼女は原っぱで草摘み遊びをした後、祖母のひざの上に抱かれていた。女子挺身《ていしん》隊の高等小学校の少女たちは声を上げながら楽しそうに原っぱで土掘りをしていた。小説はきのこ雲の下で起きた生と死の境を克明に記録する。

長崎原爆被爆者の証言を集めている同じ被爆者で元高校教諭の広瀬方人《まさひと》さん（76）は「被爆者の多くは被爆の実相をうまく表現できない。あるいはあまりに強烈で話せない。だからこそ虚も織り込み済みの小説という文学作品が必要だ」と言う。

工場内の広場で、出陣学徒を送る同級生たちの奇妙な踊りの輪。林さんはこの場を「祭りの場」と表現した。原爆で「送る者送られる者、みんな死んだ」が、表題にした理由は無論、この場だけをとらえているわけではない。

全体的に重苦しさが漂う文中に、唯一ほっとできる場面がある。「私」のいとこと同年で顔見知りの医科大生、稲富との淡い恋を描いた部分だ。

被爆後、避難先を訪ねてきた稲富と山の斜面で二人きりになる。夜空の下、「戦争が終わったら二人でブラジルに行こう」「歩けないかもよ」「おぶってあげるよ」と、会話は続き「私」は稲富の腕の中で眠る。

翌朝、稲富が「鉄カブト」に水をくんでくる。汗止めの革に稲富の体臭がする。「私」は水と一緒に稲富のにおいを飲んだ。被爆後初めて「生きている」と感動した。

林さんが解説する。「男女関係が抑圧されていた時代。それでも、休み時間になったら、大学生らが女学生に数学や源氏物語を教えた。隠れて海までボートこぎに行った男女もいた。原爆の瞬間まで、どこそこにあった清らかな青春の祭りの場を織り込みたかった」と。稲富も二次放射線障害による原爆症で九月下旬に死ぬことになる。

*

『祭りの場』は、被爆から三十年後に発表された。文筆活動を生業とするなど想像もしていなかった林さんを後押ししたのは、被爆二世の長男(53)が大学生のころに発したひと言だったという。

「刑期のない死刑囚って嫌だよね」。ある被爆者から、戦後生まれの息子二人が相次いで急性白血病で突然死したという話を一緒に聞いた帰り道だった。

因果関係は定かではない。ただ、親の被爆で子が苦しんでいる。もし責められたら何と答え、やり場のない怒りをどこにぶつければいいのだろうか。あの日だけの破壊ではなく、被爆者に負の遺産を背負わせ続ける原爆。生き残った友人たちが原爆症で次々と他界する中、「自分が死んだときのカルテ」として書き残すべきではないか。

『祭りの場』にもその思いを込めた場面がある。一九七〇(昭和四十五)年、少年雑誌に掲載された漫画に、全身ケロイド状の怪物が「ひばくせい人」として描かれていた。ある少女が、被爆者がかわいそうだと指摘し、原爆文献を読む会の会員も反発したと新聞記事に書かれていた。しかし「私」は「これはこれでいい」と言う。「忘却」よりは、誰かが何かを感じてくれることが大事だと思ったからだ。

林さんは被爆者一人ひとりを「証拠物件だ」と言う。その宿命を自らに課し、気質として「地味な」原爆作品を書きつづる。体が動く限り全国の中学校、高校を回って、あの日の体験を語ってもいる。

被爆六十一年。長崎大キャンパスのように原爆の面影、記憶は確実に薄れつつある。「私たちも犬死にはしたくない。痛みを共有してほしいのではない。過去の不幸な体験を次の時代にどう生かすのか。少しでいい、考えてほしいだけ」。

林さんは訴え続ける。

（文＝前田英男）

林 京子 一九三〇（昭和五）年八月、長崎市生まれ。商社勤務の父の転勤で、生後八カ月で中国・上海に移住、十四歳まで過ごす。四五年、戦局悪化により父を除く一家で帰国。長崎市の長崎県立高等女学校に編入学し、同年八月、動員先の三菱長崎兵器製作所大橋工場で被爆。五一（昭和二十六）年に上京し結婚、二年後に男児を出産する。原爆症の遺伝への不安と、亡くなった恩師や友人の追悼、わが子に対する親の責任などから、三十歳代前半を境に被爆体験を記すようになる。七五年に『祭りの場』で群像新人賞と芥川賞を受賞。主な作品は『上海』（八三年刊、女流文学賞）、『三界の家』（八四年刊、川端賞）、『やすらかに今はねむり給え』（九一年刊、谷崎賞）、『長い時間をかけた人間の経験』（二〇〇〇年刊、野間文芸賞）など。一七（平成二十九）年二月十九日死去。

29

理想を追った現実主義者

『福《ふく》翁《おう》自伝』

福沢諭吉

1899・時事新報社／のち岩波文庫、講談社学術文庫、ちくま新書（現代語訳）ほか

「三つ子の魂百まで」という。福沢諭吉の歩んだ道をたどると、彼ほど父母の影響を強く受けた人も少ないのではないかと思われる。

諭吉は一八三五（天保五）年、大分・中津藩下級武士の末っ子として生まれ、幼くして父を失い、母の手一つで育てられた。教養人でありながら下級武士という身分のため不遇な生涯を送った父の無念を思い、諭吉は理不尽な身分制度に異議を唱え続ける。一方、母は貧しい生活の中にあっても近所の子供たちの服を繕《つくろ》い、シラミを取ってやるような博愛精神の持ち主であった。母を助けながら逆境を生き抜くたくましさを身に着けた諭吉は、自由平等の理想主義者であり、同時に状況を見極めてしたたかに生きていく現実主義者として、この国の歴史に名を刻んだのである。

＊

中津藩から派遣された諭吉が、長崎で蘭学を学んだのは一八五四（安政元）年。翌年、大阪の緒方洪庵塾に移り、五八年には藩命により江戸中津藩屋敷に蘭学塾を開設した。だが、蘭学の無力を知ると五九年にはさっさと英学に転向。六〇（万延元）年には艦長の従僕として咸臨《かんりん》丸に乗り込み渡米するという要領の良さである。その後、幕府の遣欧使節団の一員として欧州七カ国を訪問し、その見聞をまとめた『西洋事情』で、思想家としての評価を高めた。

明治新政府が廃藩置県を実施し、三百年続いた幕藩体制という巨大な〝重し〟が外れると、士族は各地で反乱を起こし、大衆は新時代の到来を歓迎した。有名な「天は人の上に人を造らず人の下に人を造らずと云へり」の人間平等宣言で始まる『学問のすゝめ』は、四年間、十七編にわたって書き継がれ、合計三百四十万部も売れた。今日のように書籍が大衆化していないころのこの数字は驚異的である。人々がいかに諭吉の思想を喜んだかが分かろうというものだ。「門閥制度は親の敵《かたき》」とした諭吉の思想の根っこに、父の不遇への思いが色濃く反映しているのは明白である。財をなした諭吉は、中津藩時代の蘭学塾を拡張発展させて、慶応義塾を創設する。後には、雑誌や新聞も創刊し啓蒙思想家としての地位を確立したのである。

＊

偉人としてあがめられる諭吉だが、一方では「ただの男」でもあった。何よりも酒を愛した。大阪時代には「町の破落戸《ごろつき》と緒方の書生ばかりが得意の定客《じょうきゃく》」という店に入《い》り浸《びた》った。三十代を「朝でも昼でも晩でも時を嫌わず、よくも飲みました」と振り返り、晩年も「今の大酒家と言っても私より以上の者はまず少ない」と言う。

子煩悩《こぼんのう》でもあった。四男五女の父親として、それぞれ誕生時や幼少時の様子を書き残している。長男、二男が米国に留学した六年間には「半死半生の色の青い大学者になって帰って来るより、筋骨逞《たくま》しき無学文盲《もんもう》なものになって帰って来い」などとしたためた三百数十通の手紙を送っている。

諭吉は民主主義者、自由主義者、合理主義者と評価される半面、西洋崇拝、政府への妥協や権道主義への転向などと批判もされる。

つまり、諭吉の「脱亜入欧」思想が太平洋戦争後はアジア侵略の象徴とされたからである。だが、『文明論之概略』の中で諭吉は、欧米人を「狡猾剽悍《こうかつひょうかん》」（ずる賢く、荒々しい）と表現している。「これが制御の下にて束縛を蒙《こうむ》ることあらば（中略）我日本の人民は、これに窒塞《ちっそく》するに至る」と警戒心をむき出しにしている。もろ手を挙げて西洋文明を礼賛していたのではないのだ。当時、欧米列強はアジアへと進出を続けていた。日本が独立を保ち、植民地化を避けるためには西洋流の近代化が不可欠である、と。「脱亜入欧」は、諭吉の現実主義者としての判断によるものだった。

＊

諭吉が最も伝えたいことは何だったのだろうか。明治維新直後の一八七〇（明治二）年、母親を東京へ呼び寄せるために中津を訪れた際に書いた「中津留別《りゅうべつ》之書」に答えがあろう。新政府への不満分子が各地で要人暗殺事件を繰り返していた。諭吉の周辺でも不穏な空気が漂う中で書かれたものだ。

「自由といへば我儘《わがまま》のよふに聞れども、決して然らず。自由とは、他人の妨《さまたげ》を為さずして我心のまゝに事を行ふの義なり」

福沢旧邸保存会（中津市）の青木憲行事務局長（59）が解説する。「命の危険が迫っている、古里を訪れるのも最後かもしれない――。そんな状況下だからこそ、思いの神髄が書き記されたのではないか」。自由とは何か。日本はどこを目指すのか。さらに、福岡大学人文学部の大嶋仁教授はこう言う。「自主性の強さ、行動力、旺盛なチャレンジ精神は、今でも日本人の枠には収まりきれない」

「中津留別之書」の執筆から百年を経て、私たちが学び取るべきことは、まだまだ多い。

自伝文学の傑作とされる『福翁自伝』は、諭吉の口述を速記し、諭吉自身が推敲《すいこう》、加筆した作品である。一八九八年から六十七回にわたり、諭吉が創刊した新聞「時事新報」に連載され、翌年単行本として刊行された。現代人にも読みやすく、単なる「自慢話」に留まらない。明治近代史を読み解く大きな手掛かりである。

（文＝塩津健司）

福沢諭吉　一八三五（天保五）年一月十日、大阪の中津藩蔵屋敷で生まれる。五四（安政元）年に長崎へ遊学、五五年からは緒方洪庵が大阪に開いていた「適塾」で学んだ。五八年、藩命で江戸へ移った後、六〇（万延元）年に咸臨丸に乗り組み米国を訪れたほか、六二年に欧州七カ国を歴訪、六七（慶応三）年には再び訪米し見聞を広めた。欧米の社会事情を初めて日本に紹介した『西洋事情』（六六年）をはじめ、『学問のすゝめ』（七二年）『文明論之概略』（七五年）『福翁自伝』（九九年）などを次々と記し、日本の歴史の転換期に大きな足跡を残した。六八年に慶応義塾（現・慶応大）を創設、東京学士会院（現・日本学士院）初代会長も務めた。一九〇一（明治三十四）年二月、六十六歳で死去。

30

小説はファッションじゃない

『リツ子・その愛』『リツ子・その死』

檀《だん》 一雄

1950・作品社／のち旺文社文庫、新潮文庫ほか

ストーリーを追いかけるのではなく、ノートを取りながら長編小説を読む。広辞苑を傍らに、一節一節をいとおしむように読める「九州の百冊」は何か。考えた末に出た答えが『リツ子・その愛』『リツ子・その死』だった。言葉に魂を凝縮させる詩人で、漢学の素養豊かな檀一雄が精根を尽くした一千枚を超える長編である。

この傑作の文庫本やハードカバーは絶版となり、図書館か古本屋、あるいは全集を買わなければ読めない。売れなければ市場からたちまち姿を消すファッション化した読書世界に異議を申し立てる気持ちも隅にあった。

もう一つ、私には、この物語と作者に多生《たしょう》の縁があると密《ひそ》かに思い続けてきた。二十六歳で結核死するリツ子（高橋律子）は、福岡市立当仁《とうにん》小学校の先輩である。中国から生還した檀が、リツ子と長男・太郎に会うため真っ先に向かった留守宅が同小学校近くの伊崎。ハゼやセイゴを釣った浜辺の町で、そこには私の幼なじみもいる。

昭和三十五、六年だっただろうか、着流しの檀一雄と『火宅の人』の入江杏子さんがアラをぶら下げて現れた。借家住まいだったわが家。刃こぼれする文化包丁と小さなまな板に閉口し、狭い台所で大魚と格闘した檀の姿が、私の目にも焼きついている。母が入江さんと知り合いだった。

＊

そんなたあいのない一方通行の思いを手がかりに読み始めると、それまで抱いていた作者への親近感、分かっていると思っていた登場人物や風景に対する自分の不遜が吹き飛んだ。私小説的でありながらこれっぽっちもベタつかず、血が出るほどに自己に切り込む言葉の連鎖である。

例えば、中国戦線に向かう決意をする場面。子は発熱、妻は下痢に苦しみ、数カ月遅らせることを望むのに〈私は憐《れん》憫《びん》の情が一番苦手なのである。こいつから抜け出したいと、行手の茫洋《ぼうよう》たる旅を飢渇《きかつ》する〉と切り捨てる。

ところが、帰国後、リツ子の結核を知ると〈私は蒲団《ふとん》の上からはげしくリツ子を抱いて眼の涙を啜《すす》り上げた。それから唇を重ねてゆく。熱っぽい口の中に、甘く、舌が波打っている。「いいか、リツ子。俺は支那からね。命の火を持って帰ったぞ。それをやる。おまえにもやる。太郎にもやる」〉である。

無頼派らしい物言いかも知れぬ。ただ、それだけではない。透き通った観察眼と、それを小説にするための湧き出るような想像力が伝わってくる。

リツ子に栄養ある食べものを調達しようと回った農家で、青い茎と葉ばかりのタマネギしか分けてもらえず、歌を詠む。〈あざらけき玉葱《たまねぎ》の茎　青く切り　辛くも堪《た》ゆる　いのちにて　あらし〉。鮮やかなタマネギの茎の色と命の灯が消えかかった妻の対照。その茎を細かく刻んで煮込んだ粥《かゆ》を食べさせるリアリティーは、どうだ。

まだまだ書ききれないほどある。キリシタンの青年から戦死した兄の嫁と父の不義を告白されると〈いいじゃないの、お父さんも姉さんも。僕はそのまま憎みながらも許せると思うな。僕らの弱さをね、罪悪とは、思わない。……僕は愛という言葉は嫌いだよ。まぎらわしいからね〉と諭す。結果、青年はその兄嫁と結ばれる。

いやはや、まぎらわしいから嫌いと言いながら、多種多様な「愛」をまき散らし、読者の精神世界をざわつかせるのが檀文学なのだ。

＊

東京、長崎、福岡在住の三氏を訪ねた。東京は、檀の盟友で八十六歳の詩人・眞鍋呉夫《くれお》氏（二〇一二年死去）。長崎は、檀が亡くなったとき、まだ高校生だった若き研究者、長野秀樹・長崎純心大学教授。福岡は、檀の最晩年に親交を深め「能古島通信」を発行した詩人、織坂幸治《おざかこうじ》氏である。

奇しくも三氏に一致した檀一雄評がある。それは、檀はどんな状況にあっても「生」の側にいた、ことだ。

真鍋氏は「自死の太宰治、自生の檀一雄」と語り、檀を「生命の放火魔」と呼ぶ。長野氏は「自分を孤独の世界に落とし込んでから『生』のベクトルを発する。生きることを励ます文学」と言う。織坂氏からは、今年の没後三十年記念企画「にんげん檀一雄展」に現れた八十歳の女性がつい最近、全集を購入した話を聞いた。檀文学の生命力や恐るべしである。

＊

福岡県内の「リツ子」ゆかりの地八カ所を回った。その一つ、瀬高《せたか》の山寺・善光寺。リツ子を失った直後、この寺の庫裏《くり》の屋根裏に太郎と暮らした。イワシの丸干しを毎週六匹ずつ買い、最初の日に二匹、次の日からは一匹ずつ食べる生活のなかで「リツ子」の構想は練られた。

当時高等女学校二年生だった寺の娘さん原口博江さんから一枚のコピーをいただいた。檀太郎さんが二〇〇二（平成十四）年、西日本新聞に寄せたエッセーは、「美食に溺《おぼ》れる日本を脱し」と題し、善光寺のイワシに触れている。

「小魚の内臓の美味《おい》しさを知ったのもこの時ではないだろうか……昨今マスコミの影響でもあろうが、食べものがファッション化してしまったのと同時に、食べることを娯楽の手段として用いるようになったことは残念としか言い様《よう》がない」

「食べもの」を小説にそっくり置き換えても通じそうな世の中。柳川・福厳《ふくごん》寺にリツ子とともに眠る檀は「どげんなっとうとかいな」とでもつぶやくだろうか。（文＝川崎隆生）

檀一雄　檀一雄は本縣。柳川沖端の出身なり。東京帝國大学在学中、「此家の性格」を發表、天才は早く文壇を風靡せり。昭和十二年應召。十五年解除の後は、大陸を流浪し、時に軍に従って奥地に入る。戦後上京して、名作「リツ子・その愛」「リツ子・その死」に始まる文業を奔放に展開し、更に文藝の新風を拓く。世界の各地に遊び、檀流クッキングを創始せり。昭和五十一年一月二日病歿、行年六十五歳。その前年、「火宅の人」を完成し、「檀一雄詩集」を上梓す。墓は柳川福嚴寺にあり。故人生前、當地の風光と人情の美を愛し、終の棲家とす。亡き後の魂はこの地に歸るべしと云へり。茲にその絶筆を石に彫り込め、故人追慕の思ひを留む。昭和五十二年五月二十二日　友人一同。（保田與重郎による「檀一雄君能古島文学碑銘」全文）

31

犯罪を追い、時代を見る

『復《ふく》讐《しゅう》するは我にあり』

佐木隆三《さきりゅうぞう》

1975・講談社／のち講談社文庫、弦書房（新版）、文春文庫（新版）

積み重ねられた十冊を超える大学ノート。表紙には「西口彰ノート」とあり、通し番号が打ってあった。関門海峡を見下す北九州市門司区の風師山《かざしやま》。その中腹にある佐木隆三の終《つい》のすみか「風林山房」で見せてもらったノートには、福岡県苅田《かんだ》町に端を発し、全国を震撼《しんかん》させた四十三年前の連続強盗殺人事件の裁判や捜査の記録、関係者の証言が丹念に書き込まれていた。

事件から十二年後の一九七五（昭和五十）年、このノートをもとに『復讐するは我にあり』は書き上げられた。日本における「ノンフィクションノベル」の代表作と評され、直木賞を受賞した。

親しかった、暴力団事情に詳しい週刊誌の副編集長の名刺を使い、捜査幹部からマル秘ともいえる情報を聞き出すなど、手練手管《てれんてくだ》も使って執念深く事実を追った。そんな佐木が、一度だけ取材の現場から逃げ出したことがあったという。

「経験があるでしょう」

記者に同意を求めながら、打ち明けてくれた。それは、事件を起こした西口彰の父親の姿を目にしたときだった。

＊

事件は六三年十月に起きた。同県行橋《ゆくはし》市に住んでいた西口が、隣の苅田町で男性を殺したのを手始めに、年末までに五人を殺害。年明けに熊本県玉名《たまな》市で逮捕されるまで、大学教授や弁護士に化けて複数の女性との愛憎を絡ませ、さらに詐欺や窃盗も重ねながら、神出鬼没に犯罪行脚《あんぎゃ》を続けた。同じ人格で同時に培われることはないと思われていた知能犯と凶暴犯を同居させた西口は、それまでの犯罪常識を覆したのだった。

事件当時、佐木は八幡製鉄に勤めていた。やがて会社を辞め、上京。事件を追うようになったのは、七〇年に西口が死刑執行された後だった。きっかけは七二年、自身が殺人の被疑者として逮捕されたことだった。誤認逮捕と分かって釈放されたが、「十二日間の留置場生活でそれまで出会ったことのない人たちに違う世界があるのを知らされた」と佐木は言い、それから犯罪を小説のテーマに据えた。

西口を「榎津巌《えのきづいわお》」に変え、彼に出会い、かかわった人々の視点で描いた『復讐するは我にあり』は、一字見出しの四十の章から成り、西口の軌跡そのままに展開するストーリー。読む側を力ずくで引き込んでいく。

読後に残るのは、父と子をめぐる関係、葛藤《かっとう》の根深さである。長崎県の五島で網元《あみもと》をし、果樹園を買い取って行橋市へ。やがて温泉旅館を経営するため大分県別府市に家族とともに移り住んだ父親。敬虔《けいけん》なクリスチャンとして尊敬を集める人物だった。戦争を挟みながら、経済的に裕福な家庭を築き上げた。その息子がなぜ、十代で非行に走り、刑務所暮らしを繰り返すようになってしまったのか。

西口の人格形成を探る上で父親の取材は欠かせなくなった。七四年秋、佐木は父親が住む別府市のアパートを探し出し、取材に向かった。

一人暮らしだった父親。リウマチを患っているせいか、杖をつき、買い物袋を提げてアパートに戻ってくる姿を目にした。その途端に「こんなことをしていいのか」と自責の念に駆られ、何も聞けず立ち去った。

＊

父親のアパートを立ち去ってから半年後。佐木は再びその場所を訪れた。父親は寝込んでいた。既に本のゲラは刷り上がっていた。

「あんたも遠いところから汽車賃使って来ているのに、このまま帰ったら、上の人にしかられるだろう」

佐木が埼玉県から来たことを告げると、父親はそう言って三十分ほど話をしてくれた。

戦時中、「お国」のためと生活の糧としていた船を取り上げられた。五島では、クリスチャンの網元が船の徴用の狙い打ちにされたのだ、と言う。キリストを絶対神として崇《あが》めるクリスチャンは天皇を神に据え、戦争遂行態勢を固めていく時の権力にとって目障りな存在だった。そのことが、当時、多感な少年だった西口にとって「ショックな出来事ではなかったか」。父親は推し量った。

佐木に、一つの答えのようなものが見えてきた。「父親が権力に屈した」と西口の目に映り、「信じるものは何もない」との思いを固めていったのでは。戦争が、信仰篤い家庭に育った少年の価値観を崩壊させ、罪を犯させたのかもしれない…。

事件は、東京五輪の直前。日本は敗戦を乗り越えて経済成長を続け、先進国として名実ともに国際社会への復活を告げようとする時代だった。

「あの時、お父さんに会えて本当によかった」

裁判記録をあたっても西口は、父親について一言も語っていない。それだけに父親に会え、話を聞けた意味は大きかった。佐木は飛んで帰り、ゲラを手直しした。

小説は映画にもなった。メガホンを取ったのは故・今村昌平。榎津を演じたのは緒形拳《けん》。父親役は三國《みくに》連太郎である。息詰まるような親子の葛藤シーンが随所に盛り込まれた。

「浜辺で官憲にひざまずく父親。それにあらがう息子。さすが今村さんだと思った。事件を解くカギを見事に映像で表現した」。佐木は今もうなる。

西口は唾棄《だき》すべき犯罪者だった。ただ、その犯罪には背景が潜んでいた。そこから時代も見えた。

『宮崎勤裁判』『少年犯罪の風景』『三つの墓標——小説・坂本弁護士一家殺害事件』『少女監禁』『慟哭《どうこく》——小説・林郁夫裁判』。北九州市の連続監禁殺人事件を扱った『なぜ家族は殺し合ったか』…。

時代は閉塞《へいそく》していると言われる。確かに、言語による意味づけが困難になっている。それでも佐木は、犯罪を追い続けている。「分かりにくい犯罪が増えている」とつぶやきながら。

（文＝橋本 洋）

佐木隆三　一九三七（昭和十二）年、朝鮮半島の咸鏡北道生まれ。四一年に引き揚げ、五〇（昭和二十五）年に広島県から旧八幡市（現・北九州市）に移転。五六年に八幡中央高校を卒業し八幡製鉄（新日鉄）に入社した。六三年、『ジャンケンポン協定』で新日本文学賞受賞。六四年に退社して文筆活動に専念し、六七年上京。七五年に『復讐するは我にあり』を出版、七六年に第七十四回直木賞を受賞。九一（平成三）年には『身分帳』で伊藤整文学賞。九九年に北九州市門司区に移住。「風林山房」の名付け親は親交の深い作家、古川薫さん。二〇〇六～一二年、北九州市立文学館館長を務める。〇九年からは北九州市立大特任教授、九州国際大客員教授を務めた。他の代表作に『小説・大逆事件』『宿老・田中熊吉伝—鉄に挑んだ男の生涯』など。〇七年四月、『復讐するは我にあり』の改訂新版を出版。一五年十月三十一日死去。

32

『無《む》尽《じん》灯《とう》』岩《いわ》切《きり》章《しょう》太《た》郎《ろう》

貫かれた無事故の願い

1962・講談社／のち鉱脈社（みやざき21世紀文庫）

宮崎交通は草創期に手痛い事故を経験した。同社七十年史によると、一九二七（昭和二）年十二月二十九日朝、大淀川に掛かる橋を渡っていた同社バスが橋の中程でハンドルを取られて転落。四人の乗客のうち相川俊二さんが即死。運転士と車掌は無事だったが、他に乗客二人が大けがをし、バスは廃車になった。

若き創業者・岩切章太郎が初めて直面した人身事故だった。会社の資本金が五万円だった時代に岩切は、遺族に五千円の弔慰金を包んだ。年間利益の倍以上にあたる額で、経営も厳しくなり、株主らからは会社の売却を進言されたという。

経営が傾くほどの償いを決断した岩切は『無尽灯』に当時の思いをこう記している。〈私の心から一日も去らなかったのは、相川さんの兄さんの一言だった。「弟を犬死にさせて下さるな」。大事故を一つの機縁として、自己を修め、日本一の事故のない会社にもり立てることができたら、これこそ相川さんの冥福を祈る第一の道である〉

*

九月最初の週末。同社の定期観光バスに乗った。乗客は記者を含めて六人。夏休みが終わったばかりだから、これでもよく乗った方かもしれない。バスは、一路、南を目指した。

宮崎に定期観光バスが走ったのは七十五年前のこと。女性ガイド付きの乗り合いバスで、当時は「遊覧バス」と呼ばれた。その後、観光バスは宮崎経済を支える大黒柱となった。新婚旅行ブームのピークだった七二（昭和四十七）年には、日南海岸へ向かう観光バスが何十台も連なって走り、一日に九十七台を運行させたという記録が残っている。

これらの業績から「観光の父」と崇拝されるようになった岩切が、社内報に寄せていた随想をまとめて出版したのが『無尽灯』である。タイトルは、一本のろうそくの火を次々と燃え移らせていけば、いつかは一国を明るくする輝きになる、と説いた仏教の法話に由来する。

記者を乗せた観光バスは、日南海岸を代表する景勝地・堀切《ほりきり》峠に近づいた。峠に向かう山道で、地元の民謡《刈干《かりぼし》切唄《きりうた》》を歌い終えた若いバスガイドが、案内のマイクを取った。

「峠を越えますと、下は一面の大海原。豁然《かつぜん》として眼界が開けてまいります」。峠の頂上で大きく右にカーブしたバスの車窓には、計ったように青い空と海が広がった。「太平洋でございます。まっすぐアメリカまで続く、太平洋でございます」。

この説明は、岩切が自ら考えた運行開始当時のままである。

*

「先ずにっこり」と題した一文から『無尽灯』は始まる。

〈机に向かって先ずにっこり、それから仕事を始めなさい。運転台に腰かけて先ずにっこり、それからハンドルをとりなさい。修理をするにも、掃除をするにも、電話をかけるにも、何をするにも先ずにっこり。私共の大事な合言葉である〉

「笑顔」ではなく「にっこり」。明治生まれの岩切から、これほど柔らかな文章が生まれたのはなぜなのか。

岩切が随想を書き始めた五三年、戦後の大卒一期生として入社した渡辺綱纜《つなとも》さん（75）はいう。「岩切さんの自宅には、小学校しか出ていないお手伝いさんが二人いらして、書いた文章を彼女たちに読んで聞かせて『どうだ、分かるか？』ってね。そうやって何度も書き直していたんですよ」。

堀切峠を越えると間もなく「フェニックスドライブイン」。日南海岸沿いに植えられたフェニックスの背後に、どこまでも広がる青い空と海。南国宮崎を象徴する景色である。フェニックス並木も、岩切が三六年ごろから植栽を始めたものだ。後に宮崎県の県木に指定されたフェニックスは、今も変わらぬ宮崎のシンボルである。

『無尽灯』の一節「大地に絵を書く」で岩切はこう述べている。〈日向の大地をカンバスとして、その上に美しい絵を書いてみたいというのが、私の願いであり、祈りであった〉

岩切が観光バスを始めたころ、宮崎には富士山のような山も、別府のような温泉もなかった。美しいが、単調な日南海岸の風景を引き立たせるため、岩切が〝書いた〟のがフェニックスだった。ただ、最初のうちは人々の認識も低く、植えても野焼きで焼かれてしまうこともあったそうだ。〈フェニックスの葉陰から、南国の海を見るというのが私の植えた夢であるが、一般大衆はフェニックスが小さいので、その夢が分からない。それで近頃は一般の人にもすぐ分かるように、一つ具体的な形を小さく作ってから、次々と植え足していくといったやり方をしている。これは植え足しの大事な秘訣《ひけつ》である〉

＊

岩切の二男・達郎さん(70)は、意外なことを言った。「おやじを冒険作家と勘違いされましてね」。『無尽灯』が出版された当時、達郎さんは県外の企業の新人社員。時の上司は、本のタイトルを「無人島」と誤解したようだ。

三十三歳でバス事業を始め、バス観光のモデルを切り開くために、利益を景観整備に投じた岩切は、経営者というよりも冒険者であったのかもしれない。

岩切が灯したかった火とは何か。達郎さんは「無事故への思いですよ」と言った。会社が傾くほどの弔慰金を支払ったその思いが、宮崎交通の経営哲学となった。岩切は、事故が起きた二十九日に社を挙げて無事故を誓う「修養会」を欠かさず、『無尽灯』に収められた随想は、修養会での講話をもとにつづられたものだった。

修養会に参加した社員に岩切は「人の命を大切にします」と書かせ、家族にも見させていたという。記者も一人の人間として、この小さな火を受け継いでいきたい。旅の終わりに、岩切の墓前で線香に火をともした。

（文＝前田 徹）

岩切章太郎　一八九三（明治二十六）年、宮崎市生まれ。東京帝国大学卒業後、住友総本店に入社。二六（大正十五）年にバス四台とタクシー二台で宮崎市街自動車（現・宮崎交通）を設立し、社長に就任。全国で三社目の遊覧バスの運行を始める。青島海岸の遊園地「こどものくに」、日南海岸の「サボテン公園」、霧島のえびの高原ホテルなど、宮崎県内の観光施設整備にも取り組んだ。国鉄総裁や全日空の社長候補に名前が挙がったこともある。九州・山口経済連合会副会長、日本観光協会副会長などを歴任。宮崎交通会長をへて八一（昭和五十六）年まで同社相談役を務め、八五年七月十六日、九十二歳で死去した。八八年に岩切章太郎翁顕彰会により宮崎市役所に隣接する橘公園に銅像が建立されたほか、観光振興への功績を顕彰する岩切章太郎賞が創設された（〇八年で終了）。

33

無法松《むほうまつ》が教えてくれる「節操」

『富島松五郎傳《でん》』

岩下俊作

1941・小山書店／のち中公文庫、北九州市立文学館文庫（『火野葦平 岩下俊作 劉寒吉集』に収録）ほか

夕暮れどきを歩いた。北九州市小倉北区のＪＲ小倉駅から、繁華街を貫く平和通りを南へ約七百メートル。通りに沿って走る北九州モノレールの旦過《たんが》駅近く、左手にある商工貿易会館の裏に回った。ビルの谷間を、ひんやりとした風がすり抜ける。ここだ。

『富島松五郎傳』の主人公、車夫《しゃふ》の松五郎が暮らしていた古船場《ふるせんば》町の一角。地元有志が建立した「無法松《むほうまつ》之碑」がある。辺りの様子は、原作にこう記されている。

〈古船場三丁目――独身者の松五郎が住んでゐた町で、この町は小倉の無頼《ぶらい》の徒の巣であつた。俥夫《しゃふ》、羅宇《らお》の仕替、香具師《やし》、土方《どかた》等の自由労働者達が大勢住んでゐた〉

時代は、明治末期から大正である。

＊

松五郎は、荒くれ者でけんかっ早い。賭博現行犯で小倉を追放されたこともある。若いころ、剣術の先生とけんかをして、みけんが裂ける大けがを負う。以来、あだ名は「無法松」。そんな武骨な男が、軍人の夫を亡くした美しい女性とその息子に生涯、純愛を貫く物語だ。当時の社会には階級意識が横たわる。松五郎は恋慕の情を心の奥底に押し込めたまま、二人に貯金を残し、四十八歳で孤独に亡くなる。

岩下が小説『富島松五郎傳』の執筆を始めたのは、一九三八（昭和十三）年。盟友の火野葦平が同年、小説『糞尿《ふんにょう》譚《たん》』で芥川賞を受賞したことに刺激を受けた。作品は三九年、雑誌「改造」の懸賞小説で選外佳作に。これを同人誌「九州文学」に掲載し、直木賞候補に二度挙がった。

四二年、文学座が舞台化した。四三年には、映画『無法松の一生』の名で公開され人気を博した。脚本は伊丹万作《まんさく》、監督は稲垣浩、主演は阪東妻三郎、園井恵子。戦時中の検閲で一部、映像が削除された。女性への松五郎の思慕がにじむ場面だ。

戦後、稲垣監督は同じ映画を撮り直し、五八（昭和三十三）年に上映された。主演は三船敏郎と高峰秀子。第十九回ベニス国際映画祭でグランプリを受賞し、世界に「無法松」の名をとどろかせた。

「松五郎」を追い越し、「無法松」はますます独り歩きした。映画化は計四回。「モデルは誰なのか」。人々の「無法松捜し」が熱を帯びる。岩下の三男、八田昂《たかし》さん（66）＝同市小倉南区＝は「松五郎は虚構の人物」と強調するが、福岡県篠《ささ》栗《ぐり》町の山王《さんのう》寺に「松五郎愛用の人力車」が奉納されていることなどからも、当時の熱狂ぶりが分かる。

現実と非現実の混乱、錯覚。ただ、岩下には原風景があった。父親の初次郎は、人力車が発着や休憩をする「立て場」を営んでいた。松五郎が、運動会の飛び入り五百メートル競走で一等賞を取る舞台となった小倉工業学校（現・小倉工高）は、岩下の出身校だ。

四七年、雑誌「若草」に載った岩下の随筆「『無法松』が生れた頃」が、作家の心情をよく表している。

〈あれは私の少年時代に接した多勢の無法松的な人物や事件を寄せ集めたので特定の無法松は小倉にはゐなかつた。たゞ私は浮世の波風に叩かれた敗残者達の中にある眞珠のやうな愛情を書きたかつた〉

＊

「一見すると豪快で気性が荒い。しかし内面はナイーブで、孤独感を併せ持つ。それが松五郎です」

活動写真弁士の麻生八咫《やた》さん（54）＝大分県豊後大野市出身、埼玉県在住＝が語る。麻生さんは二〇〇六（平成十八）年十月三十一日、原作を忠実に朗読するパフォーマンスを二〇〇六年度の文化庁芸術祭参加作品として東京で公演する。その後は、ライフワークとして全国で上演していくつもりだ。

仕掛けたのは、映画愛好家団体「北九州シネマサロン」代表の松永武さん（71）＝北九州市門司区。

「白紙の状態で、静かに原作を見つめ直そう」。二〇〇四年、知人の麻生さんに朗読を持ち掛けた。

麻生さんは、中学時代に読んだ原作をあらためて手に取った。高校卒業後、小倉の予備校に通っていたときの記憶が皮膚にまでよみがえった。十八歳の多感な時期を過ごした街の熱気が、文章に織り込まれている。松五郎が太鼓を打ち鳴らす七月の小倉祇園の祭りもそうだ。

〈梅雨上りの湿気が立ちこめて、町中は風呂場の様に蒸れてゐた〉

そして何より、懸命に生きる松五郎に惹《ひ》かれた。早くに生母を亡くし、母性愛に恵まれなかった悲しさ。女性とその息子への熱い思い。余りある愛情を自分の中で押し殺し、一途《いちず》に自身の人生をささげるけなげさ、見事さ。

麻生さんが原作朗読をライフワークと決めたのは、松五郎の「節操」を伝えたいから、と言う。

〈柳行李《やなぎごうり》が、彼の残したたつた一つの遺産だつた。（中略）吉岡良子の名義のものが二百円ばかりと、吉岡敏雄の名義のものが三百円近くもあつた。一同は顔を見合せた。吉岡夫人は人目もあらず貯金帳を顔に当てて慟哭《どうこく》した〉

戦後、日本人が当たり前のように捨て去ったもの。百年前に〝生きた〟一人の男が、現代の私たちに教えてくれる。

（文＝野中貴子）

岩下俊作　一九〇六（明治三十九）年十一月十六日、現在の北九州市小倉北区に生まれる。本名は八田秀吉。地元の天神島尋常小学校の同級に作家の劉寒吉、二年後輩に松本清張がいた。小倉工業学校（現・小倉工業高校）機械科卒業後は、八幡製鉄所に勤務しながら創作活動を続けた。三二（昭和七）年、劉らとともに詩誌「とらんしっと」を創刊。三八年、北部九州の同人誌が大同団結した第二期「九州文学」に参加した。小説『辰次と由松』『諦めと

34

椎葉への旅、民俗学を生む

『後狩詞記《のちのかりことばのき》』

柳田国男

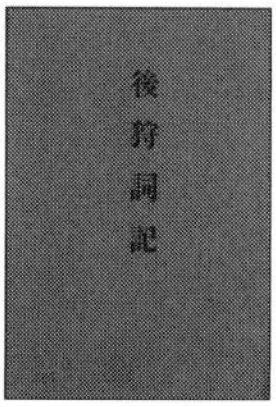

1891・私家版（非売品）／のち筑摩書房（『柳田国男全集1』に収録）ほか

「ここの山の神はですなあ、ふだんは恵みを与える優しい女の神さまですが、怒ると荒ぶる神さまでなあ」

急峻《きゅうしゅん》な山に囲まれた宮崎県椎葉《しいば》村。ここで農業を営んできた中瀬重利さん（77）は谷あいを見渡し、ごく当たり前に言う。路線バスで日向市から二時間半。台風被害のつめ跡残る耳川《みみかわ》を横目に、離合も難しい道を上がってきた身には、自然に受け止められた。

いまから百年ほど前、柳田国男はこの村を訪れ、焼畑や狩りの伝承と習俗を見聞きし『後狩詞記』を編んだ。

は言へど』『西域記』も直木賞候補になった。六一（昭和三十六）年、五十五歳で八幡製鉄所を定年退職。その後は、北九州市立郷土資料館初代館長などを務めた。八〇年一月三十日、七十三歳で死去。

今も焼畑や狩猟の伝統を守る村人は「山の神」を祭る。旧暦の一月と五月と九月の十六日、大木の根元などに御幣《ごへい》を立て、塩やお神酒《みき》などを供える。

五十年以上、夫婦で焼畑を続ける椎葉秀行さん（84）、クニ子さん（83）は、今年（二〇〇六）も八月に焼畑の「火入れ」をした。山の雑木を倒し、下草に火を放ち、その灰を肥料に雑穀を栽培する。一年目はソバ、二年目はヒエ、アワ、三年目はアズキ、四年目は大豆を育てる。ソバは「七十五日で夕飯に間に合う」と重宝した。とはいえ水稲農業や畑作が主流となったいま、焼畑を伝える農家は村に二軒しかない。息子さんの手を借り、拓《ひら》いた焼畑は〇・五ヘクタールほど。ソバの白い花が一面に咲いていた。火入れではこう唱える。

「ただいまより、このヤボ（藪《やぶ》）に火を入れ申す。へび、わくどう（カエル）、虫けらども、そうそうに立ち退きたまえ。火の余らぬよう、焼け残りのないよう、お守りやってたもーれ」

八歳から父についてイノシシ猟を覚えた尾前善則さん（77）は「山の神さまの場所に入らせてもらうのが猟。だか

ら今も唱え言をあげて猟場に行く」。

猟期は十一月から二月まで。家の梁《はり》には仕留めたイノシシのカマゲタ（あごの骨）がずらりと掛けられていた。イノシシは腹を割き、山の神に心臓を切ってささげ、猟犬に血や内臓を分け与える。一番おいしいとされる下あご部分の肉は妻に食べさせる。「だから女房をヤマノカミと言うんじゃなかろうか」と尾前さんは笑う。

少ない年は五、六頭しか捕れない。「『のさらん福は願いもうさん』と言い、山の神が与える獲物で満足する。自然との共存を知るのが猟師だ」

村では、山の神への感謝を忘れ「ヤマオナゴ」に憑《つ》かれて死んだ猟師や、山の神が「ヒョースボー」というかっぱの姿で往来する話も聞いた。椎葉の「山の神」は得体《えたい》のしれぬ霊魂のようで、それでいて実に人間的な存在だ。

＊

一九〇八（明治四十一）年五月から八月まで、柳田は九州、四国を旅行し、その途中七月十三日から十八日まで椎葉村を訪れた。当時、農商務省を経て法制局参事官となった柳田は、各地を視察し農業政策や産業組合について講演している。

福岡から熊本、鹿児島、宮崎をまわった柳田は、日向の那須一族の話や、五木で見た絵図、宮崎県知事に聞いた「椎葉の奇習である焼畑」に興味を抱き、椎葉入りを決めた。当時の中瀬淳村長が案内し、村の有力者などから話を聞き、伝書や庄屋文書《もんじょ》を見ている。

山地を共有して耕作を行い、富を均分する椎葉の村人は、柳田には「ユートピアの実現」に見えた。食糧や換金作物は焼畑の産物から得られている。なのに、中央官僚と「平地人」は米作一辺倒の農業政策を勧め、椎葉の人々は、平地が乏しいなか多大な労資を費やして水田を開いた。米の収量はわずかしかないのに。山間部の自律的な営みを無視した近代農政に柳田は疑問を感じていたようだ。「米を食はぬならそれでもよし」と『後狩詞記』にはある。

柳田の関心は、鉄砲の移入で変容した狩猟のなかにあって、なお山の民が伝えている信仰や作法、口伝に移っていた。柳田は帰京後、狩りや焼畑にまつわる言葉や作法、伝書を書き送るよう中瀬村長に懇願した。実直な村長は一カ月足らずで返信した。椎葉訪問の翌年、それを柳田の序文とともに収めた『後狩詞記』は刊行された。

柳田に師事し、助手も務めた成城大学名誉教授の鎌田久子さん（81）は、『後狩詞記』を「民俗学の出発点」と位置付ける。「文学的なものに触発されながらも、信仰だけではなく、人間が生きる基盤もしっかり見つめようという柳田先生の姿勢がここにあります」

柳田は常々、「椎葉をぜひ訪ねるよう」鎌田さんに勧めた。日向から椎葉への道中に馬に乗り、お尻の皮がむけるほど痛かったなどと思い出を語ったという。柳田は椎葉から帰った翌年、東北地方を旅した。それが『後狩詞記』に続く

『遠野物語』に結実した。

「文書ではわからない人の表情や言葉に光を当て、それを学問にしようと先生は決意した」と鎌田さんは語る。

「古今は直立する一の棒では無くて。山地に向けて之《これ》を横に寝かしたやうなのが我国のさまである」と、柳田は書いた。一つの価値観で縦割りするのではなく、面々と受け継がれた人々の心根に、私たちは寄り添っているだろうか。想像力を失い、むげに切り捨ててはいまいか。あらゆるものが閉塞《へいそく》に向かう今日の社会状況に照らしたとき、柳田の言葉はますます重い。

椎葉村の中瀬村長の旧宅には今も位牌《いはい》と遺影が残っていた。村を眼下に望む庭には「民俗学発祥の地」と彫られた石碑が、静かに佇んでいる。


（文＝宇田 懐）

柳田国男　一八七五（明治八）年、現在の兵庫県福崎町生まれ。十五歳で上京後、森鷗外と出会い自然主義の文学青年と交流した。幼少期にみた飢饉や間引き慣習の悲惨さに社会構造への疑問を抱き、東京帝国大学では農政学を学ぶ。卒業後、官僚の職に就き『後狩詞記』『遠野物語』を著す。雑誌「郷土研究」では政治や事件中心の歴史学と違い、庶民の歴史文化を明らかにする民俗学の領域と主張を掲げた。一九一九（大正八）年に官界を辞し、東京・成城の自宅で講義を始める。雑誌「民間伝承」の創刊や『雪国の春』『海上の道』など著書は百数十冊に及ぶ。六二（昭和三十七）年死去。同年、柳田賞（主催・成城大学内柳田賞委員会）が創設された（二〇一八年で終了）。兵庫県福崎町に「柳田國男・松岡家顕彰会記念館」が、長野県飯田市の飯田市美術博物館内に「柳田國男館」が、また柳田が少年時代を過ごした茨城県利根町に「柳田國男記念公苑」がある。

35

『田中一村《いっそん》作品集』

田中一村

捨てて開花した孤高の画業

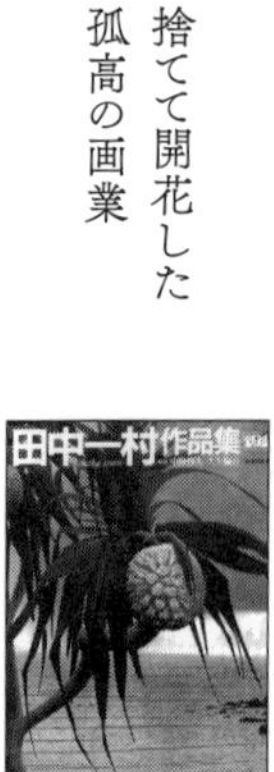

1985・日本放送出版協会（のち新版）

田中一村は、奄美の自然を描いた孤高の画家である。世間が評価したのはその死後だった。そんな事情から彼の人生をたどる資料は少ない。例えば、誰に絵を習ったかということすら判然としない。なぜ奄美に来て、なぜ画風が一変したのかといったことに踏み込もうとすれば、現状では想像するしかない。奄美大島に来てあれこれ想像し、いくらか一村の気持ちに寄り添えた気分になった。そして、島を去るときふと脳裏に浮かんだのは「一村さん、あなたは幸せでしたね」という言葉だった。

一村は幼いころから南画をよくし、九歳で「米邨《べいそん》」と号した早熟の画家だった。十八歳で東京美術学校（現・東京藝術大）に入学したのも才能の一端を示していよう。同級生には東山魁夷《かいい》らがいた。だが、入学からわずか三カ月で退学する。『アダンの画帖　田中一村伝』（南日本新聞社編）は、健康の問題とするが、後に出版された「奄美群島日本復帰50周年記念　田中一村展」の図録は「定かでない」とする。厳密には分からないにしても、一村の類《たぐ》い希《まれ》なる「自信家」という性格が、背景にあったのだろう。一村が大変な自信家だったことは、今日の奄美でも何人かが「芸術の話になったら絶対に譲らなかった人」などと証言する。

　退学した直後に「田中米邨画伯賛奨会」なる後援会が作られ、賛助会員には参議院副議長・小泉又治郎ら錚々《そうそう》たる知名士が名を連ねた。青年一村の絶頂期であったろう。

　だが、長続きしない。自分が本当に描きたい絵は違うのだという思いが、一村を支配する。描きたい絵と売れる絵が違うという問題は、画家にはしばしばあることで、大抵はどこかで折り合いをつけることになる。一村は妥協せず、支援者は去っていった。身内の不幸も重なり、最大の理解者である姉の喜美子と、千葉市で晴耕雨読ならぬ晴耕雨「描」の生活を送る。画壇に認められようとして、もがけばもがくほど認められなくなる。アリ地獄に落ちたような精神状態ではなかっただろうか。

　奄美に移住したのは五十歳のとき。田中一村記念美術館学芸専門員の前村卓巨さんは、日展の落選が奄美行きを決意させる引き金になった可能性があると指摘する。

「東京美術学校のかつての同級生らが、審査員クラスの重鎮になっていたのだから、日展の落選は耐え難かったでしょう」

一村の才能を信じ、ときには画論を戦わせ、ついに結婚もしなかった姉と分かれ、家も売り、一村は旅立つ。すべてを「捨てた」のだ。向かった先は当時の日本最南端・奄美。自分を認めない画壇から最も遠い所だった。

　奄美市名瀬《なぜ》の繁華街・屋仁川《やんご》に「一村」という料理店がある。店主の栄俊久さん（51）は、根っからの一村ファンだ。一九七九（昭和五十四）年、一村の三回忌に合わせて開いた遺作展の実行委員として準備にあたり、一村の絵を初めて見たときの驚きを、昨日のことのように語った。

「箱から絵を出した瞬間にね。何かわからないけど、ビビーッときたからねー」

　会場は同市名瀬中央公民館の二階。壁にぐるっとシーツのような白い布を巡らして作品を掛けた。ビビーッときたのは《ユリと岩上のアカヒゲ》という作品。「岩に留まった小鳥が心にしみたねー」

　ホテルの料理人だった栄さんは知人に誘われて「ちょこっと手伝うつもり」だった。ビビーッと来てから熱心なメンバーに変身した。このような人々が集まって遺作展は開かれ、一村を世間に評価させるきっかけとなった。つまり、南日本新聞社やＮＨＫが一村を知り、大きく報道したのだ。

　生前、一村は「私の絵が評価される時が必ずくる」と語っていたという。その言葉の通りになった。

　ピカソの画集を枕元に、粗末な借家に寝起きし、赤貧《せきひん》洗う生活に耐え、日給四百五十円のうちからコツコツと資金を蓄えて画材を求め、絵を描いた一村。痩せこけ、仙人を思わせる。物質的な豊かさを捨てた姿であろう。捨てたことで一村の心は解放された。端《はた》で見るほど、辛《つら》くはなかったはずだ。「辛い」と感じるようでは、そもそもこのような生き方は選択できまい。画材がそろい、いつでも絵が描けるというときは、無上の喜びだったはずだ。奄美の気候は穏やかで、人々は優しい。

　果たして一村は何を描きたかったのか。前村さんは一村の絵にしばしば立神岩《たちがみ》が描かれていることに注目する。それは奄美の信仰上のひとつの聖地。海の向こうの理想郷「ネリヤカナヤ」から神が島にやってくる中継点のような存在だ。《不喰芋《クワズイモ》と蘇鐵《ソテツ》》の絵では、クワズイモの花が実って枯れるまでを描いて時間を、ソテツの雄花と雌花で生命の輪《りん》廻《ね》を表現しているのではないか、と。

「目に見える動植物や風景を組み合わせながら、奄美の民間信仰に基づいた曼荼羅《まんだら》を描きたかったのではないでしょうかね」

　狭小なる人生に呻吟《しんぎん》しながら、何ひとつ捨てられない記者には、およそ見えない世界である。

（文＝井口幸久）

田中一村　一九〇八（明治四十一）年栃木県生まれ。五歳で東京に移り、七歳で児童画展で天皇賞。喜んだ父が「米邨」の号を与えた。二六（大正十五）年、中学校を優秀な成績で卒業、東京美術学校（現・東京藝術大）に入学したが、三カ月で退学。四八（昭和二十三）年、青龍展に《波》が入選したものの自信作だった《秋晴れ》の落選を不服として《波》の入選を辞退した。五八年、奄美行きを決意して自宅を売却し同年末に奄美市名瀬に下宿。翌年、国立療養所和光園の官舎に移住する。紬工場で染色工として働いて資金を稼いでは絵を描き、また働くという生活を繰り返す。七七年、心不全で倒れ死去、六十九歳だった。奄美市に田中一村記念美術館がある。

36

強烈な郷土愛を背景に

『諫《いさ》早《はや》菖《しょう》蒲《ぶ》日記』

野《の》呂《ろ》邦《くに》暢《のぶ》

1977・文藝春秋／のち文春文庫、梓書院、文遊社（『野呂邦暢小説集成5』に収録）

早暁《そうぎょう》、本明《ほんみょう》川沿いの道を諫早湾に向かって歩いた。南に雲仙岳、北に多良《たら》岳の峰が見える。やがて日の出とともに、千メートル級の二つの山の稜線が明るく輝き、陽光が川面《かわも》にたなびく朝霧を白く照らし出す。

恐らくは太古の昔から変わらないであろう光景。長崎県諫早市に今暮らしている人々と同じように、野呂邦暢も、そして、野呂が生み出した『諫早菖蒲日記』の主人公たちも、この神秘的ともいえる景色を眺めたに違いない。

＊

『諫早菖蒲日記』の主人公は、佐賀藩の支藩だった諫早藩の砲術指南役・藤原作平太の娘・志津である。時代は幕末。十五歳の志津が、安政二（一八五五）年の初夏から翌春まで日記を書いたという筋立てで、物語は進められる。

野呂は、結婚を機に諫早市仲沖町の古い武家屋敷に移り住んだ。三十四歳だった。その屋敷こそが、主人公のモデルとなった砲術指南役親子が暮らした屋敷だった。裏庭には菖蒲畑が広がる。その土蔵にあった砲術書などとの出合いが小説を書く動機になった。

野呂は諫早市誌を熟読し、この地で起きた出来事や、人々の暮らしを小説に盛り込んだ。佐賀藩の圧政に忍従する諫早藩の様子や、外国船が開港を求めて相次いで来航する状況に動揺する武士の姿など、志津の日記は史実に基づく。しかし、武家の娘とはいえ、それほどに世の中の出来事を知る少女がいるはずもない。志津が難聴気味の父の傍らで耳代わりになり、大人たちの会話から世情を知る立場にあったとの設定を野呂が用意したのは、物語にリアリティーを持たせるためだったに相違ない。志津は生き生きと躍動感にあふれて描かれる。志津の家で働く吉爺《きちじい》との会話もそうだ。

「吉よい、私は海ば見たことはなかと」

「干《ひ》き潮どきの川下りはむずかしゅうごんす」

本明川の河口でクジラを仕留める漁師、キジを撃ち損なって落胆する父。市中の様子や身内の出来事を語る志津の言葉を、野呂は諫早の方言でつづった。

＊

野呂は諫早を愛した。『草のつるぎ』で芥川賞を受賞した一九七四（昭和四十九）年当時、九州に足場を置いて活動する現役芥川賞作家は、野呂しかいなかった。東京に出版社が集中し、通信事情がそれほど発達していなかったこともあり、中央文壇で活躍しようと思う作家は上京するのが当たり前だった。それでも野呂は諫早にとどまった。あるとき野呂は、諫早で執筆活動を続ける理由を知人にこう答えたという。

「人間も木と同じ。ここに植えている木を東京に移したら枯れてしまう」

それほどまでに諫早にこだわったのは、野呂が二度にわたって「故郷」を失った体験が背景にあったからではないか。

最初は、四五（昭和二十）年八月九日の長崎原爆だった。長崎市内で生まれた野呂は小学二年の春、父親が応召したため諫早の母の実家に疎開した。その年の夏の原爆投下によって、長崎市にいた同級生のほとんどが被爆死したという。

二度目は、五七年七月二十五日の諫早大水害だ。死者五百人以上、行方不明者四十人を数える大惨事だった。野呂はその年の春に自衛隊に入隊していた。実家は流出こそ免れたが全壊。翌年に二十歳で除隊した野呂は、四十二歳で亡くなるまで諫早に住み続けた。親しい者、いとおしいものが一瞬のうちに失われる喪失感と無常感。それが、郷土の自然や歴史、そこに生きる普通の人々の、普通の生活を愛し、二度と再び大切なものを失いたくないという強烈な郷土愛につながったのではないか。

＊

『諫早菖蒲日記』は、次のような書き出しで始まる。

〈まっさきに現われたのは黄色である。黄色の次に柿色が、その次に茶色が一定のへだたりをおいて続く。

堤防の上に五つの点がならんだ。

堤防は田圃《たんぼ》のあぜにいる私の目と同じ高さである。点は羽をひろげた蝶《ちょう》のかたちに似ている。…〉

色とりどりの帆を掲げた漁船が本明川をさかのぼってくる。干潮時には高い堤防に遮られて見えないその帆が、潮が満ちてくると、堤防から突き出たようにポツン、ポツンと点のように見えてくる。本明川を眺める志津の視線を借りて描かれたのは、野呂がこよなく愛した諫早の河口の風景であった。

野呂が心筋梗塞《こうそく》で急逝してから二十六年が過ぎた。本明川が注ぐ諫早湾では、国策による干拓事業によって湾を仕切る潮受け堤防が完成し、広大な干拓地が生まれている。漁船が本明川を上ってくることは二度とない。潮の干満による水の躍動もない。

諫早を愛し、本明川と諫早湾、有明海が織りなす景色の美しさを幾度となく小説やエッセーに書き遺《のこ》した野呂の魂は、故郷の変わり様《よう》を誰にもまして寂しく感じているに違いない。

（文＝阿比留北斗）

野呂邦暢　一九三七（昭和十二）年九月二十日、長崎市生まれ。本名・納所邦暢。長崎への原爆投下直前に諫早に移住。五六（昭和三十一）年に諫早高校卒業。上京してアルバイトを経て五七年から翌年まで自衛隊入り。その後、諫早に戻り家庭教師などをしながら文学を志す。『或る男の故郷』（六五年）

で文學界新人賞佳作。『壁の絵』（六六年）『白桃』（六七年）『海辺の広い窓』（七二年）『鳥たちの河口』（七三年）で芥川賞に四度ノミネート。『草のつるぎ』（七四年）で第七十回芥川賞受賞。小説のほかにもエッセイや詩集など多くの作品を残す。『諫早菖蒲日記』は、本題と「諫早舟唄日記」「諫早水車日記」の三章構成で七六年発表。八〇年五月、心筋梗塞により四十二歳で死去。没後、野呂を偲ぶ「菖蒲忌」が諫早市で開催されている。

37

『阿部一族』

森 鷗外

人間の苦悩が生んだ悲劇

1913・籾山書店（『意地』〈森林太郎名義〉に収録）／のち岩波文庫、角川文庫、新潮文庫ほか

森鷗外が熊本に滞在したのはわずか六日間だけだった。小倉（北九州市）の第十二師団軍医部長のときの一八九九（明治三十二）年と、陸軍省医務局長だった一九一〇年。いずれも二泊三日の視察旅行だった。短い滞在だが、肥後藩士の殉死を題材にした歴史小説『阿部一族』の創作とあいまって、熊本ゆかりの作家として地元では認知されている。

同書は二回目の訪問から三年後に発表された。その前年、衝撃の出来事が起きた。明治天皇大葬の九月十三日、乃木《のぎ》希典《まれすけ》大将が妻の静子とともに自刃した。近代国家への道を邁進《まいしん》するなか、突如、封建制の風習「殉死」がよみがえったのだった。

当時の知識人に与えた影響も小さくなかった。夏目漱石は「武士道精神の終焉《しゅうえん》」と受け止め、芥川龍之介は「将軍の気持ちは幾分分かるような気がする」といい、志賀直哉は「『馬鹿な奴だ』といふ気がした」と日記に記した。鷗外は「軍人精神の極致」と称賛したという。『阿部一族』執筆のきっかけが、乃木殉死であることはよく知られている。

＊

一六四一（寛永十七）年、肥後熊本藩の初代藩主・細川忠利が亡くなった。『阿部一族』の物語は忠利の病床から始まる。多くの家臣たちが忠利に殉死を願い出た。殿様の許しがないまま自ら命を絶てば犬死にである。結局、十八人に死出の供が許された。

阿部弥一《やいち》右衛門《えもん》という古株の家臣がいた。長く忠利に仕え、本人も周囲も当然、殉死するものと考えていた。だが、何度願い出ても忠利が首を縦に振ることはなかった。嫌われていたのだ。ほどなく忠利が逝き、十八人は自害した。藩主は光尚《みつひさ》の代になり、以前と変わらず勤めに精を出す弥一右衛門の耳に不穏なうわさが入った。

「阿部はお許しのないことを幸いに生きていると見える」

生き恥をさらすわけにはいかない。ならば死んでやろう。主人の許しがないまま、弥一右衛門は腹を切った。その死は他の殉死者と同じ扱いを受けず、差別的な相続が行われた。忠利の一周忌の場で嫡男《ちゃくなん》・権兵衛が髪を切る暴挙に出た。「武士を棄《す》てる」と宣言した権兵衛を光尚は縛り首にした。一族は屋敷に立てこもり抗戦の構え。藩は討っ手を差し向けた。そして一族は壮絶な死を遂げた。

＊

物語は鷗外のオリジナルではない。阿部家の隣人、栖本《すもと》又七郎という武士が書いたとされる「阿部茶事談」を参考にしている。「阿部茶事談」にある権兵衛の縛り首や一族の滅亡は史実とされるが、戦後の研究で、物語の重要な部分が脚色されていることが分かった。

熊本大文学部の吉村豊雄教授（58）は「許しがないまま腹を切った者は弥一右衛門だけではないし、権兵衛が無謀な行為に走った直接の原因、跡目相続の差別的な扱いも事実ではない」と話す。

熊本市の観光スポットの一つ、北岡自然公園は細川家の菩提《ぼだい》寺跡だ。忠利の霊廟《れいびょう》を取り囲むように十九基の墓石が立つ。その中の一つの石に「阿部弥市（一）右衛門」の文字が刻まれていた。弥一右衛門の殉死は他の十八人と同等に扱われていたのだ。

『阿部一族』は鷗外の作品のなかでは平易な文体で淡々と書かれている。歴史小説という分類もあって、史実と思っていた読者も多いだろう。鷗外は脚色されていることを知らなかったのだろうか。知っていて、あえて引用したのだろうか。同大の首藤基澄名誉教授（69）は「藩主と反りが合わない苦しみ、こじれていく人間関係を描くために参考にしたのだと思う。鷗外は非常に頑固な人間だった。自分の苦しみを弥一右衛門に反映させたかったのだろう」と見る。

鷗外は、軍でも文壇でも大論争を巻き起こして衝突を繰り返してきた。ゆがむ人間関係の中で孤立、苦しんできた自身を、弥一右衛門に重ねた。すでに「阿部茶事談」が史実であるかどうかは問題ではなかったろう。

＊

物語には一連の事件を裏で操る大目付が登場し、一族を滅亡に追いやる悪役として描かれている。組織のトップにおもねり、誰彼となくおとしめる小ざかしい人物だ。

弥一右衛門や嫡男・権兵衛は、現代風に言えば、悪知恵の働く上司にいじめられ、社長からもしかとされる。悶々《もんもん》としているうち、根も葉もないうわさが立ち、次第に孤立感を深めた。行き詰まった人間関係のなか、ついに一線を越える。心を病むサラリーマンが増えている現代社会に一脈通じるところはないだろうか。

鷗外は、乃木の殉死に共感していたと伝えられている。同じ軍人としての立場がそうさせたのかもしれない。だが、

『阿部一族』からは殉死への賛美を読み取ることはできない。むしろ、殉死を引き金に、不信、憎悪、欲望が渦巻く人間関係の悲劇が強調される。いずれの時代にあっても避けては通れない人間関係のしがらみ。鷗外が『阿部一族』で人間関係の苦悩を伝えたかったとすれば、封建制下の物語が一気に普遍性を帯びてくる。

「ほら、あなたのそばにも苦悩する弥一右衛門や権兵衛がいる」。鷗外からのメッセージを、私はそう受け止めた。

（文＝新志有裕）

森鷗外　一八六二（文久二）年、石見国（現・島根県）津和野に藩医の長男として生まれる。本名・森林太郎。八一（明治十四）年に東京帝国大学医学部を卒業。軍医となり八四年ドイツ留学。八八年に帰国後、文筆活動を本格化。訳詩編『於母影』（八九年）、小説『舞姫』（九〇年）などを発表。九一年には「早稲田文学」で坪内逍遙と没理想論争を展開。九九年、第十二師団軍医部長として小倉に赴任。一九〇七年、陸軍軍医総監、陸軍省医務局長になる。〇九年、「スバル」に性を描いた『ヰタ・セクスアリス』を発表、発禁となる。一二（大正元）年、乃木希典の殉死に影響され『興津屋弥五右衛門の遺書』を発表。『阿部一族』（一三年）『高瀬舟』（一六年）などの歴史小説を書いた。二二（大正十一）年七月、六十歳で死去。東京都文京区と故郷の津和野町に森鷗外記念館がある。

38

『思ひ出』

北原白秋

決別した郷里を想う

1911・東雲堂書店／のち御花（柳河版）、アルス、岩波文庫（『北原白秋詩集』に収録）ほか

北原白秋の第二詩集で出世作の『思ひ出』は一九一一（明治四十四）年、白秋二十六歳のときに東京で書き上げられた。記者もいま二十六歳。不遜かもしれないが同年の男を思い描きながら、その歩んだ道をたどった。

水郷・福岡県柳川市は、縦横に掘割《ほりわり》がめぐる。柳の枝が水面に垂れるその掘割を、どんこ舟でゆらゆらと進んだ。身をかがめて橋をくぐると、日常とは異なった風景が広がる。心地よい風が追い越していった。

白秋が生を受け、十九歳まで暮らした街並みは当時とは一変した。が、掘割のゆったりとした水の流れは今も変わるまい。国民的詩人・白秋をはぐくんだ原風景であり、彼に決別を決意させた故郷の景色でもある。

＊

『思ひ出』は、その二年前に刊行した初詩集『邪宗門《じゃしゅうもん》』に続き、白秋の存在を詩壇に知らしめた作品である。巻頭の「わが生ひたち」は故郷への決別宣言。柳川を「水に浮いた柩《ひつぎ》」「静かな廃市」と呼び、『思ひ出』に依て、故郷と幼年時代の自分とに潔く訣別しやうと思ふ」と書いた。

　白秋は、柳川藩の御用商人で、九州でも有数の海産物問屋の跡取り息子に生まれた。父の代には、主に酒造業を営んでいた。白秋生家前には、現在は避難港となった船だまりがある。当時は、毎日のように帆船が到着し、長崎や平戸、天草などから、ハイカラな言葉や文物が届いた。柳川に居ながらにして、豊かな外国文化に触れることができただろう。

「わが部屋」
わが部屋に、わが部屋に
長崎の絵はかかりたり、
路のべに尿《いばり》する和蘭人《おらんだじん》の——
金紙《きんがみ》の鎧《よろい》もあり、
赤き赤きアラビヤンナイトもあり。（以下略）

熊本県にある母方の実家では、当時としては貴重なイソップ物語やアラビアンナイトを読みふけった。「トンカジョン」（大きな坊ちゃん）と呼ばれた白秋の文学的素養が培われていった豊饒な時間であったろう。

＊

　平穏な生活は長く続かない。十六歳のときに実家が大火に遭い、酒蔵など母屋以外が焼失。文学に傾倒していった白秋は、旧制中学伝習館（現・伝習館高）を中退し、父親の反対を押し切って、逃げるように十九歳で上京し、早稲田大に進学する。

　『思ひ出』を刊行した翌年、借金を抱えた一家が、白秋を頼って上京している。彼の心の風景には、現実以上に郷里が色あせて映っていたのかも知れない。追い打ちをかけたのが、友人・中島鎮夫の自死だった。「ＴＯＮＫＡＪＯＨＮの悲哀」の中の一編で、その死を悼んだ。

あかき血しほはたんぽぽの
ゆめの逕《こみち》にしたたるや、
君がかなしき釣台《つりだい》は
ひとり入日にゆられゆく………（以下略）

「白秋」の名は伝習館時代に生まれた。文学を志す六人の仲間で「白」の下に一字をあてた雅号を付けることになり、みなでくじを引いた。「白雨」中島は、白秋のよきライバルであり親友だった。彼の死から二カ月後、白秋は上京。そして、生涯「白秋」を使い続けた。実家の没落と親友の死。白秋にとって故郷はつらい記憶にまみれ、四十三歳になるまでの二十年間、柳川を訪れることはなかった。

＊

　詩、童謡、民謡、短歌、書…。白秋の才能は幅広いジャンルでいかんなく発揮された。『思ひ出』の装丁や挿絵も自作。表紙にはダイヤのクイーン。今見ても、実にしゃれている。

初期の『邪宗門』『思ひ出』『東京景物詩』の三作は、ほぼ同時期の作とみられる。白秋の姉の孫で、福岡県瀬高町で酒造業を営む江崎和夫さん(73)は「白秋はやっぱり商売人の子。間を置かずに、趣が違う三作品を発表しており、自分の売り出し方を知っていたのではないか」と指摘する。その思惑通りだったか、『思ひ出』刊行後、文学誌上のアンケートで、白秋は詩人部門の第一位に推されるほどの人気を博している。ところが翌年、隣家の人妻と恋に落ちた。夫から姦通《かんつう》罪で告訴され、二週間ほど拘留されている。

人気絶頂となった白秋が、世間的な成功、社会的名声を顧みず、愛情という計算できない感情に真正面からぶつかっていったのは、二十七歳の青年らしいまじめさ、真剣さだったろう。

その後、三度の結婚や三十回以上の転居など白秋の人生は穏やかではなかった。一度は決別した柳川への愛着も強かった。ささくれだった気持ちを丸ごと受け止めてくれるのは、はやり故郷だったろう。四一(昭和十六)年に柳川を訪れたのが白秋最後の帰郷となった。

そのとき白秋は母校・伝習館で講演している。腎臓病で目を患っていた白秋は黒眼鏡をかけ、二人の子に手を引かれて登壇し、二十五分ほど、作詩する上で数学や音数律の大切さを説いたという。

生家近くに住む画家の北原悌二郎さん(82)は、その講演を覚えている。

とつとつとした口調だったが、当時の学生たちにとって「雲の上の存在」の白秋のひと言ひと言に「やはり詩人だなあと感じました」と振り返る。

たどってみると、白秋は巨大だった。その存在は、檀一雄や長谷健をはじめ、多くの文人を輩出する土壌となった。そして、今なお、白秋が後輩たちに託した望郷の思いは、脈々と受け継がれている。

(文＝片岡 寛)

北原白秋　一八八五(明治十八)年一月二十五日、現在の福岡県柳川市に生まれる。本名は北原隆吉。旧制中学伝習館を中退後、早稲田大に進学。処女詩集『邪宗門』を皮切りに、次々と傑作を世に送り出す。一九一八(大正七)年、童話童謡雑誌「赤い鳥」創刊から童謡欄を担当。詩、民謡、短歌、翻訳など作品のジャンルは幅広い。山田耕筰とのコンビで《待ちぼうけ》《からたちの花》など、三百曲近い童謡や校歌を手掛けた。四一(昭和十六)年、日本芸術院会員。四二年十一月二日、五十七歳で死去。柳川市の生家跡地に北原白秋記念館(白秋生家・柳川市立歴史民俗資料館)がある。

39

ひた向きに
生きた証し

『杉田久女《ひさじょ》句集』

杉田久女

1952・角川書店／のち北九州市立文学館文庫ほか

谺《こだま》して山ほととぎすほしいまゝ

福岡県の霊峰・英彦山《ひこさん》を詠んだ句である。一九三一（昭和六）年、日本新名勝俳句の帝国風景院賞（金賞）句に選ばれ、杉田久女の代表作の一つとなった。

「谺」の堅い一文字で始まり「ほしいまゝ」とやわらかに広がっていく。久女は下の五文字が浮かばず、苦吟を重ねた。何度か英彦山を再訪し「ほしいまゝ」にたどり着くまでに何カ月もかかっている。

記者も英彦山に登った。句の開放感、壮大さが全身に伝わり、久女がその場の空気まで詠み込んだことが明らかである。妻であり母であった久女。家事による物理的な圧迫と、句作に賭けた精神のほとばしり。両者のせめぎ合いの中で、久女のエネルギーは句作に向かって弾けていく。言葉を選び、そぎ落とし、それが十七文字に結実した一句、一句が、彼女の人生を丸ごと物語っているのだった。

＊

久女が句作を始めたのは二十六歳のころ。しばらく自宅に滞在した実兄から手ほどきを受けた。

「子供達を寝かせつけて、夜なべに冬着など縫ひつつ、台所の竈《かまど》の辺で夜毎になく、虫の音をぢいっと聞きながら、生まれて初めて俳句と云ふものに親しみ初めた」（『久女文集』より）。忙しい日常の合間に、ささやかな楽しみを見つけた様子が目に浮かぶ。高浜虚子《きょし》に見いだされ、すぐに頭角を現す。間もなく、初期の代表作が生まれる。

花衣ぬぐやまつはる紐いろ〱

花見に出掛けた女性が晴れ着を脱ぐ際にまとわりつく何本もの紐――。耽美《たんび》的で濃艶さ漂う作品は、虚子らから高い評価を受けた。一方で、家事と俳句の両立問題が久女を悩ませ続ける。当時の様子がのぞく文章がある。

「どうかしてよい一句を得たい、雑詠によい成績をあげ度いという一心から俳句にはげめばはげむほど、家事に切りこんで来て、夕餉《ゆうげ》がおくれたり、ぼんやりしてて『家庭や子をかえり見ぬ』と夫の不機嫌に毎度あいます。用事はあとからあとから来る」（『杉田久女随筆集』より）

家事という切れ間のない仕事、女性の社会進出への障壁。一時は離婚話も出た。

足袋つぐやノラともならず教師妻

イプセンの戯曲『人形の家』の主人公で、新しい生き方の女性「ノラ」を引用しながら、旧態依然とした価値観に束縛される女性たちの現況を描いた。三二年、久女は主宰誌「花衣」を創刊。句集を出したいという夢を抱く。

二〇〇六（平成十八）年十一月一日に開館した北九州市立文学館（北九州市小倉北区城内）で、ある資料を見せてもらった。久女が知人に宛てた書簡だ。自筆の色紙や短冊を販売することを考え協力を呼び掛けている。

「次女の学資補助のため／またわが句集出版の費用／でもすこしえたくと思ひたち」

しかし、句集発行の夢はかなわなかった。久女ほどの俳人が一冊の句集も出せなかったのは、今では信じ難い。

久女は突然、ホトトギス同人を除籍される。三六年のことであった。師である虚子から理由の明示はないままだった。除籍の背景について、『杉田久女ノート』の著者で、久女研究で知られる増田連さん（76）＝北九州市＝は、「俳句界の状況があった」と推測する。虚子の娘・星野立子《たつこ》が主宰誌を発行していたり、俳句界をリードする虚子自身の立場だったり。久女の行動や才能に警戒感を抱き排除した、との見方を示す。

やがて久女は失意のうちに生涯を終える。五十五歳。ホトトギス除籍の影響は死後も続いた。「除籍」が「異質者の排除」などに向かい、悪意に満ちた人物像で一時は語られた。北九州市立文学館の今川英子・副館長は言う。

「猥雑《わいざつ》なものは最終的には薄れ、消えていく。残るのは作品。私たちはそこに誠実に寄り添い、向き合っていくべきだ」

＊

彼女が切望してやまなかった『杉田久女句集』は、没後の五二（昭和二十七）年に遺族によって刊行された。その句集は、思ったより小さく、手のひらにほどよく収まった。五十年以上の歳月を経て、紙は随分もろくなっていたが、ページをめくると、目の前に情感あふれる世界が広がった。

そこには、久女の日常が収録されている。庭の草花、子どもたちの愛らしい様子、彼女が見聞きした自然の情景…。久女の暮らしぶりが浮かぶと同時に、日々の生活の中に芸術の萌芽が宿ることを如実に示す。

久女を振り返ると、孤独の影が付きまとう。孤独は今日も人々をさいなみ、その心に深く沈殿している。久女にとって孤独は、人間性の解放という側面もあった。英彦山についての一文（『杉田久女随筆集』）で、こう述べている。

「息づまる様な人間界の圧迫感もここではなく、大自然の深い呼吸の中に絶対の！孤独感を味わう。（中略）自然のふところに抱かるる和らぎ、じつに爽快な孤独の心地なのである」

久女は、日本人の伝統的生活基盤である「世間」と、明治以降に持ち込まれた西洋の個人主義との狭間に呻吟《しんぎん》した。ままならぬ人生にあって、その魂を燃焼させ、ひた向きに生きた。その証しが『句集』にある。

（文＝簑原亜佐美）

杉田久女　一八九〇（明治二十三）年、鹿児島市生まれ。本名は久。官吏だった父の転勤に伴い沖縄、台湾で幼少期を過ごす。東京女子高等師範学校附属高等女学校を卒業後、杉田宇内と結婚。宇内の旧制・小倉中学赴任に伴い現在の北九州市に移り住む。その後、市内で数回転居している。一九一一年に長女を、一六（大正五）年に二女を出産。次兄の影響で俳句を始める。ホトトギス同人となるが、三六年に突然、除籍される。四六（昭和二十一）年、福岡県の筑紫保養院で死去。念願だった『杉田久女句集』は五二年に刊行され、六九年には増補新版も出版された。北九州市小倉北区の北九州市立文学館内に「杉田久女・橋本多佳子記念室」がある。

40

海洋冒険小説に針路開く

『海《かい》狼《ろう》伝』

白石一郎

1987・文藝春秋／のち文春文庫ほか

血沸き、肉躍る小説というのがある。戦国時代末期、海賊に身を投じた若者の成長を描く、この歴史小説も、そうした一冊だろう。出無精《でぶしょう》で、どちらかと言うと「腰の重い作家」と言われた、白石一郎が、何かに突き動かされるように、取材・執筆に三年、徹底的に現場を踏み、足で書いた小説である。

この作品を書くに当たり、白石は「舞台の空気を吸いたい」と松浦《まつら》党ゆかりの長崎県の平戸・壱岐《いき》・対馬《つしま》に計十五回も通った。村上水軍ゆかりの瀬戸内の島々にも二十回近く足を運び、資料を集め、イメージを膨らませた。嵐の海のシーンを書くため、台風の日を選んで玄界灘に面したホテルに泊まり、一昼夜、荒れ狂う海を凝視した。「主人は、この小説に賭けていました。原稿料はすべて取材費に使うと言っていました」（妻の文子さん）。

執筆にも、全体重を傾けた。原稿用紙三枚分の物語の導入部分を、十回も書き直した。海戦の場面を描くときは、色紙で折った船を机上に並べ、想定した天候、風向、潮流、波高に合わせて、紙の船を動かしながら原稿用紙のマス目を埋めていった。

白石のファンで壱岐・対馬航路の現役の船員、中野和久氏(43)は、この小説を支える正確な航海の知識にうなった。

「壱岐・対馬海域では、冬の北西の季節風より、春と秋に吹く北東の風が時化《しけ》を呼び恐ろしい。それに、船の後ろからやってくる追い波が、船のバランスを崩し、操船の脅威になることも書いている。船員でもない人が、なんで、こんなことまで知っているのかと驚いた」

*

『海狼伝』は、日本の歴史・時代小説に「海洋冒険小説」という新しいジャンルを確立した小説である。今から二十年前の一九八六(昭和六十一)年元旦から九月二十三日まで、「ウルフたちの海」のタイトルで本紙をはじめ、北海道新聞、東京新聞、中日新聞に連載され、翌八七年に改題して文藝春秋から刊行。この年、第九十七回直木賞を受賞した。

物語は、海と船へのあこがれを抱いて長崎の対馬で育った青年・笛太郎が、これまで見たこともない船に魅せられ、朝鮮から対馬に帰国した海賊の手下になるところから動きだす。海賊の一味となった笛太郎は、対馬近海を航行する商船を襲い始めるが、翌年、瀬戸内海を根城とする村上水軍の海賊衆を襲撃して捕らえられ、瀬戸内に連行される。しかし、彼の父が、かつて村上水軍の船大将だったことが分かり、今度は村上水軍の手下となり、やがて〝海のウルフ〟へとたくましく成長していく姿がスケール大きく描かれる。

目を見張るのは、海賊衆の生活や掟《おきて》、海戦の調練などが克明に描写されていることだ。そして、当時の船の構造や操船方法、合戦場面、武器の数々も微細に描かれている。さらに、織田信長や小西行長ら実在の人物も登場させながら、笛太郎の恋や、当時の平戸や堺の商人たちの様子なども書き込み、ストーリーに厚みを持たせている。

その出来栄えは、当時、直木賞の選考委員だった田辺聖子氏をして〈読み終えて私はたしかに潮の匂いをかぎ、海鳴りの音を聞き、浪《なみ》のしぶきが顔にあたるのを感じた〉と絶賛させたほどだ。

*

生前、白石は、アシスタントで作家の杉洋子氏(67)に、しばしば「作家は『ひとつ歌』を歌え」と、語ったという。そして「自分は生活のこともあって、なかなか『ひとつ歌』を歌えなかった」ともこぼしたという。

そうなのだ。この小説は、若いころから、優れたストーリーテラーとして伝奇小説をはじめ、捕物帳、世話物などを器用に書きこなしてきたものの、自分を貫くマスト、羅針盤ともいうべき「ひとつ歌」を模索していた白石が、以前から温めてきた「海」を主旋律に「ひとつ歌」を高らかに熱唱した作品なのだ。

そして、海をテーマとした熱唱は、八〇年代後半、「地上げ」「土地転がし」という言葉が流行《はや》った土地バブルの時代の中で、一陣の涼風のように読者を魅了し、従来、陸上の領土争いからしか論じてこられなかった日本中世・近世史にも、歴史を「海」の視点から見詰め直させるきっかけを作った。

秋の一日、小説の舞台で、笛太郎を海のロマンに駆り立てた対馬・佐須奈《さすな》湾の磯場に立った。そして、金砂を流したようにきらめく夕暮れの海峡を眺めながら、白石が、なぜ海をテーマに小説を書き続けたのかを想った。それは「日本は四方を海に囲まれているのに海の小説が少ない。ならば自分がその一里塚になろうではないか」というある種の気概だったのだろうし、当時の出版界に流布していた「海の小説は売れない」というジンクスへの反発心だったのだろう。

晩年、白石は選考委員を務めていた「九州芸術祭文学賞」に、海をテーマとした小説を応募してくる男性をことのほか可愛がった。食道がんで余命三カ月の宣告を受けたとき、彼に電話をかけた。こう言った。「これからも海と船の小説を書いてください。もう、多分、僕は君と会えないだろうから」

（文＝藤田 中）

白石一郎　一九三一（昭和六）年、韓国・釜山生まれ。戦後、引き揚げて、福岡県柳川市、長崎県佐世保市で育った。早稲田大学政治経済学部卒。在学中から懸賞小説に応募を始め、卒業後はタイヤ販売に従事するが、性に合わず帰郷。父の経理事務所で働く傍ら、創作活動に励んだ。五七（昭和三十二）年から福岡市で作家活動を続け、同年『雑兵』で第十回講談倶楽部賞受賞。八回にわたり直木賞候補となった末、八七年『海狼伝』で受賞。主な作品に『戦鬼たちの海――織田水軍の将・九鬼嘉隆』（柴田錬三郎賞）『怒濤のごとく』（吉川英治文学賞）など。また、福岡藩の老武士を主人公にした『十時半睡事件帖』シリーズはTVドラマ化され、好評を博した。九五（平成七）年、西日本文化賞を受賞。二〇〇四年九月二十日死去。

41

立ち止まるとき、
出会う言葉

『君も僕も美しい』
武《む》者《しゃの》小《こう》路《じ》実《さね》篤《あつ》

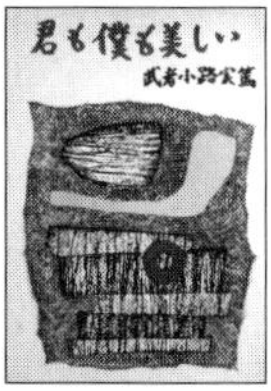

1963・芳賀書店／のち新潮文庫（『武者小路実篤詩集』に収録）ほか

山と山とが讃嘆《さんたん》しあうように
星と星とが讃嘆しあうように
人間と人間とが讃嘆しあいたいものだ

（『君も僕も美しい』）

詩の世界が、眼前の大パノラマと重なって胸に迫る。宮崎県木城《きじょう》町石河内《いしかわうち》の峠に建つ、武者小路実篤の文学碑。ただ、黒い石に刻まれているのは、よく言えば童心あふれる、正直言うと小学生の手習いのような字である。

「それが先生なのよ。体裁なんてまるで考えないのね」

実篤が始めた「日向新しき村」の住民、松田ヤイ子さん（74）が楽しげに言うので、町役場にある原本を見せてもらった。厳重な金庫から出てきた書は、なんと「讃嘆しあいたい」の「た」を間違え、堂々とバッテンを付けて書き直してある。町に贈られたのは一九六八（昭和四十三）年。実篤が八十三歳の時だ。

ヤイ子さんの夫、省吾さん（63）は笑って擁護する。「だって、詩が生まれた心には『間違い』はないからね」

実篤の絵を思い出した。おおらかで前向きで天衣無縫。「仲よき事は美しき哉《かな》」と達観し、カボチャにもジャガイモにも美を見いだして一心に描いた。努力家でもあったらしい。

「本当に八十過ぎても九十になっても、あきらめたくなかった人だった。父の印に『牛一歩』というのがあって、これは『モウ一歩』と読むそうで、まったくいつもその気だった」

実篤の三女・辰子さん（78）＝東京都小金井市＝は、回想記にこうつづっている。

＊

九十年の長命を全うした実篤は、何を考え懸命に生きた人だったのか。峠を下りて日向新しき村へと向かった。

生い茂る木々にぐるりと囲まれた敷地は約五・五ヘクタール。刈り取られたばかりの田んぼに、シュンギクやナスの畑、幾つかの民家——ここは一九一八（大正七）年、人間らしく生きる理想郷を目指した三十三歳の実篤が、全国から集まった若者とともに創設した。

彼にとっては文学をやらうと思つたのと、新しき世界を生み出したいと思つたのとは、殆《ほと》んど同時である。それは彼の双生児である

（『或《あ》る男』）

実篤は十八歳の時、叔父の薦めでトルストイの著作と出会い心酔する。理想社会について考えるにつれ、メーテルリンクやロダンにも刺激を受けて思想世界を深めていく。そして二十四歳で文芸誌「白樺」を創刊。このころは、社会や個人のあり方が模索された大正デモクラシー前夜でもあった。

村の建設を志したのには、実篤自身の願望もあった。華族階級に生まれ、額に汗して働いたことのない自分は世の中の食客である…自己を生かし、互いに協力しあう理想社会を求める中で沸き上がってきた、自分を変えたいという強い思いがあった。

長年の夢だった村を実現した実篤は、喜びと意欲に満ちていた。七年の在村期間に出した作品は単行本だけで三十冊以上。代表小説の『友情』や『幸福者《こうふくもの》』も生まれた。詩作も多く、『君も僕も美しい』も村で星空を見上げて作った一篇という。

しかし、現実は厳しかった。入村した若者は農業の素人ばかり。やせた土地で水の便も悪く、生活は実篤の原稿料や支援者の寄付に頼らざるを得なかった。一九二五年十二月、実篤は村を離れる。執筆に専念して村の経済を支えるため、そして妻と別れて再婚した女性との間に二女が生まれたことなどが理由だった。

＊

それでも、村は絶えなかった。一九三八（昭和十三）年には村の肥えた土地がダムに沈むことになり、入村者は埼玉県に移住。村は実篤の元妻と再婚相手の二人のみとなっていたが、一九七六（昭和五十一）年、松田省吾さんが移り住んで後継者となった。

社会科教員を目指していた省吾さん。「人間が土地にどう働き掛けて自然の恵みをもらっているのか、全く知らないまま教師になっていいのか」と入村し、五年の予定が今に至っている。「自分を育てるのは一生の仕事だから」。省吾さんの言葉は、実篤が伝えたかった生き方を表している。

村は五人が住まうだけとなったが、実篤の精神は、時も所も超え、今も静かに息づいている。晩年の二十年を過ごした東京都調布市の邸宅の隣に立つ記念館。学芸員の伊藤陽子さん（42）は一九八五年の開館以来、「まっすぐな目をして質問を投げかけてくる若者」と絶えず出会ってきたという。

「自分を生かして生きるという実篤の理想は、時代は変わっても誰もが願う普遍的なもの。実篤は一生をかけてそれを追求した人だから、今もなお共感されるのではないでしょうか」

小説や戯曲、随筆、詩など生涯に六千三百篇を超える作

品を残した実篤。『君も僕も美しい』の冒頭には、この三行がある。

　君も美しい、僕も美しい
　僕も美しい、君も美しい
　美しいものだらけの世界

　強烈な人間賛歌は、実篤の、自分自身への鼓舞ではなかったか。そして、挫折や困難が行く手を遮っても、理想へ「もう一歩」進もうとする人間の姿をたたえたものだったのではないか。だからこそ、人は立ち止まるとき、実篤の言葉と出会うのだろう。

（文＝南 陽子）

武者小路実篤　一八八五（明治十八）年、東京生まれ。父の子爵・実世は二歳の時に亡くなり「この子をよく育ててくれる人があったら、世界に一人という人間になる」と言い残した。母と姉、兄とのつつましい家庭で育ち、叔父とトルストイ、そして三度の失恋に大きな影響を受ける。学習院中等科で同級になった志賀直哉らと一九一〇年、「白樺」を創刊。志賀は生涯、無二の友となる。一三（大正二）年、竹尾房子と結婚。後に新しき村で飯河安子と再婚し、三女をもうける。晩年には『真理先生』など「山谷もの」といわれるシリーズを確立。野菜や静物を描いた書画にも情熱を燃やし、愛用のすずりに穴が開いたことは有名である。五一（昭和二六）年、文化勲章。七六年、死去。九十歳。東京都調布市と宮崎県木城町の「日向新しき村」内に武者小路実篤記念館がある。

42

『栗林慧《さとし》全仕事』

栗林 慧

虫の目を
手に入れた男

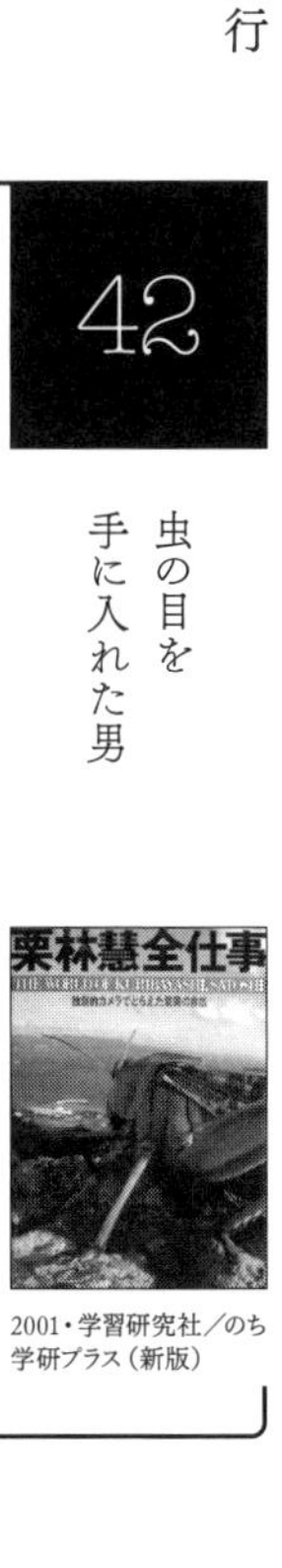

2001・学習研究社／のち学研プラス（新版）

　おそらく多くの読者が、どこかで一度は目にしたことがあるはずだ。虫の目線で見たような、迫力満点の虫の写真。通称「虫の目レンズ」で撮影された作品である。〈虫＝小さな生物〉という固定観念を吹っ飛ばすように圧倒的な存在感を放つ昆虫たちは、まるで恐竜だ。見ているうちに、別世界に迷い込んだような不思議な気持ちになる。実際の虫の目に映る世界は、複眼の構造やその位置から、人間と比べてはるかに視野は広く（時に三百六十度）、ずっと解像度が低い。つまり、写真のような像ではないのだ。

「人間であるぼくが『虫の目』を手に入れて、撮影できたんです」

　栗林慧さん(67)はうれしそうに解説してくれた。一般的な接写レンズでは、虫は写せても背景はボケてしまう。手前の虫を拡大しながら、遠距離まで写し込めるのが栗林さんが独自に開発した「虫の目レンズ」による写真である。「内視鏡やビデオカメラなどいろんなレンズを使って、二十年近い試行錯誤を重ねました。たどり着いたのが、急速に精度がアップした監視カメラの小さなレンズ」。セキュリティー社会の思わぬ副産物というわけだ。

撮りたい作品のためにレンズから手作りするのが栗林流。『栗林慧全仕事』は、「誰も撮影したことがない写真を撮る」ことを自らに課してきた栗林さんの業績をまとめた、二〇〇一（平成十三）年時点の総括である。表紙を飾るのは、長崎県平戸島の川内《かわち》峠で撮影した威風堂々たるトノサマバッタ。人の目と虫の目が一つになった視野に広がるのは、なじみ深くも、「新鮮な驚きを与え続けてくれる」西九州の里山の緑、海の青である。

＊

アンリ・ファーブル（一八二三―一九一五）は、人生半ばを過ぎて南仏の小さな村、セリニアンに移り住んだ。地元でアルマス（荒れ地）と呼ばれる裏庭で昆虫観察を行い、『昆虫記』をつづっていった。トノサマバッタが見下ろす長崎県・田平《たびら》の里山こそ、栗林さんにとってのアルマスである。

その原形は約四十年前、東京都の高井戸にあった。当時、学習研究社（学研）で児童向け雑誌「科学」に携わっていた編集者、桑原隆一さん（66）＝東京在住＝は、カメラ雑誌で見たアリの写真に息をのんだ。

「一番驚いたのは、生きて動き回るアリの生活が撮影されていたこと。当時は、信じられないことでした」

サラリーマン生活の傍ら昆虫の撮影を始めていた栗林さんのデビュー作となった組み写真「アリ君の日記」である。桑原さんは「科学」用に新たな撮影を依頼し、数日後、高井戸にあった栗林さんの借家を訪ねた。桑原さんら学研スタッフを待っていたのは、裏庭の穴掘りだった。

「巣の奥にいるアリの生態を観察するために一晩かかって深さ約四メートルの穴を掘ったんです。翌日、クリ（栗林）さんが撮影したんですが、そのときのカメラが独特なものでした」

「昆虫スナップカメラ」と名付けた改造カメラである。当時のフィルム感度は低く、動く昆虫の接写は極めて困難という時代だった。不可能な撮影を可能にする――。写真家・栗林さんのキャリアは、新技術開発の積み重ねでもある。光学や加工に関する知識はすべて独学。「必要こそ発明の母ってわけです」

昆虫スナップに次いで挑戦したのは「瞬間を止める」こと。チョウの羽ばたきは三千分の一秒程度のシャッター速度で止めることができたが、花から花粉が飛散する瞬間など「植物の動き」を止めるには五万分の一秒が求められた。自作の高速電磁シャッター、光センサーを用いた自動撮影システムを開発した。九八年に完成し、バッタやカマキリなどある程度の大きさの昆虫をとらえてきた「虫の目レンズ」は、デジタル時代に入って、アリの目線でアリを撮ることができるように進化した。
「アリの行動は社会的で観察して飽きない。体が小さくて、巣穴が狭いなど撮影条件が厳しいから、アリが撮れたら、撮れない昆虫はない」。アリの撮影から始め、アリに導かれて、ついに手に入れたアリの目である。

＊

時計を解体して親にしかられる。昆虫採集や飼育に熱中する…。多くの男の子をひきつけてやまない「メカと虫」。思春期の終わりとともに関心は薄れていくが、栗林さんの場合、二つは融合したまま雪だるまのように膨らんで、今に至る。自然豊かな田平は「子どものころから友達だった虫がたくさんいる格好のフィールド」。昆虫が活動を停止する冬季は、静かに技術の研究開発、工作に集中できる。「永遠の少年」の生活である。

以前、撮影中の栗林さんを追ったテレビ番組を見た。撮影中の栗林さんの背中か肩の辺りにトンボが止まったシーンは今も鮮明だ。約六年間、栗林家に〝居候〟した兵庫県立大学教授の大谷剛さん(59)＝昆虫行動学＝は語る。「自然と一体化するのか、気配がなくなるのか、なぜか虫が逃げない。不思議な人です」
「アリの目になって足元を見つめると、実に豊かな世界が広がってることにあらためて驚いてます。ファーブルがペンで描いた世界をぼくはカメラで表現しているんです」
不思議な形のカメラを手に、腰を折って、地面を見つめる男を田平で見かけたら、それは現代のファーブル、栗林さんである。

（文＝岩田直仁）

栗林　慧　一九三九（昭和十四）年、中国・瀋陽で生まれ、三歳の時、父の郷里・長崎県北松浦郡田平町（現・平戸市田平町）に転居。父の死に伴い、五〇（昭和二十五）年に一家で東京に移り住んだ。保険会社勤務の傍ら写真の基礎を学び、六九年にフリーの生物生態写真家になる。七七年、郷里の田平町に戻り、長崎県北部をフィールドに昆虫を追うことになる。七八年、日本写真協会新人賞を受賞するとともに、写真展「源氏蛍」で伊奈信男賞を受ける。独自に開発した撮影機材を駆使して昆虫の近接撮影を行うほか、五万分の一秒という超高速写真で飛翔中の昆虫を撮影するなど、前例のない生態写真を次々に発表し、九一（平成三）年には西日本文化賞を受賞。主な著作に日本写真協会年度賞に輝いた本作のほか、『The　MOMENT』『昆虫の飛翔』など。二〇〇六年、科学写真のノーベル賞といわれる「レナート・ニルソン賞」を受賞。〇八年、平戸市名誉市民、紫綬褒章。

43

『志賀島《しかのしま》』

岡松和夫

終戦。
視線の先には…

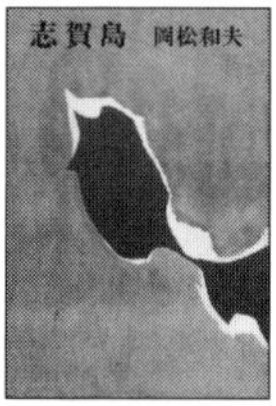

1976・文藝春秋／のち文春文庫ほか

『志賀島』は、博多湾の海岸線が今日のように埋め立てられていない時代、戦中、戦後の博多が舞台である。主人公の宏と友人の竹元という二人の少年が、志賀島で訓練を受けるところから物語は始まる。

　宏は勉強が得意だった。竹元は、双葉山のような強い力士に…と、その祖母が願うほど、腕力が自慢の子どもだった。訓練は海軍下士官が指導者となり六年生の男子を引率して志賀島に行く。罵声《ばせい》を浴びせられ、体罰もあり、少年たちは三日間の訓練に苦しむ。そんな中で、宏らの目は、引率した二人の先生に向けられる。彼らは軍人には何も言えず、息を殺して黙認するしかなかったのだった。

＊

　岡松和夫は、旧制・福岡中学校（現・福岡高校）から旧制・福岡高等学校（現・九州大）に進み、一九五〇（昭和二十五）年、東京大学に入学するまで福岡で暮らしている。父は早く死に、母が派遣看護婦として病院で働きながら岡松を育てた。福岡大空襲で家が焼失し、戦後は職も失うなど、母も神経をすり減らして亡くなっている。

　福岡市博多区対馬小路《つましょうじ》に住む黒岩富重さん（77）が振り返る。奈良屋《ならや》国民学校（現在の博多小）で、岡松より二学年上だった人物だ。

「志賀島、玄界島、能古島《のこのしま》…うちの二階から博多湾がぐるりと見渡せました。その家は空襲で焼けて、今の家とは違うとですが…。ジグザグに逃げ回って、最後は現在の那の津大橋付近から海に飛び込んだ。何百人って浮かんどりました」。空襲の記憶は今も鮮明であった。

　岡松は「僕にとっては自分の家が無くなってしまった六月十九日（福岡大空襲の日）が敗戦」と言う。子どもにとっては、玉音放送があった八月十五日が終戦ではなかった。大空襲で岡松が暮らした奈良屋校区は、小学校の鉄筋校舎を残して焼け野原となり、博多湾に浮かぶ島々が、よく見えるようになったという。

　岡松作品の多くは博多で暮らした日々をベースに綴《つづ》られ、この時代の体験が岡松の作家としての基盤を作ったことを物語る。

＊

　志賀島での訓練の最終日、竹元はカッターを漕《こ》いでいて遭難し、水死しかける。自力で助かったが右目は失明状態となる。大らかな夢を持っていた竹元の人生は、しだいに暗転していく。大空襲をはじめさまざまな不幸が二人を襲い、最終的には宏も竹元も天涯孤独の身となるのだった。

岡松の筆は淡々として明るさを失わなわない。そして、少年の視線に徹する。空襲や九州大の米軍捕虜生体解剖実験などにも触れるが、深入りはしない。むしろ物語の節目ごとに出てくる双葉山（一九一二―六八）についての記述が印象的。この大横綱が時節の推移を現すのに重要な役割を果たしているのだ。

双葉山は不滅の六十九連勝で知られるが、その連勝記録が始まったのは、二・二六事件の約一カ月前。引退は終戦年の十一月。黄金期は軍国日本の時代と重なる。その連勝が日本軍の不敗神話と重なり、国民に神格化されていった。

岡松は、大横綱の力の衰えを通じて日本の敗戦をにおわせていく。自身も、作中の少年二人のように双葉山にあこがれていた。双葉山と懇意にしていた親戚もいて、戦後、上京したときに双葉山本人も見かけたことがあるという。

「でも、そういう、『私的な双葉山』ではなく、この作品では戦前の『公的な双葉山』のイメージを使った。双葉山を時代の変動のシンボルみたいに使おうと思った」と岡松は言う。

宏の母親は終戦を境にふさぎ込むようになって自殺し、陽気だった竹元の母も何者かに殺される。小説に無常感が漂う。双葉山はそんな激動期の象徴であった。

＊

東京大学への進学のために上京する宏を送るラストシーン。二人は博多港の船だまりで、志賀島の方に視線をやる。靄《もや》がかかり、宏の眼に志賀島は見えない。竹元は目を閉じて言う。

「志賀島が見えるねえ。昔のままや」

博多の人々がそれぞれに終戦を実感したころ、周囲は焼け野原で視線を遮る建物はなかった。失意の日々の中で、ふとした視線の先に志賀島を含む博多湾の風景をみて、心の安らぎや希望を感じた人もいたのではないか。

時代は様変わりし、二人は少年から大人になろうとしていた。それでも志賀島は、厳かに泰然として存在している。竹元はさらにこう続ける。

「こうして眼をつぶらんと見えんとやけん」

風景は同じでも眺める側の眼差《まなざ》しは変化する。すでに無《む》垢《く》な子どもの視線では無い。ゆえに、眼をつぶらないと見えない風景もあるのだ。惨めな時代に決別し、不幸な運命と和解して二人は巣立っていくのだった。

今日、志賀島は林立した高層建築物に遮られてなかなか見えない。「眼をつぶらないと見えない」という竹元の逆説は、私たちに訴えかけているようである。「想像力」という眼差しを、今、あなたは持っているだろうかと。（文＝内門 博）

岡松和夫　一九三一（昭和六）年六月二十三日、福岡市妙楽寺町（現在の博多区古門戸町の一部）に生まれる。一浪後、東京大に入学。五九（昭和三十四）年に『壁』で文學界新人賞。『墜ちる男』『小蟹のいる村』『熊野』がそれぞれ芥川賞候補作となり、七六年に四作目の候補作『志賀島』で同賞を受賞した。

中上健次の『岬』との同時受賞だった。初期は福岡大空襲、戦後の母の死など少年期の体験を基にした作品が多かったが、上京後の東大時代を描いた作品、一休や源実朝など中世の人物を題材にした歴史小説など作風の幅を広げていく。八六年『異郷の歌』で新田次郎文学賞、九八（平成十）年『峠の棲家』で木山捷平文学賞。二〇一二年一月二十一日死去。

44

『西郷隆盛』

海《かい》音《おん》寺《じ》潮《ちょう》五《ご》郎《ろう》

歴史と人、結縁させようと

1964・朝日新聞社／のち朝日文庫、角川文庫ほか

司馬遼太郎の才能を最初に見いだしたのは海音寺潮五郎であった。

一九五六（昭和三十一）年、司馬が講談倶楽部賞を受賞してデビューしたとき、さらに四年後に直木賞を受賞したとき、ともに海音寺が選考委員を務めていた。司馬の候補作を強く推薦したという。

その司馬が西郷隆盛と大久保利通を主人公にした新聞小説『翔ぶが如く』を連載していた七五年十月、文芸評論家の磯貝勝太郎さん（71）＝東京都＝は海音寺宅を訪ねた。司馬の新聞小説が話題に上り、海音寺が漏らした言葉を磯貝さんは覚えている。

「朝刊が来るのが楽しみだが、司馬君でさえ西郷が書けてない」

海音寺は司馬を「天才」と評価していた。その上での感想である。

「やはり自分が書くしかないと思っている」

『西郷隆盛』の執筆を進めていた海音寺は言葉を継いだ。司馬の描く西郷のどこに満足しなかったのか具体的には語らなかったという。

「司馬さんは関西の人。薩摩人気質は、鹿児島出身で西郷を敬愛している自分しか書けないと思ったのでは」。磯貝さんはそう推測する。

海音寺にとって、西郷は単なる同郷の偉人ではない。海音寺が生まれたのは、西南戦争に敗れた西郷が城山（鹿児島市）で切腹してから、二十四年後。生地の鹿児島県大口市は西南戦争の激戦地である。海音寺が物心ついたとき、西郷と接し西南戦争を経験した人がまだ存命だった。海音寺は、そんな人々から西郷の話を聞いて育った。西郷は身近な英雄だったのだ。

＊

『西郷隆盛』は歴史小説家の海音寺が後半生をかけた大著である。六一年から新聞小説で約五百回連載したが終わらず、その後は大半を書き下ろし、単行本九巻にまとまっている。

小説ではない。史伝という。小説が作家の想像力を駆使するのに対して、それを排し、史実や史料をもとに書いた歴史文学を指す。

随所にこんな表現がみられる。〈小説でないこの文章では、これ以上のことは書けない〉〈精写するのは小説の領分だ〉などとして、創作を退けている。必要な場合は〈…に相違いない〉〈…であったろう〉と、想像である旨をことわる注意深さだ。

史伝は歴史書に近いものと言えるが、海音寺のそれには堅苦しさがない。想像力の代わりに手紙、日記、伝承などあらゆる史料を駆使してディテールを書き込み、さらに登場人物の評価、現代への警句なども織り交ぜる。

例えばこんな具合に。

西郷の為政者としての徳目を記した部分では〈愛情を欠いた為政者をぼくは信ずることが出来ない〉と述べ、現在の国会議員のぜいたくぶりに言及。〈国民の苦しみを自分の苦しみとして感ずる心を失わないことこそ、政治家や官僚の第一資格であろうと言いたいのだ〉と苦言を呈する。

別の個所では〈維新志士中の快男子ベスト・スリーを選ぶとすれば、ぼくは高杉晋作、平野国臣《くにおみ》、坂本龍馬の三人をあげたい〉と、自身の人物評を披歴する。

こうした工夫が無味乾燥になりがちな歴史記述に血肉を通わせた。

作家の童門冬二《どうもんふゆじ》さん（79）＝東京都＝は海音寺作品を敬愛する一人。「史実のとらえ方、史実の押さえ方がきちんとしている。後輩には教科書になる作品、導き手となる作家です」

＊

海音寺はどんな西郷像を書こうとしたのか。先述した司馬遼太郎は『翔ぶが如く』のあとがきで「主人公は要するに西郷という虚像である」と記している。つまり、周囲が作り上げた偶像に翻弄される西郷の姿を描いたのだと。対して海音寺が描こうとしたのは激動の時代に屹立《きつりつ》した、道義国家を目指す理想主義者としての西郷の実像だったのではないか。道義とは、西洋流のロジックでは導けない信や義を重んじる東洋の伝統的考え方であり、西郷の座右の銘である「敬天愛人」に凝縮される。

西郷の話を子守唄代わりに育った自分にしか書けないし、史実に基づいた史伝形式が最もふさわしいと、海音寺は考えたに違いない。とはいえ、これは記者の推測の域を出ない。なぜなら『西郷隆盛』は未完に終わっているからだ。

海音寺は六九年末、新聞や雑誌の原稿依頼を受けない〝引退声明〟を発表する。『西郷隆盛』の執筆に専念するためだった。「当時六十八歳。余生の長くないことを感じていたのでしょう」と、同居していた二女の末冨明子《あきらこ》さん（77）＝川崎市＝は述懐する。

　その明子さんが「西郷はなぜ西南戦争をし、大久保と敵になったの」と尋ねたことがある。「これから書くから、それを読め」が答えだった。だが、それはかなわなかった。

　七七年十一月十七日、栃木県・那須の別荘で海音寺は倒れた。意識は戻らず十二月一日死去。机には書きかけの『西郷隆盛』原稿が置かれていた。

*

　海音寺は『西郷隆盛』以外にも多くの史伝作品を手掛けた。同じ史伝作品の『武将列伝』あとがきで書いている。

〈歴史が一般の人に結縁《けちえん》し、人生の知恵になるのは、こういう史書によるとも、ぼくは思っている。ぼくが好んで史書を書き、史伝を書く理由の一つはここにある〉

「結縁」という言葉が印象的だ。また「歴史と断絶してこの世に存在するのは、自信が持てず、頼りなく寂しい」という主旨の文章もある。海音寺は『西郷隆盛』を通して、現代につながる転換点となった幕末・維新の歴史と読者とを結縁させたかったのだ。さらには歴史と結縁しながら今を生き、将来を見通すことの大切さも訴えたかったろう。

　二〇〇六（平成十八）年後半、高校で歴史系教科を中心にした未履修問題が噴き出した。歴史の軽視。私たちの社会は、海音寺の願いからずいぶん遠い場所へ、迷いこんでしまったのではないだろうか。

（文＝西山宏）

海音寺潮五郎　一九〇一（明治三十四）年、鹿児島県大口村（現・伊佐市）に生まれる。本名は末冨東作。大口尋常小学校、加治木中学校を経て、二一（大正十）年に伊勢神宮皇學館に入学。このころから文学を一生の仕事にしようと思い始める。国学院大卒業後、鹿児島や京都で中学教師を務める。二九（昭和四）年に「サンデー毎日」の小説募集に『うたかた草紙』を投稿し当選。三四年に教師を辞め、執筆に専念する。三六年に第三回直木賞受賞。歴史小説を次々に発表する傍ら、史実に即した史伝作品も精力的に手がけ、その復権に尽力する。六八年（昭和四三）年に菊池寛賞、七三年には文化功労者に選出され、七七年、大口市名誉市民となるも同年十二月一日、脳内出血と心筋梗塞のため七十六歳で死去。著作は小説に『天と地と』『海と風と虹と』など、史伝に『武将列伝』『悪人列伝』など。二〇〇一（平成十三）年より、短歌とエッセイを対象とした「海音寺潮五郎記念　銀杏文芸賞」（主催・伊佐市教育委員会）が開催されている。

45

みなそれぞれ
旅をしている

『旅愁』
横《よこ》光《みつ》利《り》一《いち》

1940・改造社／のち岩波文庫、講談社文芸文庫ほか

今でいえば、村上春樹や大江健三郎以上の存在だろうか――。そんなことをぼんやり考えながら、山道をたどった。大分県宇佐市赤尾にある光岡城跡。標高百三十メートルの頂きに『旅愁』の一節を刻んだ文学碑はある。地元の地域おこしグループ「豊の国宇佐市塾」が市民から浄財を募り、一九九三（平成五）年十月に建立したものだ。

「家を一歩外に出たもので　胸奥に絶えず　描きもとめてゐるふるさとと　今身を置く郷との間に　心を漂はせぬものは　恐らく誰一人も　ゐなかつたことだらう」

碑文の文字は、愛弟子の芥川賞作家・森敦（一九一二―八九）が書いた。「横光を『大恩の人』と呼んでおられたのが印象的でした。書痙《しょけい》に震える手で立派な書を書いてもらいました」。碑に案内してくれた松寿敬さん（42）が振り返る。松寿さんは横光文学研究の第一人者、井上謙・元日大教授の門下生である。宇佐市塾が八八（昭和六十三）年に横光利一のシンポジウムを開いた際、頼まれて井上氏と一緒に揮《き》毫《ごう》のあっせん役を引き受けた。その縁で宇佐市民図書館に職を得て十年になる。

碑からは広大な宇佐平野と青い周防灘が一望できる。だが、あいにくこの日は曇り空。「もっとも、天気が良すぎてもはっきりとは見えませんが」と松寿さんは笑う。

小説の後半、主人公の矢代耕一郎は父の納骨のため、父祖の地である宇佐を訪れる。碑の言葉はこのときの感慨だ。矢代は、光岡城にこもった祖先がキリシタン大名・大友宗《そう》麟《りん》の軍勢に滅ぼされるさまを、峰々をわたる松風の音の中にまざまざと思い描く。実際の城主・赤尾氏は大友方に名を連ねており、史実とはまったく逆なのだが。横光はそう信じていたのだろう。

九州帰郷のくだりは、矢代をそのまま作家本人と置き換えてもいい。実際、横光の父・梅次郎の出身地は赤尾であり、自身、四三（昭和十八）年十一月に『旅愁』取材のため宇佐を訪れている。

「当時珍しかった大型ハイヤーが山門前にとまり、父はびっくりしたそうです。蓬髪《ほうはつ》をかき上げるしぐさがさまになっていて、顔を上向き加減にして正座する姿に『東京の偉い人は違う』と妙に感心していました」。

横光家の菩提《ぼだい》寺・西福《さいふく》寺の紫雲正順住職（53）が先代の玄順さん＝二〇〇〇年死去＝から聞いた話をしてくれた。当時、玄順さんは二十歳。作中にも「悧《り》發《はつ》な眼鼻立ちも美しかった」と表現されている。

墓参のため横光が山門を出ようとすると、勤労奉仕に来ていた女学生の一団が「頭《かしら》っ中《なか》！」と軍隊式の敬礼で歓迎したともいう。なじみの薄い「古里」での思わぬもてなしに、いたく感激したことだろう。

横光は福島県の東山温泉で生まれた。トンネル工事の測量技師だった父の仕事の関係で、幼いころから各地を転々とした。故郷を持たない根無し草の自意識がこの作家の生涯を望郷の念で覆っていたといえば、感傷に過ぎるだろうか。

「みなそれぞれ旅をしてゐるのだ、すべてのものは旅のものだ」との一節にも、作家の心情がうかがえる。子ども時代の多くを母の郷里三重県の柘《つ》植《げ》（現・伊賀市）で過ごし、初期作品の舞台とした横光だが、宇佐には自らのルーツとして特別な思い入れがあったようだ。三〇年、満州（現在の中国東北地方）経営の中核を担った国策会社・南満州鉄道の招きで菊池寛《かん》（一八八八―一九四八）らとともに満州に向かう飛行機の中で、夫人に宛てて「僕の國《くに》宇佐が見える」と記している。

三十代半ばで「文学の神様」と称された横光の評価は、敗戦を境に地に落ちた。文壇のトップランナーとして文芸銃後運動の中心にあったことが指弾されたのだ。「戦犯文学者」との汚名を着せられ、多くの弟子、崇拝者が離れていった。敗戦の悲しみと混乱の中、四十九歳で鬼籍に入った。

その軌跡は、ともに「新感覚派」として出発し、弟分だった川端康成（一八九九―一九七二）がノーベル文学賞の栄に輝いたのとは非情な対照をなしている。横光は戦後、黙殺され忘れられた作家となった。『旅愁』の不評が拍車を掛けたことも、論をまたないところだろう。

『旅愁』は、パリ、東京を舞台に、日本の精神文化と西洋の物質文明との相克を描いた思想小説と評される。確かに、矢代が古神道に関心を寄せ、国粋主義的傾向を強めていくなど、いわゆる「近代の超克」がテーマであることは一目瞭《りょう》然《ぜん》だ。この点が批判の対象となり、未完に終わった要因ともなった。しかし、短編『機械』に代表される観念的作品を数多く手掛けてきた横光が、最後は自らの足元に回帰せざるを得なかった背景にこそ、この作品を読み解く鍵があるような気がしてならない。

横光家の墓にも足を運んだ。荒れた竹林の中、大小の墓石群が小糠《こぬか》雨にぬれて、ひっそりとたたずんでいた。六十三年前、横光が目にした光景と、さほど変わってはいないはずだ。

横光という姓は全国的に珍しく、宇佐が発祥という。光岡城の隣だから「横光」――。西福寺の周辺は多くが横光姓だった。

（文＝本山友彦）

横光利一　一八九八（明治三十一）年福島県生まれ。小説家。早稲田大中退。菊池寛に師事し、一九二四（大正十三）年川端康成らと「文芸時代」を創刊、擬人法や比喩を多用した独特の文体で「新感覚派」の中心的存在となる。プロレタリア文学に対抗、心理主義に進み、自意識を持った現代人を描いた『機械』（三〇年）は文壇に大きな衝撃を与えた。『上海』『寝園』『紋章』『家族会議』などを発表、文壇を代表する作家に。三六（昭和十一）年ベルリン五輪取材のため新聞社の特派員として渡欧。翌年から四六（昭和二十一）年までの約十年間、『旅愁』を新聞、雑誌に断続的に書き継いだ。四七年日記体の小説『夜の靴』を発表後、胃潰瘍に急性腹膜炎を併発し死去。四十九歳。

46

『花と龍』

火野葦平

荒波に生きた母マン

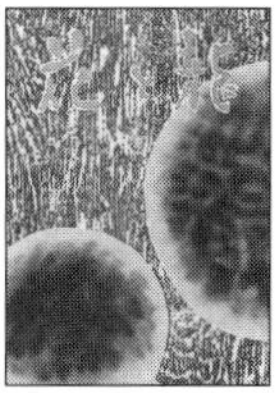

1953・新潮社／のち講談社（大衆文学館）、岩波現代文庫ほか

北九州の片隅に、気丈で進歩的な考えを持つ明治生まれの女性がいた。職業は、石炭を船に積み込む、地元で「ごんぞう」と呼ばれる「沖仲仕《おきなかし》」だ。男とともに汗を流し、すすで顔を真っ黒にしながら働いた。だが、日当は男の六割だった。〈男の中にだって、女の半分もできん人があるんじゃけ。それでも、賃銀は定められたとおり。不公平やわ〉

谷口マン。後に、火野葦平の母となる人物だ。小説『花と龍』の中で、マンはこう言い、矛盾をさらりと突く。一九〇〇年代初め、婦人参政権さえない時代にだ。

この作品は、葦平の両親の物語だ。一介の沖仲仕からたたき上げ、裸一貫で北九州の若松に石炭荷役請負業「玉井組」を築いた任侠《にんきょう》の父、玉井金五郎《きんごろう》とマン。金五郎の左腕にある、菊を握った昇り龍の入れ墨から作品名『花と龍』がつけられた。仕事の激しい奪い合い、反目、血なまぐさいけんか。荒々しい男の戦いが全編を貫く。

だが、もう一つ、しっかりと編まれたものがある。マン。時代の荒波に生きた女の足跡である。

＊

『花と龍』は五二（昭和二十七）年六月から約一年間、全国紙に三百二十四回連載された。金五郎の死から二年後に執筆した、鎮魂の作だった。

「この作品で、作家・火野葦平が誕生した。もう、戦争を引っ張っていない」。葦平の三男で、若松区にある葦平の旧居「河伯洞《かはくどう》」管理人の玉井史太郎さん（69）が語る。

「兵隊作家」。それまでの葦平は、社会からこんなイメージを背負わされていた。戦時中、軍報道部員として戦場の兵士の日常をつづった作品「兵隊三部作」が驚異的に売れ、国民的英雄に担ぎ上げられた。ところが戦後、立場は暗転する。戦意を高揚させたとして公職追放された。五〇年に追放解除。その後、取り組んだ大作が『花と龍』だった。

両親の伝を文学にする行為は、自分自身の足元、いわば原点を見つめ直す作業でもあっただろう。結果的に、作家

として、創作の出発点に戻るための重要な仕事になったのではないか。

物語にはフィクションが交じってはいるが、マン本人の気性が、会話の端々に込められている。妾《めかけ》を持つのは男の甲斐性《かいしょう》と平然といわれることに、腹を立てる場面。

〈メカケを持たぬ者が、かえって、馬鹿にされる。そんなことが、当りまえみたいに通るのは、まちがいよ〉

昭和に入ると、石炭荷役の機械化が進み、沖仲仕の仕事は減少する。資本家との争議が続くが、労働者側の旗色は芳しくない。泣きたくなる金五郎。マンは、歯がゆくてたまらずに言う。

〈お父《と》さん、いっそ、ストライキをやんなさいよ〉

要所にちりばめられたマンの強さ。『花と龍』に実名で登場する葦平の親友、洋画家の星野順一の長男で、著書『河童群像を求めて――火野葦平とその時代』がある星野允伸さん（72）＝北九州市八幡東区＝は「戦後、男女平等という考え方が米国から入ってきた。葦平は時代の変化をとらえ、男の物語に女の生き方を組み込んだ」と考える。

実際、マンはたくましかった。十九歳のとき、故郷の広島県峯田村（現・庄原市）の奥深い山村を飛び出し、北九州の門司港へ。そこで、愛媛県潮見村（現・松山市）出身の沖仲仕、金五郎と出会う。若松で玉井組の看板を掲げ、葦平を頭に十人の子を産んだ。無学だったマンは、教育に力を注ぎ、息子は大学、娘は女学校に行かせた。

金五郎の女性問題で、里に帰ったとき。迎えに来た金五郎を、敷居をまたがせずにぴしゃりと追い返した。ようやく、葦平の迎えで若松に帰ってきている。

葦平が、仕事をめぐって他組の親分ともめた日の夜、玉井組の仲仕が続々と玉井家に集まった。手には刃物。相手の殴り込みへの備えだ。「殺気立った空気が流れた。見張りも出された。母はみんなに湯飲みをくばり、一升びんから冷酒を注いでまわった。母は落ち着いていた」。葦平の弟、玉井政雄が著書『地方文化人と東京文化人』にこう記している。

史太郎さんは言う。「マンは近代的で自我が確立した女性だった。時代よりも、早く生まれ過ぎた」

＊

若松港に立った。海に映った夕日が、魚のうろこのように小さくきらめいている。マンが見つめた海だ。

一八九一（明治二十四）年、筑豊興業鉄道が若松―直方《のおがた》に開通した。筑豊の石炭が若松に運ばれ、この港は日本一の石炭積み出し港に発展した。職を求めて労働者が流入した。街は、繁栄を極めた。

一九四二（昭和十七）年、国家総動員法に基づく個人企業整備で、玉井組は強制解散させられた。戦後、エネルギーは石炭から石油へ転換。ごんぞうの姿は、次第に消えた。

玉井組の宿敵、チャンチャンコのようなドテラを着た侠客「ドテラ婆さん」。相撲取りみたいなかっぷくのいい女親分だ。闇討ちされて瀕死《ひんし》の状態に陥った金五郎を、病院に見舞う。傍らで看病するマンは、ベッドに隠していた短刀をそっと抜いた。
〈夫をこんなむごい目にあわせたのは、ドテラ婆じゃ〉
〈さし殺して、自分も死のう〉
おなかに宿した子を思い、マンは短刀をさやに収めるが、このドテラ婆さんもまた強烈な個性を放つ。本名、西村ノブ。響《ひびき》灘を見下ろす若松区の小田山墓地に眠っている。

若松港からゆっくりと歩いても十分のところに、「河伯洞」がある。六〇年一月二十四日、葦平は二階の書斎で亡くなっていた。五十三歳。睡眠薬による自殺だった。

六二年一月二十四日、葦平の三回忌法要が営まれた。七十七歳のマンは、読経を聞きながら、静かに息を引き取った。玉井組とマン。歴史は閉じたが、文学となり、永遠に生き続ける。

（文＝野中貴子）

火野葦平　一九〇六（明治三十九）年、現在の北九州市若松区生まれ。本名は玉井勝則。旧制・小倉中（現・小倉高）時代に創作活動を始めた。早稲田大英文科を中退して二九（昭和四）年、玉井組を継承。三一年、若松港沖仲仕労働組合を結成し、労働運動に身を投じた。その後、マルクス主義に疑惑を抱いて再び文学の世界へ。小説『糞尿譚』で三七年下期の第六回芥川賞を受賞。日中戦争で出征した先の中国・杭州で、異例の陣中授与式が行われた。三八年、兵隊三部作『麦と兵隊』『土と兵隊』『花と兵隊』を発表。流行作家となる。四〇年、福岡日日新聞文学賞（現・西日本文化賞）を受賞。戦後の四八（昭和二十三）年、戦争協力者として公職追放される。五〇年、追放解除。他の代表作に『革命前後』など。毎年一月末、葦平を偲ぶ「葦平忌」が開催され、旧居「河伯洞」（市指定文化財）が公開されているほか、若松市民会館内に火野葦平資料館がある。

47

『鯨《くじら》神《がみ》』
宇《う》能《の》鴻《こう》一《いち》郎《ろう》

畏怖と讃嘆の果ての官能

1962・文藝春秋／のち中公文庫、集英社（『冒険の森へ　傑作小説大全7』に収録）ほか

その物語の冒頭は「あたし、…」で始まってはいない。「あたし、〇〇なんです」で始まる一人称の独白スタイルを生んだ官能小説の第一人者、宇能鴻一郎＝横浜市在住＝の出発点は純文学だった。

〈ここに一巻の古い鯨絵巻がある〉。芥川賞を受賞した短編『鯨神』の冒頭の一文である。

「わたし」は、巨大クジラと漁師との死闘を描いた絵巻を所有する旧家当主に会い、鯨神の言い伝えを聞き書きするというところから始まる。

明治初期の田舎の漁村で、子クジラを人間に殺された巨大なクジラ「鯨神」と、祖父と父、兄を奪われた一人の若い羽指《はざし》・シャキが繰り広げる壮絶な命のやりとりは、野性的なエネルギーに満ちている。羽指とは、極寒の海に飛び込み、クジラを最後に仕留める、捕鯨の主役のことだ。

後に「あたし」語りで官能小説の開拓者となる宇能は、当時二十七歳。クジラと若者の復讐劇を描いた純文学はやはり官能を描いた物語でもあった。

『鯨神』の舞台は〈肥前平戸島和田浦〉とある。地名は実在しないが、日本最大の捕鯨組織「益冨《ますとみ》組」があった生月《いきつき》島（長崎県平戸市）がモデルである。

執筆時、宇能は生月を訪れていない。東大の図書館で江戸時代の鯨供養の話に出会い、着想した物語だ。

クジラへのあこがれは、旧満州から引き揚げ後に移り住んだ福岡の地にある。父親は姪浜《めいのはま》（福岡市西区）の炭鉱で商売をしていた。中、高校生のころ、少年は生《いき》の松原の砂浜で海を眺めた。海にせり出し、夕日を浴びるぼた山のシルエットが、クジラの頭のように見えたのだった。

『鯨神』を収めた『芥川賞全集　第六巻』（文藝春秋）巻末の自著年表によると、漁業と鉱業が交ざり合った姪浜の集落で〈農村とは違った官能性〉を宇能は記憶に刻んだ。そして〈ツルゲーネフの「猟人日記」に感化され、空気銃をもって山野を徘徊〉していた。修猷館《しゅうゆうかん》高時代は、体育をほとんど欠席。理由は〈集団体操及び行進に、非常な屈辱を覚えた。これは性的な羞恥に極めて近かった〉ためだった。思春期に抱いた性趣向の違和感を引きずったまま、東大で文学に全エネルギーを注ぎ込んだ。その集大成が『鯨神』であった。

物語に描かれた男女の官能シーンはわずか数行である。宇能は男女の関係にではなく、巨大な鯨神に対峙《たいじ》した人間が〈畏怖と讃嘆〉の果てに抱く高揚、恍惚《こうこつ》、忘我のエクスタシーを描いた。

〈大洋のなかに突如としてあらわれた長い黒い浮州〉のような〈海上にそそり立つ黒い天守閣〉の背にまたがり、クジラの返り血を浴びながら、シャキは鯨神の小さな目を見る。

〈意外に静かに澄んでいて、なんの憤りや悪意も浮かんではいない〉

シャキの復讐心は和解に至り、お互いの血が海の中で一つに混じり合ったことを実感する。死闘の末に鯨神を仕留めた後、死を自覚したシャキは、最後に鯨神の白骨に語りかける。

〈お前らは、実にすばらしか奴らじゃ〉。鯨神もまた、同じ言葉でシャキに答え、物語は終わる。

相まみえて果てるセックスという行為を、一種の「死」と考えれば、鯨神とシャキはお互いを憎み、慈しみ、愛しながらむさぼり合い、昇華していったとも読める。

宇能が描いたエクスタシーは、人間と自然とがまだ対等に向き合っていた時代のものである。近代以前の狩猟は、生き物への畏怖や讃嘆を伴い、人は命のやりとりを自覚していた。

近代以降、技術（武器）は進歩し、人間は自然（生き物）をたやすく制圧できるようになった。一方的な関係性の中で、やがて生き物は重さや金額という価値観にとってかわる。捕鯨の歴史を展示している生月島の「島の館」学芸員、中園成生さん（43）は言う。

「宇能は生き物との関係性を元に戻そうとしたのではないか。人間は高揚感の後にくる罪悪感や、殺生《せっしょう》への引け目を感じて生きてきた。近代は生き物を数値化し、遠ざけてしまった」

宇能が芥川賞を受賞したとき、選考委員の多くが、彼の転向を予言するようなコメントを残している。

「宇能君はどんな風になっていくのか、私達とあんまり縁のないところへとび出していくような気がする」（丹羽文雄）、「忠告が宇能君に理解されないようならば、マス・コミの攻勢に会って、彼はたちまち売文業者に転落して行くだろう」（石川達三）。

純文学というコップのふちからどろっとこぼれ出ていた官能を、恐らく彼らは嫌悪したのではないだろうか。

官能小説で人気作家となった宇能は一時期、アマゾンやアフリカで狩りに興じた。が、ある日突然、出猟をやめた。鉄砲で遠くから撃つ行為に、いかなる官能も感じられなかったからだ。

七十二歳のいま、宇能は「文体は変わったが、鯨神からずっと、私は何も変わっていない。官能に満ちた合一を求めているのです」と話す。自然と人間とが相対し、エクスタシーを味わうことができた関係性は、もはや物語世界の中にしか存在しない。悟りに似た熱いうずきに従い、宇能は今も書き続けているのかもしれない。鯨神を追い続けたシャキのように。

（文＝塚崎謙太郎）

宇能鴻一郎　一九三四（昭和九）年、札幌市生まれ。本名は鵜野廣澄。少年期に東京、山口、福岡、旧満州、長野などを経て福岡市に移り住む。福岡県立修猷館高卒。五五（昭和三十）年、東京大文学部国文学科入学。同人誌「半世界」に参加。北杜夫、水上勉、川上宗薫らも参加していた。六一年、『光の飢え』が初めて芥川賞候補に。六二年一月、『鯨神』で第四十六回芥川賞受賞。大映で映画化される。七二年に連載した『肌あわせ』（「小説宝石」）と『女ざかり』（「週刊大衆」）から「あたし…」の一人称で始まる官能小説のスタイルを確立する。多くが日活ポルノ映画の原作となった。嵯峨島昭（さがしましょう）のペンネームで推理小説も執筆している。

48

『廃市《はいし》』

福永武彦

遠くから愛した
水の故郷

1960・新潮社／のち新潮文庫ほか

　物語の背景に水の流れる音が絶え間なく響いている。小説『廃市』は、卒業論文を書くため見知らぬ町を訪れた〝僕〟が、河の水音《みずおと》が気になって眠れないという場面から始まる。掘割《ほりわり》が縦横に通じ、白壁や蔵が残る古い町。「さながら水に浮いた灰色の棺である」という北原白秋の引用。舞台は白秋が〝廃市〟と呼んだ、柳川であるように思われる。

　福永作品のほとんどに絶望的な愛と死が描かれる。「愛と孤独の作家」と呼ばれたゆえんで、『廃市』はその特徴を顕著に帯びた作品だ。〝僕〟は宿泊先の旧家で、その家の姉妹と姉婿《あねむこ》との奇妙な三角関係を知る。夫が妹を愛していると信じ、身を引こうと寺にこもる姉・郁代。郁代を愛していると主張しながらも、郁代に出ていかれた寂しさで愛人をつくる夫・直之。黙したままの妹・安子。登場人物はそれぞれに誰かを愛しているが、本当の思いを相手に伝えず、ただ遠くから想うのみである。その「距離」が誤解を生み、悲劇の結末へじわりとつながる。

　彼らはなぜ自分の思いを伝えようとしないのか。私にはもどかしかった。考えるばかりで成就しない恋愛。そんな愛を描き続けた福永武彦がたどった人生はどんなものだったのか。福永がその作品のほとんどを執筆した長野県・信濃追分《おいわけ》を訪ねた。

*

　軽井沢で新幹線を降り、ローカル線で二駅先の吹きさらしの無人駅が追分である。福永と親交の深かった、故・堀辰雄の妻、堀多恵さん（93）の家はその無人駅から車で三分であった。

「福永さんは、故郷の話はあんまりなさいませんでしたね」。多恵さんは記憶をたどるように、話し始めた。

「〝お母さんのことを忘れるようにお父さんが東京へ連れてきたんだ、だから僕は九州を覚えていない〟とよくおっしゃってましたよ」

　福永の母は弟を産んだ直後、産褥熱《さんじょくねつ》で亡くなった。この時、福永は七歳。幼い息子に死んだ母親を思い出させることは酷だと考えたのか、父がとった行動は徹底していた。生まれて間もない弟を養子に出し、翌年には福永と乳母を連れ上京する。〈頑固なまでに記憶の再生に役立つあらゆる品物を破棄し、あらゆる交際を中止した〉（『幼年』）のだった。

　だが、失われたはずの幼少の記憶は「水の流れる音」となって福永の意識に染み付いた。幼少時代を回顧した『幼年』にこのように書いている。

〈次のような夢を私はしばしば見る。そこにあるのは一つの河である。それは絶え間もなく河音を響かせて流れている〉〈私は現在でも、目が覚めてから、ああ私はまた昔の私に帰って行ったと思い、その河が私の経験の中でいつどこに位置しているかを心に尋ねてみる〉

父の話から、三歳のころ小さな川のそばに住んでいたことを知った福永は、母親と一緒に眺めたであろう幼い自分を想像する。あのような幸福は東京へ移ってからは二度と訪れなかった、と。母と至福の時を過ごし、死別した九州での幼年時代は、作家としての福永の根源を決定付けたのだった。

＊

福永作品が死の影に包まれているのは、母の死の影響だけではない。二十七歳で肺を病んで以来、療養所への長期入退院を繰り返すなど、自身も常に死と隣り合わせにあった。ただ、福永が死を恐れている様子はなかったと多恵さんは言う。

「病気をかわいがるような、そんな感じ。僕はもうすぐ死ぬだろう、なんてことも平気でしょっちゅうおっしゃってました」

死を意識することは、より純化した「生」を重視させた。福永は六十一年の限られた時間を惜しむように、交際する人も仕事も厳選した。小説も、大学で月給を得ながら、少数の愛読者のために書き続けた。

今は廃虚と化した福永の山荘に向かった。落葉松《からまつ》の木が薄青い空に伸びるばかりで、辺りは生活臭がない。ここで一年の三分の一以上を過ごし、ときには関西や山陽に小旅行することもあったという。が、故郷・九州へは高校時代に一度旅して以来、二度と足を踏み入れることはなかった。『廃市』が出版された一九六〇（昭和三十五）年、福永は後記として次のように書いた。〈僕の作品の舞台は全く架空の場処である。そこのところが、同じロマネスクな発想でも白秋と僕とではまるで違うから、どうかｎｏｗｈｅｒｅとして読んでいただきたい〉。後にこうも述べている。〈柳河というところには、これまた行ったこともないのです〉

＊

故郷を遠くから見つめる福永の姿勢は、『廃市』に描かれた愛の距離と同じであろう。郁代にも直之にも安子にも、愛する相手を独占したいという欲望はあったに違いない。しかし彼らは、相手の気持ちを無視して自分の気持ちを押し通すことを、真実の愛だとは思わなかった。純粋に愛を守ろうとするからこそ、自分の気持ちを封じることを選んだのだ。それは故郷への清冽《せいれつ》な思いを守るために、あえて足を運ばなかった作家自身と重なる。

福永は、白秋の詩と柳川のモノクロ写真入りの本を頼りに『廃市』を執筆した。モノトーンの水の町――。それは心に描いた九州の情景、心の底に眠る哀しいほどに澄み切った水の故郷を描いたのであろう。魚すら寄せ付けない清流のように孤独な愛を。

（文＝川口安子）

福永武彦　一九一八（大正七）年、福岡県二日市町（現・筑紫野市）生まれ。母の死後、八歳で上京。十二歳で作家を志す。東京帝大文学部仏文科卒業直後、初めて軽井沢を訪れ、後に師と仰ぐ堀辰雄を知る。太平洋戦争中、軽井沢で中村真一郎、加藤周一らと詩を試みる「マチネ・ポエティク」を結成。二十六歳で原條あき子と結婚、翌年長男・夏樹（後の作家・池澤夏樹）が生まれるが、同年急性胸膜炎で入院し、病との闘いが始まる。三十二歳で離婚し、三年後再婚。五四（昭和二十九）年、信濃追分に山荘を得、以後毎夏を過ごす。『塔』『風土』などで注目を浴び、『草の花』や『廃市』『海市』などで人気を博す。六一年『ゴーギャンの世界』で毎日出版文化賞、七二年『死の島』で日本文学大賞を受賞。七九年、脳内出血のため死去。六十一歳。

49

『王国と闇』

山本作兵衛

ヤマの真実
伝えてこそ

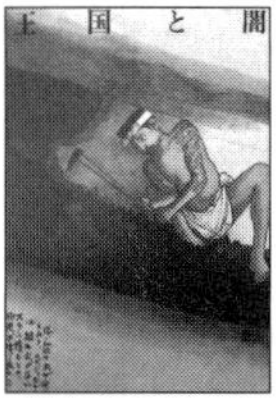

1981・葦書房

ふんどし一つ身にまとい、低く狭い坑道を腹ばいになって掘り進む入れ墨の男。後ろでは上半身裸で乳房をあらわにした女が、掘り出された石炭をかき集める。「先山《さきやま》」の夫と「後山《あとやま》」の妻の絵である。明治期の炭鉱は、こうした過酷な労働に支えられていた。添えられた説明文には「炭丈《スミタケ》四十五センチ位までは坐《すわ》って掘るが、それ以下は寝て掘る」とある。彩色された絵は細部までが克明で、妥協を許さない乾坤《けんこん》一擲《いってき》の筆致である。

山本作兵衛は、七歳から坑内に入り、五十年以上働いた生粋《きっすい》の炭鉱労働者である。ヤマの記録を後世に残そうと、六十六歳になって絵筆を取った。最初、絵の中の女性に半袖の作業着をまとわせた。

「すらごつ（空事）ばっか描いてから。あげんか熱か切り羽《は》で、上着ば着て仕事のでくるもんね」

かつて炭鉱で働いたある女性の指摘が、山本に絵の女性の服を脱がせた。見る者が受ける〝衝撃〟は格段に増した。以後、山本はありのままのヤマの情景を描いた。

「作兵衛じいちゃんが人々に与える感動は、私の目標です」。二〇〇六（平成十八）年十一月、東京で山本の作品を基にしたドキュメンタリー映画『炭鉱《ヤマ》に生きる』（萩原吉弘監督）の上映会があった。鑑賞した山本のひ孫の緒方ももさん（19）＝東京藝術大一年＝は、目を輝かせた。「私のような炭鉱を知らない若い世代のために作兵衛じいちゃんの絵はあるんです。人間の力って素晴らしい」

　自分の音楽でだれかに感動を伝えたいと願う緒方さんは、山本が毎日筆を握ったように、今日もバイオリンの練習に励む。

＊

「ヤマは消えゆく、筑豊五百二十四のボタ山は残る。やがて私も余白（原文のまま）は少ない。孫たちにヤマの生活やヤマの作業や人情を書き残しておこうと思い立った」

　山本が炭鉱記録画の絵筆を握ったのは一九五八（昭和三十三）年。福岡県田川市の炭鉱事務所で宿直警備員になってからだった。「学問のない者が文章にしても、くずかごに捨てられればおしまい。子どものころから好きだった絵なら、見てくれるかもしれない」と述懐している。

　画題を考え出すのに苦労しながら、子ども用のスケッチブックに墨絵を描き始めた。書きためていた「作兵衛ノート」などの記録と、常人離れした記憶を頼りに明治中期までさかのぼり、坑内で働く炭鉱労働者やその生活ぶりを画用紙に落とした。途中から水彩画に転向し、一度筆を下ろすと時間がたつのも忘れ、夜中の二時や三時まで根《こん》を詰める。地底での労働風景から、時代ごとの採炭道具、時々の流行や風俗まで、その画題は実に多彩だ。

　山本の絵の特徴は、余白をびっしりと埋めた解説文にある。数多くの大学ノートや大小の手帳、日記帳が残っており、炭鉱関係の精密な記録や日々の雑事などが記されている。

「どんなにささいなことでも記しておこうという執念が感じ取れる」。田川市石炭・歴史博物館の森本弘行学芸員(47)は、記録者・山本をたたえる。スケッチブックは、年ごとに冊数を増していった。

　六二年五月、田川地区の中小炭鉱の鉱主仲間を中心に山本の画集を出版しようという計画が持ち上がる。翌年、『明治大正炭坑絵巻』が完成した。以後、山本の記録画は何冊かの画集として出版され、八一年の山本作兵衛炭坑画集『王国と闇』で、水彩画も集大成を迎える。

　ヤマから上がった労働者が炭塵《たんじん》の汚れを流す共同混浴風呂。山本自身と思われる少年が、幼い子どもを背負って坑道を歩くうらぶれた姿。炭鉱の実態が凝縮された画集は、山本の名を全国に知らしめた。

＊

　山本の孫の緒方恵美さん(45)＝同県飯塚市＝はこう打ち明ける。

「実は、じいちゃんは伝えたいヤマの真実を最初は原稿用紙に書いていたのです。真っ正直なじいちゃんは、自分が見聞きした炭鉱のすべてを書いた。ところが、その内容があまりに赤裸々で、こんな文章を発表したら筑豊の地で暮らせなくなると、家の者が猛反対した。このため、じいちゃんは、原稿用紙を焼き捨てて、絵に思いを託したのです」

二〇〇二年四月、山本が暮らしていた田川市の旧宅が取り壊されることになり、山本が亡くなる前日に描いたとみられる絵や手帳、日記などが発見された。この日記を解読する作業が市民グループの手で進められており、恵美さんも参加している。

筑豊から炭鉱が消えて三十一年。山本が鬼籍に入って二十三年がたった。草木も生えぬと言われたボタ山は緑に覆われ、旧炭鉱住宅は鉄筋コンクリートの住宅に建て替えられた。山本が描いた「ヤマの絵」は遠い昔の日々の追憶になりつつある。

山本が水彩画に転じたのは、当時の田川市立図書館長、永末十四雄氏の薦めという。「うそを一寸でも描くことが嫌い」だった山本が後年、ざんげしている。

「私の絵には一つだけうそがあります。坑内は真っ暗でこんなにはっきり（色は）見えやしません」

森本さんは「資料価値を高めるためにも、彩色が必要だった。永末氏の薦めを受け入れたのは、真実を伝えたいという思いが、よほど強かったからだろう」と推測する。今、山本が暮らした筑豊では、負の遺産と言われ続けた石炭や炭鉱遺跡の見直しが進んでいる。正も負も、歴史をありのままに後世に伝えることから、地域に真の誇りが生まれるのだろう。

「私はうそは描けまっせん。記録ですけん」。真っ正直に筆を握り続けた山本の言葉が、重みを増している。

（文＝河合仁志）

山本作兵衛　一八九二（明治二十五）年、福岡県嘉麻郡笠松村（現・飯塚市）生まれ。立岩尋常小学校を卒業後、一九〇六年に山内炭坑（同市）の炭鉱員となる。以後、五五（昭和三十）年まで十二の小炭鉱を転々としながら、日記や手帳などにヤマの記録を残す。五七年、田川市の炭鉱事務所の宿直警備員となり、翌年から炭鉱の記録画を描きだす。六三年、約三百枚の墨絵から百四十枚を選んで『明治大正炭坑絵巻』を刊行。作品百四十点に伝記を加えた『画文集　炭鉱（ヤマ）に生きる』（六七年）は大きな反響を呼んだ。彩色画と墨絵とを合わせた本格的な画集『山本作兵衛画文　筑豊炭坑繪巻』（七三年）と、山本作兵衛炭坑画集『王国と闇』（八一年）でその名を全国に知られた。七七年、西日本文化賞受賞。八四年、老衰のため死去。九十二歳。二〇一一（平成二十三）年、六百点以上にのぼる炭坑画や日記等がユネスコ世界記憶遺産に登録された。現在、作兵衛の作品は田川市石炭・歴史博物館などで展示されている。

50

戸惑い背負って、歩き続け

『山《さん》頭《とう》火《か》日記』

種田山頭火

1989・春陽堂（山頭火文庫）

満州事変から三カ月後の一九三一（昭和六）年十二月二十四日朝、山頭火は熊本県山鹿《やまが》市の宿を出立し、福岡県境の峠を目指していた。

菅笠《すげがさ》をかぶり、色あせた黒染めの法衣《ほうえ》をまとっている。頭《ず》陀《だ》袋には大学ノートと万年筆をしのばせている。宿から峠まで十六キロ。途中、門前や往来で経を唱え、米や金銭の施しを受けながらの上り道だから、峠を越えたのは日差しが傾き始めた午後だろう。夜には雪が降り、辺りを白く染めた。

うしろすがたのしぐれてゆくか

山頭火の作で最も有名なこの句は、峠を下ってたどりついた福岡県八女市で作られている。日記に、この日のことを次のように記している。

〈昨夜は雪だつた、山の雪がきらきら光つて旅人を寂しがらせる、思ひだしたように霙《みぞれ》が降る〉

四十九歳。四度目となる放浪の途上だった。

＊

山頭火は旅路の出来事を大学ノートに記し、一冊書き上げるごとに、生涯の支援者で親友だった福岡県柳川市出身の医師・木村緑平（一八八八―一九六八）のもとに送っている。最初の日付は一九三〇（昭和五）年九月九日、熊本県八代《やつしろ》市。「行乞《ぎょうこつ》記」と名付け、次のような文で始まる。

〈私はまた旅に出た、愚かな旅人として放浪するより外《ほか》に私の生き方はないのだ〉

この言葉は、山頭火の人生そのものと言っていい。

山口県防府市にある実家の造り酒屋を破産させ、妻子を連れて熊本市へ。酒浸りの日々を送り、三年後には単身で上京。関東大震災に遭い、いったんは家族のもとに戻るものの、再び酒におぼれて禅寺に入門。熊本県植木町（現・熊本市北区）の観音堂の堂守となり、一年後にはここも放り出している。何度か自殺も試みているらしい。

分け入っても分け入っても青い山

観音堂を出た直後の二六（大正十五）年四月、宮崎県高千穂あたりで作られた句。前書きに〈解くすべもない惑ひを背負うて、行乞流転の旅に出た〉とある。このときは東九州から山陰地方、四国と四年近く歩いているが、詳しい道筋は分かっていない。山頭火は「行乞記」以前の日記や手記をすべて焼いてしまっているからだ。

「解くすべもない惑ひ」とは何か。自殺した母と弟への思慕。妻子への自責。文学への情熱。断ち切れない煩悩《ぼんのう》。破滅への願望――。とどまれば押しつぶされそうになり、歩き続けるしかなかった。

＊

八代市の日奈久《ひなぐ》温泉に、山頭火が宿泊した「織屋」を訪ねた。現在は旅館を廃業しているが、二階建てのこぢんまりとした建物は当時のまま保存されている。引き戸を開けると土間の先に急な階段があり、旅人を泊めた八畳間へ続く。「行乞記」二日目。山頭火はここに三泊し、なかなか腰を上げようとしない。

〈温泉はよい、ほんとうによい、ここは山もよし海もよし、出来ることなら滞在したいのだが、――いや一生動きたくないのだが（それほど私は労《つか》れているのだ）〉

それでも山頭火が旅立つのは、彼の研究を続ける熊本市在住の俳人、星永文夫さん（73）が指摘するように「文学者としての業《ごう》」だったのだろう。歩き、句をつくることで「解くすべもない惑ひ」は昇華されていく。その後に残るのは、幼子のような魂を持つ人間・山頭火である。

「行乞記」によると三〇年九月―十二月、山頭火は宮崎から鹿児島、大分、下関、北九州、福岡、久留米と九州をほぼ一周している。前半は僧侶らしく、托鉢《たくはつ》をして日々の糧と宿代を得ているが、後半は木村緑平ら各地の友人を訪ね、酒ざんまいの日々。

　酔うてこほろぎと寝てゐたよ

　あるひは乞ふことをやめ山を観てゐる

気楽というか勝手というか。その稚気に読者は苦笑せざるをえない。もちろん、本人は大まじめなのだが。

＊

戦後四度目の山頭火ブームだという。六〇年代半ばの高度成長期、七〇年代半ばの激動期、昭和から平成を挟んだバブル経済期、そして団塊世代の大量定年期。時代の節目に、人々は放浪の俳人を求めてきた。

「かつては社会のアウトサイダーとして興味を持つ人が多かった。今は幅広い年齢層が山頭火に生き方を学ぼうとしている」。全集や句集など数多くの著作を出版する出版社「春陽堂書店」（東京）の編集者、安永浩美さん（55）は言う。私たちにとって山頭火そのものがひとつの物語であり、俳句や日記はその作品の一部と言えなくもない。

植木町の観音堂を出て十三年。山頭火は松山市に庵《いおり》を結ぶ。亡くなる一カ月前にはこんな句を作っている。

　もりもりもりあがる雲へ歩む

今、あの空のどのあたりを歩いているのだろう。

（文＝山本敦文）

種田山頭火　一八八二（明治十五）年、山口県西佐波令村（現・防府市）生まれ。本名は正一、後に耕畝（こうほ）と改名。山頭火は俳号。九歳のとき母フサの投身自殺を目撃する。早稲田大文学科中退。実家の酒造場を手伝い、二十六歳でサキノと結婚。このころから俳句に傾倒し、自由律俳句を提唱した荻原井泉水に師事。三十三歳で破産、熊本市に移り、古書店を開業する。やがて妻子を残して上京。関東大震災に遭い、熊本市で酔って電車を急停車させる事件を起こし、禅寺に入門。熊本県植木町の観音堂の堂守となったが、一年後に行乞の旅へ。四年余りの放浪の末、いったんは熊本に戻り、再び出立。九州各地を巡り、一時は山口市にも定住。一九三九（昭和十四）年に松山市で納屋を改造した「一草庵」に落ち着く。翌年、心臓麻痺で死去。五十七歳。山口県防府市に山頭火ふるさと館がある。

51

『長崎の鐘』

永井 隆《たかし》

浦上人《うらかみびと》は屠《ほふ》られたのか

1949・日比谷出版社／のち日本ブックエース（平和文庫）ほか

シャギリの音が鳴り響く諏訪神社の秋の大祭「長崎くんち」が近づくと、演《だ》し物を奉納する踊町《おどりちょう》の家々は、衣装や道具、祝儀や家宝を恭しく並べた座敷を開けっぴろげて道行く人を招き入れる。今や観光の見どころともなった庭見《にわみ》世《せ》という習わしは、キリシタン禁制の世にあって十字架や祭具など何も隠してはおりませんとつまびらかにする年中行事でもあった。

お諏訪さんをたたえる港町長崎と、二百五十九年に及ぶ弾圧に耐え、仏徒を装い信仰を守り伝えた北部の浦上《うらかみ》。この対比を永井隆は「エロスのまち長崎」「マリアのまち浦上」と称した。そして一九四五（昭和二十）年八月九日、原子爆弾ファットマンは、浦上上空五百メートルに炸裂《さくれつ》したのである。

浦上信徒の山田市太郎は永井にこう尋ねる。「誰に会うてもこういうですたい。原子爆弾は天罰。殺された者は悪者だった。生き残った者は神様からの特別のお恵みをいただいたんだと。それじゃ私の家内と子供は悪者でしたか！」

永井は答える。「さあね、私はまるで反対の思想をもっています。原子爆弾が浦上に落ちたのは大きなみ摂理である。神の恵みである。浦上は神に感謝をささげねばならぬ」

＊

これこそ私の最初の文章であり、最後の文章であると著者自ら語った『長崎の鐘』（四六年八月脱稿）は、爆撃の光景や救護、原爆の威力の科学的考察から永井と市太郎の対話に至る。

そこに挟み込まれているのが、爆死した八千五百の浦上《うらかみ》人《びと》の合同葬で信徒代表の永井がよんだ弔辞である。

「世界大戦争という人類の罪悪の償いとして、日本唯一の聖地浦上が犠牲の祭壇に屠《ほふ》られ燃やさるべき潔《きよ》き羔《こひつじ》として選ばれたのではないでしょうか…然《しか》るに浦上が屠られた瞬間初めて神はこれを受け納め給い、人類の詫《わ》びをきき、忽《たちま》ち天皇陛下に天啓を垂れ、終戦の聖断を下させ給うたのであります」

この言説を詩人の山田かん氏は「独善的なカトリックエゴイズム」と指弾した。一方でキリシタンの末裔《まつえい》で前長崎市長の本島《もとじま》等氏は、永井の信心を忖度《そんたく》し賛意を表す。殊《こと》に締めくくりに目を向ける。

「この貴い犠牲によりて世界に平和が再来し、日本の信仰の自由が許可されたことに感謝致します」

本島氏は述懐する。故郷上《かみ》五島の尋常高等小学校一年の紀元節の練習。最敬礼の号令に頭を早く上げすぎた。「お前はキリシタンだろう」と校長が怒鳴った。佐世保の夜間中学時代には教会で祈っていて石を投げられた。熊本の西部軍管区教育隊では、教官に「君は成績は抜群だが一番にはなれん。キリスト教だから」と言われた。

永井を看取《みと》った中島万利《まんり》司祭も九十九歳を間近に壮健だが、敗戦までは獄舎にいた。敵性宗教を喧伝《けんでん》するスパイ容疑のためであった。

燔祭《はんさい》の炎の中にうたいつつ白百合少女《おとめ》燃えにけるかも
永井隆

讃美歌をうたい息絶え、灰になった女生徒が通っていた純心女学校。その歴史を継ぐ長崎純心大学の卒業式は浦上天主堂で挙行される。

数年前の式辞で修道女の片岡千鶴子学長は爆心の歴史をひもといた。迫害に耐え七代にわたり教えを伝承した先達が幕末、信仰を表明したことで総流罪《るざい》となったこと。信仰の自由を得るや庄屋屋敷を買い取り天主堂を建てたこと。その祈りの家は原爆で瞬時に壊滅し、生き残った人は再建に取り組んだこと。「この人間の生きようを思い出し、自身を再建する力をくみ取ってください」と呼びかけた。

苦難に苦難をなめた末に原爆を身に受け「お諏訪さんに参らなかった罰があたった」と指さされた浦上信徒に、永井の弔辞にまさる慰めの言葉はなかったのかもしれない。

それにしても不条理を悲しむ。テニアンを飛び立ったボックスカーの機長チャールズ・スウィーニーはカトリックだった。プルトニウム爆弾は従軍司祭の祝福を受け、小倉、長崎市街地と目標をさまよった揚げ句、日本でも希有なカトリックの里を奇襲した。被造物たる人間は全能の神から、自由意思と責任を賜ったはずである。

＊

旧約時代のユダヤの民が、動物を祭壇で丸焼きにして神に罪の赦《ゆる》しを請うた燔祭と原爆死没者とをだぶらせた永井の思想を浦上燔祭説と呼び、神を持ち出したことで日・米の戦争指導者を免責してしまったと指摘するのは哲学者の高橋眞司・長崎大学教授である。永井の著作群を貫く燔祭説は浦上ならではの信仰の発露とはいえ「集団殺戮《さつりく》された死者の憤怒や怨念《おんねん》を慰める意味では重要な定式化といえるが、死者が願っているであろう平和の制度化という面では、病床に伏し、被爆後六年で亡くなった永井には限界があった」と話す。

連合国軍総司令部（GHQ）は『長崎の鐘』の出版に際し、GHQ諜報《ちょうほう》課が編纂《へんさん》した『マニラの悲劇』を特別付録とする条件をつけた。フィリピンでの日本軍の残虐行為の記録と、原爆投下を神の摂理と説く被爆記録を並べた意図は明白である。

だが、独裁者を目の敵にした二〇〇三（平成十五）年のイラク攻撃。それを諸手《もろて》で支持する国に暮らすわれわれに、高みから論評する資格はあるまい。凝視すべきは、神の名による戦争を傍観する己の罪にほかならない。（文＝田川大介）

永井 隆　一九〇八（明治四十一）年二月三日、島根県松江市で出生。松江高等学校から長崎医科大学に進む。浦上キリシタンの潜伏組織の代表・帳方の血をひく森山家に下宿したことで三四（昭和九）年、浦上天主堂で受洗。森山家の一人娘、緑と結婚。長崎医科大助教授時代に慢性骨髄性白血病と診断される。付属病院で被爆、救護に尽くす。四六（昭和二十一）年一月に教授となるが間もなく療養。四八年三月、母屋から二畳一間の如己堂に移る。『この子を残して』『花咲く丘』など翻訳を含め著書十七。長崎名誉市民第一号。五一年五月一日死去。市公葬には二万人が参列。長崎市および島根県雲南市に永井隆記念館がある。

52

『三毛猫ホームズの無人島』

赤川次郎

娯楽に埋め込んだ義憤

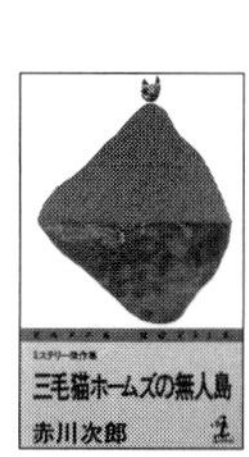

1997・光文社（カッパ・ノベルス）／のち光文社文庫、角川文庫ほか

「あっ珍しいな、と思いました」

光文社（東京）で長年、赤川次郎を担当した編集者・石坂茂房さん（42）は、「別冊小説宝石」一九九六（平成八）年初冬号に掲載された『三毛猫ホームズの無人島』の原稿を受け取ったときのことをよく覚えていた。「実在の地名が書かれていましたから。〈軍艦島〉って」

赤川の作品で、人名以外の固有名詞が登場するものは皆無に近い。

天才的推理能力を持つ飼い猫にヒントをもらいながら、殺人事件を解決する「三毛猫ホームズ」シリーズ。主人公は警視庁捜査一課の刑事だが、四十冊を超えた同シリーズには「東京」という文字すら、めったに出てこない。物語の舞台を特定する場合も、N女子高校、T高原とイニシャルで表記するだけ。風景の具体的な描写も極端に少ない。現実世界を連想させる表現をなるべく控え、会話を主体にテンポよく話を進めることで、血なまぐさい殺人劇さえも軽妙なユーモア・ミステリーに仕立て上げてしまう。幅広いファン層を持ち、毎年約二十冊という驚異的なペースで作品を刊行し続けてきた赤川の流儀の一端が、そこにはある。

ところが『無人島』には、長崎港沖に浮かぶ端島《はしま》（通称・軍艦島）が舞台と分かる言葉や情景描写が並ぶ。

＊

二〇〇七年現在、端島への上陸は禁止されている。ヘリコプターで空から迫った。長崎市上空に差しかかったころ、濃紺の海原にセピア色の〝艦影〟が浮き上がってきた。コンクリートで塗り固めた岩礁《がんしょう》に、高層アパートの群れを植え込んだ異形《いぎょう》の島がそこにあった。

最盛期の一九六〇（昭和三十五）年には、周囲約一・二キロのこの島に五千二百人以上が暮らした。人口密度は世界一。学校や病院だけでなく、パチンコ店、映画館、神社まであった。「住民同士は家族同然。あんな暮らしやすいところはなかった」。島で生まれ育った加地英夫さん（74）＝長崎市＝は振り返る。

隆盛を極めた後に訪れた劇的な凋落《ちょうらく》。七四年、石炭が掘り尽くされると島はまるごと棄《す》てられた。閉山から三十三年。最先端を誇った高層アパートはどれも爆撃を受けたかのように朽ち果て、瓦礫《がれき》が路地をふさいでいた。防波堤の内側に、壁画が見えた。島の子どもたちが卒業記念で制作したものだ。激浪でひび割れてはいたが、まだ色を失っていなかった。

島民が総員〝退艦〟を余儀なくされたのは閉山のわずか三カ月後。当時、小学一年だった松村洋子さん（40）＝長崎県時津町＝は「船が出るたび、蛍の光が大音量で流れていた」と話す。

＊

十年前、炭鉱の突然の閉山で無人島となった〈軍艦島〉。廃虚と化したはずの島に不思議な明かりがともり、かつてヤマで働いていた人々のもとに島でのパーティーの招待状が届く。差出人は閉山後に自殺したはずの元労働組合役員。懐かしさのあまり旧島民が続々と島に集まるが、かつての炭鉱会社の責任者が殺される。閉山をめぐる会社と労組の対立。会社による労組の分裂工作と裏切り。島民同士の愛憎。三毛猫のホームズは、冷徹な眼で人間たちを見つめ、謎解きの糸口を見つけ出す――。

描かれた題材はあくまで重いが、赤川の手にかかれば、あっさりし過ぎとも思えるほどの娯楽作品になる。ただ、「ある島」や「G島」ではなく〈軍艦島〉の物語として描かれていることで、赤川作品としては異色の〝現実臭〟が棘《とげ》のように読者を刺す。

「ここは私たちの故郷とも言うべき町でした。その町が、わずか半年ほどの間に、無人の、死の町となってしまいました」。登場人物の一人の叫びは、端島の旧島民の思いと重なる。

折からの廃虚ブーム。「軍艦島を世界遺産にする会」理事長で、高校時代まで島で暮らした坂本道徳さん（52）＝同県長与町＝は声を上げずにいられない。「端島を面白がるだけでなく、なぜ廃虚になったのかを考えてほしい」

＊

「ある炭鉱の閉山をめぐるドキュメンタリーをテレビで見たことがある」。赤川は脱稿後、こんな一文を光文社に寄せた。

「炭鉱の町が閉山によってたちまちゴーストタウンになってしまう光景は息づまるようだった。そして子供たちに訪れる突然の別れ。そのときの強烈な印象をもとに書いた」

文章は、こう結ばれている。「国や企業の身勝手を見て、ホームズなら呆《あき》れてものも言えないかもしれない」

デビュー直後からヒット作を飛ばし、文壇の高額納税者リストの上位を維持し続けてきた赤川だが、道のりは順風満帆ではなかった。

有名私立高校に通っていた十六歳のとき、父親が失業。一家は収入の道が断たれた。姉は大学を退学し、兄は学習塾を開いて家計を支えた。赤川自身も進学を断念。同級生で就職の道に進んだのは赤川だけだったという。昨年（二〇〇六）、日本ミステリー文学大賞を受けた赤川は、授賞式でこう語った。「世の中には、路頭に迷っても一言の抗議の声も上げられない人が大勢いる。そういう社会の大多数の人々の楽しみ、慰め、励みになると同時に彼らの思いを伝えられたら、作家として最高だ」

赤川が描いた〈軍艦島〉。石坂さんは「強者の論理で弱者が理不尽な状況に追い込まれることへの憤りを込めたんじゃないでしょうか」と読み解く。

ヘリが少し傾き、島の上空から離れた。端島の岸壁に打ち寄せる白い波。巨艦が沖へ向かって進んでいるように見えた。島は、どこへ行くのか。

（文＝坂本信博）

赤川次郎　一九四八（昭和二十三）年二月二十九日、福岡市生まれ。映画会社の九州支社長だった父、孝一の転勤で、小学二年のとき東京に転居。中学三年で『シャーロック・ホームズの冒険』を読んでミステリーに没頭、小説を書き始める。桐朋学園高校を卒業後、書店勤務を経て日本機械学会に就職、学会誌編集に携わる。二十八歳のとき『幽霊列車』でオール讀物推理小説新人賞を受賞。三十歳で刊行した『三毛猫ホームズの推理』がベストセラーになり作家専業に。『三姉妹探偵団』『吸血鬼』などシリーズ物を中心に、執筆作品は約五百作、累計発行部数は約三億冊に上る。二〇〇五（平成十七）年、日本ミステリー文学大賞、一六年『東京零年』で吉川英治文学賞。『セーラー服と機関銃』『探偵物語』『ふたり』など映像化された作品も多い。

53

天地間の人間とは何か

『源《げん》おぢ』

国《くに》木《き》田《だ》独《どっ》歩《ぽ》

1901・民友社（『武蔵野』に収録）／のち旺文社文庫、新潮文庫ほか

宇宙に流れている旋律。その響きは体の奥深いところで感じとれるものかもしれない。自然と人間の「融化」。大分県佐伯市の街並みが一望できる城山の頂に立ち、心を澄まして、国木田独歩を思うとき、こんなふうに自然と感応していたのではないか、と想像される。

一八九三（明治二十六）年、佐伯の私立学校に教師として赴任してきた独歩は、英国の詩人ワーズワースの「熱心な信者」であった。自然のうちに人間を見いだしたワーズワース。その世界が佐伯にあった。〈豊後の地、山険にして渓流多し。（中略）ここに余にとりて別天地の感ありたり〉。わずか十カ月ほどで終わった佐伯の時代を振り返った回想文「豊後の国佐伯」で、独歩はこう記した。

人生とは何か、と自問するとき、独歩は、その「美妙」な旋律だけに答えを求めなかった。「豊後の国佐伯」では、街頭で見かけた、ある現実について触れている。〈痩せて枯れ木のごとき手に握りて、何とも知れざるものを口に運びつつ行く〉乞食《こじき》である。〈地獄の垣を抜け出でし者かと、傍らの人に語りき〉。独歩は「天地孤独」という言葉を使った後、こう記した。〈余はしばしば『彼は何者』と自ら問はずして止《や》むあたはざりしなり〉。

人間を自然と融化した「自然の児《こ》」としてとらえるなら、人は決して「天地孤独」とはならないであろう。だが、独歩の心は、現実の世界にわだかまり、そこから、抜け出しはしなかった。ワーズワースを踏み出したところに独歩ならではの深みがある、と思う。初めて書いた小説『源おぢ』からにじみ出す哀愁。詩趣に満ちながらも、悲しみを帯びているのである。

＊

『源おぢ』は、佐伯の港で、渡しを生業にしていた源叔父と、「紀州」と呼ばれた十五、六歳の乞食の物語である。都から来た教師が港近くに下宿していたとき、宿の主人から、源叔父の話を聞いた。櫓《ろ》をこぐ源叔父の美しい歌声にひかれた百合という娘と夫婦になるが、百合は二度目のお産が重く、死んだ。一人息子の幸助も、十二歳のとき、誤って海におぼれ、死体は源叔父の舟の底に沈んでいた。

歌わなくなった源叔父。城下に出たとき、紀州と出会う。母に捨てられ、浮世の〈波の底を這《は》うもの〉として育った。その紀州を源叔父は家に引き取った。紀州に「わが子」としての愛情を注ぐが、それは、死んだわが子に紀州を重ね合わせた、一方的な愛である。渡しを終え、家に待つ子を幸せのうちに思い浮かべて帰る源叔父だが、紀州はいなかった。城下に出て連れ戻したが、源叔父は風邪をひき、床に伏す。目覚めたとき、紀州の姿はなかった。その翌朝、松の枝に首をくくった源叔父が見つかった。

独歩が『源おぢ』を書いたのは、佐伯を離れて三年後である。その間、有島武郎《たけお》の『或《あ》る女』のモデルになった佐々《ささ》城《き》信子と結婚。しかし、信子は半年もたたないうちに失踪《しっそう》し、離婚することになる。源叔父が紀州に求めた愛は、独歩のもとを去っていった信子への執着が反映されているとの解釈がある。愛するから、愛せよ。だが、そのような愛は成り立たない。いくら相手を愛しても、相手からは愛してもらえない。行き着くところは、救いようのない孤独だった…。源叔父は自ら死んだのである。

＊

「人間は、いずれは死ぬ。死と真剣に向き合った独歩の姿が浮かんでくるんです」。独歩文学の愛好者でつくる佐伯独歩会の大野寿一会長は、佐伯を舞台にした小説について、こんな思いを語った。

代表作に数えられる『春の鳥』は、数を覚えることも出来ない六蔵という少年が主人公である。物語の語り手となる教師は、城山の頂上にある天守台の石垣の角にまたがった六蔵を、こんな気持ちで見た。

〈白痴と天使、何といふ哀れな対照でしょう。しかし私はこの時、白痴ながらも少年はやはり自然の児であるかと、つくづく感じました〉

六蔵はある日、天守台の下で死んでいるのが見つかった。〈鳥さえ見れば目の色を変えて騒ぐ〉ほど鳥が好きだった六蔵。枝から枝へ自在に飛んでみせた鳥に、自分もなったのだろうと、教師は感じた。夕べの湖水のほとりで、梟《ふくろう》の鳴くまねをし、梟から返事を受けていた少年を歌ったワーズワースの詩「童なりけり」。教師は、この詩を取り上げて〈その霊は自然の懐に帰ったという心を詠じたものであります〉と、六蔵の死と重ねている。

六蔵の死と源叔父の死。二つの死を考えるとき、ワーズワースの世界に浸りながらも、一方で、そこを踏み出した現実へのわだかまりから、人間をとらえようとする独歩が見えてくる。

野嶋松之助。「紀州」の本名である。独歩が佐伯で、その姿を心に焼き付けてから、十二、三年後に死んだと伝えられる。風邪をひいたのか、橋の下で、ござにくるまっていたところ、何者かに火をつけられた。病院に担ぎ込まれたが、数日後息を引き取った。独歩が愛した城山のふもとに立てられた紀州の墓標を探すのだが、まだ見つからない。

（文＝下村佳史）

国木田独歩　一八七一（明治四）年、現在の千葉県銚子市で出生。裁判所勤務の父の転勤で、山口県の岩国、山口市などで少年時代を送った。東京専門学校（早稲田大の前身）英語普通科に入学。九一年にキリスト教に入信。同年、同校を退学した。九三年九月に大分県佐伯の鶴谷学館に教師として赴任、翌年八月まで佐伯で過ごした。その後、国民新聞社に入社して日清戦争の従軍記者となる。帰還後、佐々城信子と恋愛し結婚したが、離婚。失意の中「文学界に突入」し詩や短編小説を発表。処女作『源おぢ』を収録した小説集『武蔵野』、『春の鳥』を収めた『独歩集』など。一九〇八年六月、肺結核のため、神奈川県茅ケ崎で没す。大分県佐伯市に城下町佐伯国木田独歩館がある。

54

『五足の靴』与謝野鉄幹ほか

近代の足音軽く、南蛮文化訪ね

1974・筑摩書房（『明治文学全集 94』に収録）／のち日本郷土文芸叢書刊行会、岩波文庫ほか

〈五足の靴が五個の人間を運んで東京を出た〉と始まる紀行文『五足の靴』（一九〇七〈明治四十〉）の前文は、五人をこう語る。〈皆ふわふわとして落ち着かぬ仲間だ〉と。

当然だろう。九州西部のキリシタン史跡を約一カ月かけて旅し、紀行文をリレー形式で新聞に連載した五人の詩人・歌人のうち、引率の与謝野鉄幹を除けば、北原白秋、木下杢太郎、吉井勇、平野万里は鉄幹が興したばかりの新詩社の機関誌「明星」に寄った若き学生たちである。

日清戦争に続いて、西洋列強に日本の存在を示した日露戦争の終結が一九〇五年。ロシアに賠償金を負わせない講和条約への不満がくすぶり、講和破棄・戦争継続を求める声さえまだあった。「ふわふわと落ち着かぬ」。近代日本もまだ十分に若かった。

＊

それから約三十年の時が流れ、講和によって得た南満州鉄道で満州事変が起き、日本は泥沼の戦争に突入する。三九（昭和十四）年暮れ、中国に派兵された浜名志松さん（96）＝熊本県天草市＝は、野戦病院に入院していた。同じ天草出身の従軍看護婦から一冊の文庫本を見舞いにもらった。白秋著『明治大正詩史概観』（改造社）である。五人の九州旅行に触れた章があり、浜名さんは強く心に残ったという。

「文学青年だった私にとって、あの過酷で悲惨な戦争で、唯一の心温まる思い出です」

〈天草に渡り、大江村のカトリックの寺院に目の青い教父（パァテル）と語った。（中略）浪漫的のほしいままな夢想者であった新人、彼等は我ならぬ現実ならぬ空を空とし、旅を旅として陶酔した〉。その結果、『天草雅歌』を始めとした、いわゆる南蛮文学が生まれたと白秋はつづっている。

戦争を生き延びた浜名さんは、天草に戻り教職に就いた。「戦後は何もかも空《むな》しかった…。だからこそ、若々しい生命力と好奇心に満ちた五人が天草の険路を歩くイメージが、私の心をとらえたんだと思います」

存命だった吉井勇に手紙を送ると、福岡県の詩人、野田宇太郎が忘却の淵《ふち》から『五足の靴』を〝発掘〟し、四九（昭和二十四）年の著書『パンの会』で紹介していることを教えられた。以来、野田とも会い、五人の天草での足跡を追う研究にのめり込んでいった。

「約三週間の旅で三十キロも歩いたのは天草だけです。育ちのいいぼっちゃんたちが、ドカ靴はいてね。心の中には雲一つない、朗らかな青年たちが、南蛮文化に魅せられたわけです」

「平地が少なく、土地が痩せた天草の人間は、昔は『唐芋《からいも》食い』と笑われたもんです。それが五人の旅で『異国情緒の島』に百八十度印象が変わる。これこそ、天草の本当の姿なんです」。天草町（当時）の教育長も務めた浜名さんは研究を数冊の本にまとめた。往時をしのばせる山道を「五足の靴文学遊歩道」として整備する事業にも奔走した。

＊

五人の旅から今年（二〇〇七）でちょうど百年。富岡港から大江天主堂まで、天草西岸を実際に歩いてみた。〈外海の波が嚙《か》みつくがりがりの石多き径《みち》〉であり、時には〈川が路〉であり、杉木立を縫って走る山道であった道は、約三キロの遊歩道を除けば、現在は広い国道である。三つほどの坂を越えて約六時間で天主堂に着いた。一行が会った「青い目の教父」ガルニエ神父は無論他界していたが、神父に信仰を授けられた道田隆俊さん（86）が裏手に住んでいた。

一八九一年に来日し、清貧を貫いて天草に没した神父は、土地に溶け込み、五人を天草弁で出迎えている。

「優しいお父さまのような方でありました」。道田さんの丁寧な語り口から、神父の人柄が伝わってくるような思いを抱いた。

野田は五人が南蛮文化のエキゾチシズムにひきつけられた理由を、時代に求めている。日清、日露の二つの戦争に勝ったことは〈日本の国際的国家としての内面的自信力とはならなかった。むしろ勝っていよいよ自己の貧しさを知らされたのである〉と『パンの会』に記す野田は、〈貧しさを充《み》たすものはすべてヨオロツパ文化にほかならなかった〉と指摘している。白秋らが掲げた耽美《たんび》文学、芸術至上主義はすべてヨーロッパのモードを日本の風土で受け止める作業であった。

まだ若い近代国家・日本で、西洋に憧《あこが》れ、新たな芸術の地平を切り開こうと意気込む青年たちは、ガルニエ神父の穏やかな青い目の奥に、自らの芸術を支えてくれる優しき父なるヨーロッパを見たのだろうか？

楽な国道を歩くだけではなんだか五人に申し訳なく、帰路は山中の遊歩道を歩いた。杉の香りが心地よい。落花した赤いツバキが道しるべのように鮮やかだ。振り返ると木立の間から、西日に輝く海が見えた。天草の開放的な自然は今も変わらず、美しい。山道を意気揚々と登っていく五足の靴音が聞こえる気がして、耳を澄ませた。（文＝岩田直仁）

五足の靴　新詩社の機関誌「明星」に集った五人の歌人・詩人（与謝野鉄幹、北原白秋、木下杢太郎、吉井勇、平野万里）が一九〇七（明治四十年）年七月から約一カ月間、九州西部中心に旅をして、「東京二六新聞」に五人がリレー方式で連載した紀行文が『五足の靴』。北原白秋が代表作『邪宗門』の「詩風の曙」と位置付けるなど、近代文学史上、重要な紀行文だが、一時期忘れ去られていた。四九（昭和二十四）年、詩人、野田宇太郎が著書『パンの会』で紹介、再評価が進んだ。平戸、長崎、島原などのキリシタン史跡に立ち寄る旅のハイライトが天草下島。紀行文は現在、浜名志松著『五足の靴と熊本・天草』や岩波文庫版などで読むことができる。

55

『からゆきさん』森崎和江

期待と夢は
波間に散った

1976・朝日新聞社／のち朝日文庫ほか

口之津《くちのつ》は悲しき港ぞ　幾もの乙女らの涙の海
　鳴くぞ千鳥の鎮魂歌

長崎県・島原半島の南端に位置する「口之津歴史民俗資料館」（同県南島原市）。一九八四（昭和五十九）年、ここを訪れた俳優の森繁久弥《もりしげひさや》は、口之津港を眼前にして、こう詩に詠んだ。

題名は「からゆきさん」。

明治三十年代、口之津港は石炭の積み出し港として栄えた。三池炭鉱（福岡県）から掘り出された石炭は、同港で大型船に積み込まれ、海外に出港した。

その中で、アジア向けの船倉に押し込まれたのが「からゆきさん」。半ば強制的に身売りされた少女たち。森繁は、乙女の涙を口之津の海に見た。

民謡《島原の子守唄》には、こんな一節がある。

はよ寝ろ泣かんで　オロロンバイ　鬼の池ん久助どんの
連れんこらるばい

「鬼の池」は、口之津港の対岸の熊本県・天草の鬼池地区。「久助どん」とは天草の売人を指す。「早く寝ないと、天草の売人が来て、海外に連れて行かれるぞ」という内容だ。
口之津港の向こうに天草の島影がくっきりと見える。

＊

当時、農漁村は貧しかった。出稼ぎは必然だった。海外に出稼ぎに行く男性は「からゆきどん」、女性は「からゆきさん」と呼ばれた。どこか親しみを覚える、これらの呼び名には、故郷に残された家族の期待が込められていた。当人たちも稼ぐことを夢見た。

だが、男性はともかく、非力な女性の仕事は、限られていた。

〈天草を歩いたときのことである。老女は「働きにいったちゅうても、おなごのしごとたい」と、こともなげにいったのである〉

森崎和江は綿密に聞き取り調査をし、当時の新聞記事など膨大な資料調査をもとに『からゆきさん』を書き上げた。

渡航に抵抗感を抱かなかった天草人気質、人口増大で口減らしが余儀なくされた社会環境、幅広い性愛行為が許された農漁村の性習慣…。森崎は、からゆきさんの悲しみだけを書いたのではない。からゆきさんを生んだ風土も見つめた。

「からゆきさんを学術的に研究した初めての書物ではないだろうか」

天草の郷土史家、堀田善久さん（86）の評価は高い。

＊

森崎が、からゆき研究にのめり込んだきっかけが作品の中に描かれている。要約すると——。

綾さんから養母のおキミさんの不満を聞かされていた。「母の狂気…。ほんとうに、つかれるわ」。最初、義理関係ゆえの母娘の軋轢《あつれき》と思った。ところが、よくよく聞けば違った。おキミさんは、元からゆきさんで天草出身。綾さんの実母もからゆきさんだった。

朝鮮半島で身を売ったおキミさんは、ぎりぎりのところで耐え続けた。だが、四、五人の男たちに同時に買われたときは、どうしようもない屈辱感に押しつぶされた。尿意を催しても座を立つことが許されず、尿を漏らす姿を、男たちに笑って見られた。

その屈辱は、年老いたおキミさんに「狂気」として表れた。尿意を催すたびにおキミさんは身を震わせて、ののしりの言葉を発した。そして介抱する綾さんに一緒に放尿するよう強要するのだ——。

綾さんは森崎の友人だった。友人の悩みの真実に触れた森崎は「無知を恥じた」。森崎は自らの手で作品を世に出すつもりはなく、本当の苦しみを味わった綾さんに執筆してもらおうと、研究を進めた。

綾さんが病に倒れた。森崎は新たな資料が見つかるたびに、病床に報告した。だが、日に日に病状は悪化する。ある日、森崎が「あなたしか書けないのだから頑張って」と励ますと、綾さんは「和江さんの肩に乗って世の中を見ていくよ」とだけ答えた。

　綾さんが亡くなったのは、それから間もなくのことだった。

＊

　二〇〇七（平成十九）年三月上旬、福岡県宗像《むなかた》市の自宅に森崎を訪ね、こうした経緯を直接聞いた。「からゆきさんを知らなかったことに対する罪深さ…。私の罪を問うために書きました」。さらに『唐ん国ゆき』を強いられた女性たちの生き様を伝えたかったのです」と付け加え、涙を流した。

　森崎には「生」「死」「愛」「老い」「エロス」など人間の根源をテーマにした作品が数多い。事象を客観視しながら、行間ににじむ人間の多面性。詩人でもある森崎の感性があふれる。

　天草の女性史研究家、大久保美喜子さん（53）は一九九五年の秋、森崎の自宅に電話した。面識はなかった。話すうち、涙が落ちた。

　大久保さんの曾祖母は、からゆきさんだった。

　父親から聞かされた後、森崎の『からゆきさん』を読んだ。〈いんばいとはね、三代にたたるんです〉との綾さんの言葉に込み上げる感情を抑えられなかった。森崎と話さずにはいられなかった。

　その後、大久保さんは非政府組織（NGO）を発足させ、インドのスラム街に幼稚園を建設する活動に取り組んでいる。生活のために売春をする少女たち。幼稚園は彼女たちが生んだ子どもを受け入れる施設だ。

「身を売ることを『悲惨』で片付けるのは簡単。彼女たちの真実は何なのか。これを見据えないと、異郷の地に眠った少女たちの魂も浮かばれません」。大久保さんには、スラム街の少女たちの姿が、天草の「からゆきさん」と重なる。

　陽春、森崎も足を運んだことがある、天草下島《しもしま》・富岡半島の高台に立った。東側は有明海とその先に口之津港、穏やかな海だ。西側は、荒々しくうねる天草灘の、遠く向こうに大陸がある。半島を挟んで海の表情はこうも違うのか。

　うねる海を乙女たちは行ったのだ。そして、背負った「期待」と、抱いた「夢」は、涙と一緒に波間に散った。


（文＝沢辺克己）

森崎和江　一九二七（昭和二）年四月二十日、韓国慶尚北道・大邱生まれ。詩人、ノンフィクション作家。福岡県立女子専門学校（現・福岡女子大学）家政科卒。同県久留米市に住んでいた五〇（昭和二十五）年、詩誌「母音」の同人となり、綾さんと出会う。五八年、同県中間市に移り、「サークル村」を創刊。炭鉱労働者の声に耳を傾けたほか、「無名通信」を発行して女性自立の必要性を説いた。『からゆきさん』は七六年出版。『慶州は母の呼び声――わが原郷』『奈落の神々　炭坑労働精神史』などの著書がある。九一（平成三）年福岡市文化賞、九四年西日本文化賞、福岡県文化賞。二〇〇五年、詩集『ささ笛ひとつ』で第十四回丸山豊記念現代詩賞。

56

『はかた』

那珂《なか》太郎

ふるさとは幻
虚無と鎮魂

1975・青土社

博多生まれの詩人・那珂太郎にとって、ふるさとは、もうない。ふるさと「はかた」は遠い日の幻像である。四章二百行からなる長編詩『はかた』は、その鎮魂として書かれた。三十五年前のことである。

＊

東京・久我山《くがやま》の自宅で那珂が記憶をたどる。

十数年ぶり博多に戻ったという一九七一（昭和四十六）年のことである。町には、ヒッピーまがいのひげを生やした若者が細身のジーパンをはいて闊歩《かっぽ》していた。「博多言葉もろくにあやつれぬ」のに。「仁輪加もどきのダジャリズムできみらわがもの顔」（『はかた』）で、となる。

そこは「よそよそしい異土」であり「まがひものの博多の町」でしかなかった。ふるさとは、他人の居場所。奪われていた。

那珂が少年時代を過ごした麴屋町（番）は博多で最もにぎわった一画である。みそせんべいの店、仏具の店、はきもの屋、陶器店…老舗が軒を並べていた。一銭洋食の店からはメリケン粉にしみるソースのにおいがしてきた。かくれんぼができる暗がりの隠れ家もあった。パッチンをしコマを回した。

那珂は、そんな子どものころの町を詩の中によみがえらせた。自ら詩の中に駆け込んで行く。そして見渡す。

「遊び仲間は、どこに行った」

タイムスリップした空間を見渡してもだれもいない。泣き虫のえいちゃんも仏壇屋のじっちゃんもビルマで戦死していた。

＊

第三章。詩の中の風景は、那珂が旧制・福岡高校に通っていたころに移る。西中洲にあった福助足袋の広告塔も、乙ちゃんうどんの大ちょうちんもない。そこは、のちに書肆《しょし》ユリイカの社主となる伊達得夫《とくお》らと文学を、戦時下の青春を語り合った場所である。しかし、すべてはまぼろしの中…。

一九四五（昭和二十）年九月、復員してきた那珂の前には、焼け野が原の博多の町が広がっていた。その三カ月前、六月十九日の福岡大空襲で博多は跡形もなく焼き尽くされていた。

ふるさとには何もない。ふるさとの仲間も消えていた。だから詩の中で、伊達に語りかけ、伊達とともに同人誌「こをろ」を牽引《けんいん》した詩人・矢山哲治《てつじ》の鉄道事故死の現場を訪ね、語りかける。とめどもない虚無――。そうして、その青春も『はかた』の中によみがえらせようとしたのだ。音楽的な言葉の繰り返し。ひびく音律。言霊《ことだま》の力を借りるように。

　　なみ
　　　なみなみ
　　　　なみなみなみなみ
　　………
　　このしろき波の列はさざなみのうたかたの
　　みをつくしみなわの倭《わ》の那《な》の國の
　　茅《ち》の輪なす海のなか道なみのなぎさに
　　たゆたふ玉藻の香椎潟　箱崎の濱をすぎ

　室町時代の連歌師・宗祇《そうぎ》の「筑紫道記《つくしみちのき》」や「万葉集」、あるいは「金槐《きんかい》和歌集」を取りこみながらつづる。音楽的なひびき。それは、寂しかった心を癒やしてくれたひびきであり青春の心のときめきだった。自宅の店の近くにあった音楽喫茶で聴いたクラシック音楽が胸の中に共鳴しているのである。

　当時のインタビューに、こう答えている。「言葉は本来、音を持っていて、文字に書かれたものは、その写しです。だから、言葉の発生の根源にある音を生かすことが、言葉の生命をとらえることだと考えます」

＊

　那珂は八人きょうだいの五男である。小学校に上がる直前、父は近所の人の葬儀が行われていた寺で脳出血で亡くなった。四十一歳だった。倒れている、その場で父の耳のあたりにヒルをはわせ、血を吸いとらせようとしていた光景を覚えている。母も旧制中学二年のときに亡くした。三人の姉妹、二人の兄弟もつぎつぎと世を去った。家族の死の中に生があった。そして戦争――。そのことが、作品の底流に虚無感を漂わせる。

　ふるさとも、なつかしき友も、虚無のかなた。すべてを追悼し、鎮魂歌を捧げる。それはのちの『幽明過客抄《ゆうめいかかくしょう》』での島尾敏雄や矢山哲治、西脇順三郎らの追悼へと連なる。

＊

　戦前の地図を頼りに、那珂が教えてくれた、詩の舞台にもなった、かつての麴屋町を訪ねた。博多座の前を北へ歩く。郵便局のあたりか、ホテルオークラのあたりか。しかし、見渡しても、どこがどうなのか分からない。店の名も違う、通りも区画整理され全く別世界だ。「中村美律子」と大書したのぼりが春風に揺れていた。

　掛町《かけまち》、蔵本町、行町《ぎょうのちょう》…大空襲で消えた町は、その後の町界町名変更で、太閤《たいこう》秀吉以来という町の名も消されていた。那珂の原風景はどこにもない。

　いのちも、都市のにぎわいもうつろいやすい。しかし、朗々と詩をつづることによって、いのちを語り伝えているのである。詩は、虚無から美が生まれることを教えているのか。

（文＝松尾孝司）

那珂太郎　一九二二（大正十一）年、福岡市麹屋町（現・下川端町）生まれ。本名・福田正次郎。六男二女の五番目。生後半年ほどで実家・酒井家の近くの福田家に養子に行く。旧制・福岡高から東京帝大文学部国文科卒。海軍予備学生として土浦海軍航空隊に入隊し、海軍兵学校国語科教官を務める。戦後、東京都の豊島、新宿高教諭を務めたあと、玉川大学教授など歴任。詩集に『ETUDES』『音楽』（室生犀星詩人賞）、『空我山房日乗其他』『幽明過客抄』『鎮魂歌』など。評論集に『萩原朔太郎その他』など。那珂黙魚の号で俳句も作る。日本芸術院会員。二〇一四（平成二十六）年他界。

57

『にあんちゃん』

安本末《すえ》子《こ》

逆境に
くじけない
兄妹愛

1958・光文社（カッパ・ブックス）／のち西日本新聞社、角川文庫ほか

幼いころ、四つ年上の姉によく遊んでもらった。両親共に働いていたため、小学生のころは学校から家に戻ると姉と二人のことも少なくなかった。友人とけんかして登校を渋っていた日には「お姉ちゃんが守ってあげるから一緒に学校に行こう」と励ましてくれ、いじめっ子には本気で立ち向かってくれた。『にあんちゃん』を読んで、そんな薄れかけていた記憶が呼び覚まされた。

後に『アンネの日記』の日本版とも評され、全国で感動を呼んだ十歳の少女の日記は一九五三（昭和二十八）年一月二十二日の、悲しみと向き合う一節から始まる。

〈きょうがお父さんのなくなった日から、四十九日目です〉

少女・末子の両親は既に他界。二十歳の長兄と十六歳の姉、そして「にあんちゃん」（二番目の兄）こと十二歳の次兄の四人兄妹は、佐賀県唐津市肥前町で暮らしていた。生活の頼りは、杵島《きしま》炭鉱大鶴炭鉱所で働く長兄のわずかな賃金だった。

時代は石炭から石油へのエネルギー転換期。炭鉱の閉山が相次ぎ、在日韓国人であるために特別臨時雇い扱いでしかない長兄は、組合に入れず解雇の対象に。兄妹は離別を余儀なくされる。悲劇は容赦なく襲いかかるが、決して絶望はしない。どん底の貧しさの中でも、兄妹は信じ合い、助け合って生きる強さを持っていた。

＊

著者、安本末子さん（63）の日記を長兄がまとめた『にあんちゃん』は、一度は絶版となったが、全国の読者からの熱望により二〇〇三（平成十五）年に復刊。最近では韓国でも翻訳版が出版され、幅広い世代で読み続けられているという。両親の死、長兄の失職、極度の困窮と一家離散…。こうした悲劇は、若者の非正規雇用や中高年のリストラ、格差の拡大など、今日にも通じる問題だ。『にあんちゃん』が読み継がれるのは、不安定な社会的背景への共感と、絶望のふちにありながらも互いに相手を思いやり、助け合って希望を見いだしていこうとする兄妹の深い愛情に心動かされるからだろう。

　教科書を買う余裕さえなく、転々と近所の家に預けられる日々に不安を抱く妹を〝にあんちゃん〟は「心配すんな。死にはせんさ。どがんかなるよ」と慰め、前向きな姿勢で運命を切り開こうとする。卒業式では「努力賞」を受賞した〝にあんちゃん〟。末子はこう書き留めた。

〈にあんちゃんが、勉強できるおかげで、私は、だれからも、ばかにされたり、いじめられたりしたことはいっぺんもなく、いま、ゆっくりと、四年生をそつぎょうできるのです。にあんちゃんは、びんぼうにもくじけず、勉強にはげみ、同級生には、ぜったい負けない頭をもっておられます…私は、にあんちゃんのすがたを見ているうちに、なみだで目がかすんで、なにを見る元気もなくなり、となりの人に、もたれるようにしておりました〉

＊

兄妹が暮らしていた一九五〇年ごろには、約四千人がいたという町に足を運んでみたが、炭鉱の面影はほとんど残っていなかった。日記が出版される三年前の五六年に大鶴鉱業所は閉山。同年、末子さんが通った入野《いりの》小大鶴分校も閉鎖された。

　この町で小学校を首席で卒業し、中学時代はテニス部の主将で生徒会長を務めた〝にあんちゃん〟を覚えている人に出会った。末子さんの同級生の山口駿一さん（63）だ。中学のテニス部で〝にあんちゃん〟と一緒になった山口さんは「素晴らしい指導者で、誰もが目標とする人物でした」と振り返る。同じく末子さんの同級生の池田カクエさん（63）＝唐津市＝と宮本久美さん（63）＝同＝も「生徒会長が廊下を歩くとみんな緊張していましたよ。顔が引き締まり、目が生きていましたね」と話してくれた。

　末子さんは自ら積極的に表に出るというタイプではなく、同級生らは出版後に初めて末子さん兄妹の苦労を知った。「あのころはみんな貧しかった。誰もが生きるのに一生懸命で、頑張って支え合っていました」と、宮本さんは懐かしんだ。

　兄妹は末子さんが中学一年のころ、神戸へ転校した。本の出版は兄妹が故郷を離れた後のことで、出版当初は友人や当時の教諭の実名が出たことから、末子さんは「恥ずかしさが先に立ち、多くの人に迷惑をおかけしたと後悔もしました」と言う。

それから五十年。当時の様子を知る人は少なくなった。

「『にあんちゃん』の家族愛や隣人愛、貧しい中でも人を思いやって生きてきた時代がこの土地にあり、後世の人が故郷の歴史を知るきっかけになれば」（山口さん）との思いから、末子さんの同級生らは、大鶴分校の跡地に「にあんちゃんの里」の記念碑を建設した。二〇〇一年十一月のことであった。石碑には、幼い兄妹のブロンズ像が並んでいた。

＊

記念碑建設の後、末子さんは四十三年ぶりに故郷を訪れた。「子どもの足では遠いと思った大鶴から入野小学校への道を歩きたかったのですが、道は、やぶに覆い尽くされて既になく、過ぎ去った歳月の長さをしみじみ感じました」。そう語る末子さんの声は、とても穏やかだった。

〈いまの私の、いちばんねがっていることは、どんなに小さい、みすぼらしい家であってもよいから、兄妹四人が、いっしょに、明るく自由に楽しく、くらしたいということです〉

〈きっと私たち兄妹四人の上にも、明るいともしびが、いつかひかると信じています〉

半世紀前、こう日記に記した少女は、二児の母となり、現在は茨城県に在住。三人の兄姉もそれぞれの家庭を築き、関東地方で元気に暮らしているという。高度成長、バブル崩壊、そして格差社会…。時代が巡るなかで、家族の絆《きずな》は弱まり、孤立化が進んでいる。今、一番大切なものは何か。

「兄妹っていいものですね」。末子さんの実感のこもった言葉が、耳に残っている。

（文＝一木朋子）

安本末子　一九四三（昭和十八）年、佐賀県東松浦郡入野村（現・佐賀県唐津市肥前町入野）で出生。本籍は、韓国全羅南道宝城郡。長兄・喜一、姉・吉子、次兄・高一、末子の四人兄妹。三歳で母を、九歳で父を亡くし、十歳年上の兄・喜一が入野村の大鶴鉱業所で臨時炭鉱労働者として兄妹の生活を支える。日記は五三（昭和二十八）年一月、父の四十九日から始まる。中学一年で故郷を離れて神戸へ。六六年、早稲田大学文学部を卒業。コピーライターとして活躍後、七三年十月に結婚、一女一男に恵まれた。二〇〇一（平成十三）年、著者が学んだ入野小学校大鶴分校の跡地に記念碑および「にあんちゃん」の銅像が建立された。

58

『海軍』岩田豊雄

「神」でない一青年を描く

1943・朝日新聞社／のち角川文庫、新潮文庫ほか

小説『海軍』は一九四二（昭和十七）年七月から十二月まで朝日新聞に連載された。日米開戦の口火を切った真珠湾攻撃のとき特殊潜航艇で同湾奥に進攻し、赫赫《かっかく》たる戦果を挙げた九人が軍神に列せられた。その一人、横山正治《まさはる》少佐の誕生から二十三歳の死までを綴《つづ》ったものである。少佐は谷真人《まさと》の名で登場する。

真人は、鹿児島市下《しも》荒田町の精米商の六男として一九一九（大正八）年に生まれた。ベルサイユ条約が締結されたその年である。やがて父が病没し、四男が商業学校を中退して店を継いで米粉にまみれる。母思いで努力家の真人は、小学校を優秀な成績で卒業し、親友の隆夫と共に県立二中に進学する。隆夫は海軍士官に憧《あこが》れ、海軍兵学校進学を夢見る。その影響で真人も同校を目指すようになるのだった。

作者の岩田豊雄は裕福な商家に生まれた。慶應義塾大学を中退し、演劇を学ぶためフランスに留学。帰国後は演劇活動の傍ら、獅子文六《ぶんろく》の名で小説を書いた。「文豪以上の文六」とうそぶいてペンネームにしたという。

時局が厳しくなると、作家たちも戦意発揚のために駆り出された。新聞社は競って人気作家を特派員として戦地に送り、リポートを掲載した。

岩田は軍部と距離を置いた。大正デモクラシーに育った演劇人が、戦争ものを好まなかっただろうことは容易に想像される。その岩田が一変、進んで筆を執ったのが『海軍』であった。岩田は直後に出版した『海軍随筆』でこう語っている。

〈ハワイとマレーの戦いは（中略）、僕の胸に劇薬で灼《や》いたように、灼きつくしてしまった。僕は海軍に何のゆかりもない素人で、戦争のことは書けないにしても、自分の感激をそのままに放置し難かった〉

「マレーの戦い」とは、不沈艦と言われた英戦艦を撃沈したマレー沖海戦のことである。岩田の心情は、小説では隆夫の屈折とダブっていよう。

＊

兵学校受験に失敗した隆夫は、画家を目指して上京する。そして、思う。国が戦争をしているときに美を求めてリンゴばかり描いて何になるのかと。かつて「どん亀」とあだ名された真人は、会うたびに成長著しいではないか。落ち込んだ隆夫だったが、ある軍艦を見て気持ちを立て直し、その雄姿を描く海軍画家を目指す。「絵」を「文」に置き換えれば、隆夫はそのまま岩田になろう。『海軍』執筆にあたっては、斜に構えたペンネームでなく本名を使った。

『海軍』は一大ベストセラーとなった。国内は言うに及ばず、例えば、旧満州国の極寒の中でも熱狂的に読まれた。満《まん》蒙《もう》開拓少年義勇軍の一員だった画家の宮崎静夫さん（80）＝熊本県植木町＝は、こう振り返る。

「私は十六歳でした。潜航艇に乗った人物が青い海の中を進んでいく、そんな表紙で…。確か、有名な川端龍子《りゅうし》の絵でしたよ。仲間で回し読みして、自分も頑張ろうと思いました」

岩田の筆は軍神を崇《あが》め奉《たてまつ》るのではなく、綿密な取材によって一人の青年の生き方を浮かび上がらせた。物語の舞台である鹿児島では、岩田には聞き取るのも困難だったろう鹿児島弁を克明に書き起こし、物語にリアリティーを与えている。〈戦争のことは書けない〉という岩田が描いたのは、真人を通じた海軍精神であった。

＊

その精神に触れたいと思い、私は広島県江田島市の旧海軍兵学校を訪ねた。無論、岩田もここを訪れている。〈白砂混じりの土が至るところ箒目《ほおき》が立って掃き清められていた（中略）。この世のものとも思われない空気を私は嗅《か》いだ。清浄で、強勁《きょうけい》で、峻烈《しゅんれつ》で——こんな空気があるのかと思われるような空気だった〉（『海軍随筆』）。

兵学校から、海上自衛隊幹部候補生学校となった今日でも、同じように土に箒の目が立っていた。

岩田は、兵学校生徒たちの眼に驚いた。目的に向かって一心不乱に何者も顧みない眼であった。演劇人らしく〈あのような眼つきは、滅多にできるものではない。芸道に真に身を打ち込んだ人々が同じ眼をするかもしれないが、それは希《まれ》なる個人である〉。その眼が、団体として現れていたことに岩田は驚愕した。

軍人という職業モラルを徹底的に高め、完全なる無私に至らしめる。そのために自己を磨く。それが海軍精神の大筋だろう。滅私奉公の究極の姿は、個人の死である。

かつての軍国主義は「死を毛ほどの軽きとせよ」と教えた。それがあの悲惨な敗戦に至った——と、単純に批判するのは簡単である。が、その勇気は筆者にはない。いわば歴史の結果を知った上での後出しジャンケンだろう。滅私奉公は今日、「滅公奉私」となり、モラルの低下が著しい。無論、筆者を含めてのことで、『海軍』の記述にすがすがしさや、郷愁のようなものを覚えるゆえんである。

＊

ベストセラーを書いた岩田を、海軍が放っておくはずはなかった。岩田は逃げるように隠遁《いんとん》する。言論統制が強まり、自由に書けなくなったからである。そして戦後は、戦争協力者として一時、追放状況に追い込まれた。大正デモクラシーから全体主義へ。そして、戦後の民主主義へ。個人と国家の関係だけを見ても、この国の価値観は振り子のように揺れた。岩田は、戦後に書いた自伝的小説『娘と私』

で次のように述べている。

〈昨日まで、最も重要視されていたものが、最も軽蔑すべきものに、転落していく有様《ありさま》は、凄《すさ》まじい見ものだった。そして、誰も、それを訝《あや》しまず、よい加減に、自分を順応させていく様は、もっと不思議な見ものだった〉

静かだが悲痛な岩田の叫びに、背筋が凍る思いである。

（文＝井口幸久）

岩田豊雄　一八九三（明治二十六）年、横浜市生まれ。大分県中津市出身の父が上京して財をなした。三年間のフランス留学ののち、一九二七（昭和二）年に新劇研究所を設立、喜劇座を結成して演劇活動を始める。戯曲、演劇評執筆のほか、獅子文六の名で『悦っちゃん』などの風俗小説を手掛けた。三七年には岸田國士、久保田万太郎らと文学座を結成し、終生、劇作と演出に携わった。戦後は『てんやわんや』『おじいさん』『自由学校』などのほか、自伝的小説『娘と私』『父の乳』などを書いた。六三（昭和三十八）年に芸術院賞を受賞して日本芸術院会員となり、六九年には文化勲章を受章、文化功労者となる。同年、七十六歳で死去。

59

『追われゆく坑《こう》夫《ふ》たち』

上野英《えい》信《しん》

刻まれた
地底からの語り

1960・岩波新書（のち岩波同時代ライブラリー）

「この世のもんじゃなか……」

掘り尽くされた炭坑を再び掘りあばいた坑道の片隅で、ふんどし一枚の老人は壁を打ち、亡者《もうじゃ》のようにつぶやく。

妻子が家出した男は筑豊から六十キロの道を歩いて福岡市まで血を売りに行き、糊口《ここう》をつなぐ。

「どげちこげち、こげなひどか監獄ヤマははじめてたい」

青ざめた顔で、地下の男たちは語り始める。

＊

福岡県飯塚市相田《あいだ》。かつて中小炭鉱が点在したこの谷で、上野英信は一九五五（昭和三十）年から五六年の冬を越した。エネルギー革命の波に洗われ、閉山が相次いだ筑豊で、最も深刻な「飢餓の谷間」と言われた。吹きだまりのようにあふれた失業者たちはボタ土を掘り抜いた半地下の小屋で眠り続けた。英信はたずねる。仕事がほしいかと。

「ああ……あればなあ…」

〈泥のような無気力〉と、〈もはや救いがたく高じた被害妄想的な恐怖心〉に覆われた失業者の谷を、英信はひたすら歩いた。水をくみにいった少女が坑口《こうぐち》で足を滑らせて水死した。焼酎を飲んでいるところを発見され、生活保護を打ち切られた家の子どもが栄養失調で死んだ。英信は、死んだ子どもの死亡届や火葬手続きのために、おろおろと歩き回った。なすすべもなく――。この谷での経験が、のちにルポルタージュ『追われゆく坑夫たち』を書かせることになる。

〈だれにも知られないままに消えさってゆく坑夫たちの血痕を、せめて一日なりとも一年なりとも長く保存しておきたい〉という〈ひとすじの執念〉にかられて。

＊

「ぼくらは井の中の蛙《かわず》だった」

英信の取材に同行した元炭鉱マンの山口勲さん（69）＝福岡県中間市＝は、ある小ヤマに足を踏み入れた日をこう振り返る。

「人が住んでいる感じがしない。畳なんか、歩くとズボーッと足が落ち込んでしまうでしょ。隣の家との境はベニヤ板一枚。戦後以前の感じがしました」

山口さんが働いていたのは大手の日炭《にったん》高松炭鉱。同じく炭鉱で働き、炭鉱住宅で生活しながら、目の前に広がる光景は、自分たちのそれとは懸け離れた、想像を絶する世界だった。

「ヘルメットもない。布の帽子にカンテラの火を立てていて、高齢者が多かった。あまりの落差にショックを受けましたよ。当時は誰もが必死で、目を向ける余裕がなかった」

日本列島は東の安保闘争と西の三池争議の熱狂に揺れていた。政界では、蔵相時代に「貧乏人は麦を食え」と放言した池田勇人《はやと》首相が、「国民所得倍増計画」を唱えた。

時代に取り残された中小炭鉱では、高齢や負傷のために大手炭鉱から追われた労働者たちが明治さながらの原始的な採炭を続け、奴隷のような労使関係に耐えていた。閉山で職を追われると、さらなる非人間的な生活に身をやつしていく。

猛進する経済成長からはもとより、華々しく繰り広げられた労働者組織の闘争からも疎外された、心身ともにぼろぼろになるまで搾取《さくしゅ》しつくされた最底辺の人々。英信が描いたのは、そんな人たちの姿だった。

＊

『追われゆく坑夫たち』は、作家の杉浦明平《みんぺい》によって岩波新書の編集部に持ち込まれる。編集部内には当初、作品に対して懐疑的な意見が少なくなかったという。東京の人には内容のすべてが事実であると信じ難いのではないか…。杉浦の心配をよそに、刊行にこぎ着けた本書はベストセラーとなり、全国に衝撃を与えた。

炭鉱で働く人々を撮った『炭鉱（ヤマ）』で太陽賞を受賞した写真家で映画監督の本橋成一《せいいち》さん（67）も、この本が「ぼくの出発点になった」と語る一人だ。

本橋さんは写真学校の卒業を間近に控えた一九六五年の冬、卒業制作で炭鉱を被写体に選んだ。数年前に出版された土門《どもん》拳の写真集『筑豊の子どもたち』と、その続編『るみえちゃんはお父さんが死んだ』が話題になり、筑豊の失業と飢餓の惨状は広く取り上げられるようになっていた。

「今考えると自分も格好良く、悲惨な写真をとりたいとのあこがれがあったのでしょう」

雪がちらつく冬の日、沢山の付箋《ふせん》を張った『追われゆく坑夫たち』をカバンにしのばせて、本橋さんは炭鉱離職者の交流センターを目指した「筑豊文庫」（福岡県鞍手《くらて》町、現在は解体）に住む英信を訪ねた。玄関先で緊張している本橋さんに、初対面の英信はニコニコと声をかけてきた。

「上がれ上がれ。飲め、飲め」

本橋さんはこの日から足掛け五年、筑豊に通い、筑豊文庫を宿としながら写真集を完成させる。

「上野さんは、単なる悲惨さということではなく、どの目の高さから撮るのか、どこに軸足を置くのか、ということを暗黙のうちに教えてくれていたと思います」

本橋さんのように、英信に触発され、学び、問題意識を追求していった作家やジャーナリストたちの裾野は広い。

＊

近代化を地の底から支え、見捨てられた人々の姿が世に問われてから、すでに半世紀がたとうとしている。上野英信という記録文学者の存在で、現在にその生き様を伝えられた男たち、女たち、そして子どもたち。彼らを代弁する英信の語りは、やり場のない静かな怒りを含み、無関心という知らず知らずの罪悪に気付かずにいられない。英信は自らの文学についてこう残している。

〈文学のしごとは、ぼくにとって、はたらくなかまたちに対する、つきることのない感謝と献身のちかい以外のなにものでもありません…はたらくなかまたちによって、ぼくは、はじめて生きることのよろこびをしり、あなたがたをとおして、ぼくは人間のとうとさと美しさをしることができたのです〉

「なかまたち」の魂に寄り添った上野英信の記録は、消えることのない灯火として地底の闇を浮かび上がらせる。

（文＝平原奈央子）

上野英信　一九二三（大正十二）年八月七日、山口県吉敷郡井関村（現・山口市）に出生。四一（昭和十六）年、旧満州国建国大学に入学。学徒召集で関東軍に入隊後、四五年に広島宇品駐屯地で被爆。四六（昭和二十一）年、京都大学文学部に入学したが翌年中退し、福岡県と長崎県の炭坑で働く。五三年退職し、五八年、谷川雁、森崎和江らと「サークル村」を刊行。六四年、福岡県鞍手郡鞍手町の自宅を「筑豊文庫」と名付けて開放する。主な作品に『地の底の笑い話』『眉屋私記』『写真万葉録・筑豊』（全十巻）などがある。八四年に西日本文化賞を受賞した。八七年十一月、鞍手町立病院にて死去。六十四歳。

60

実人生を反映した悲劇性

『巨人の星』梶原一騎《いっき》原作（川崎のぼる作画）

1968〜・講談社（少年マガジンKC）／のち講談社漫画文庫

日本テレビ系の衛星デジタル放送局「CS日本」は二〇〇七（平成十九）年四月から『巨人の星特別篇　父　一徹《いってつ》』を放送した。アニメの『巨人の星』を、主人公星飛雄馬《ほしひゅうま》の父親・一徹の視点から再編集した作品だが、ただのリメークにはとどまらない。「いじめ自殺」の新聞記事が挿入される場面や、一徹の声で新たなナレーションが付け足された。例えばこんな感じだ。

〈日本は、戦争を永久に放棄し、自由と民主主義の平和国家となった。だが、戦後復興から始まった経済優先の成長政策が〝人の心も金で買える〟と思い込む拝金主義、金の奴隷へと堕落させてしもうた〉

　一徹を借りながら現代の視点で『巨人の星』を読み直そうとする試みといえる。「最近の希薄な親子関係を考え直すきっかけになればと思った」。

　同局の塩谷憲昭さん（49）は、再編集版の狙いをそう話す。塩谷さんは小学生のころ『巨人の星』に親しんだ。あらためて接して驚いたという。

「軸は飛雄馬の成長物語なんですが、一徹の視点から見れば親子の、花形満《はながたみつる》や左門豊作《さもんほうさく》からみればライバルの、姉の明子からみれば姉弟の物語にもなる。いつか、伴宙太《ばんちゅうた》からみた友情物語として再編集したものを放送できたらとも思うようになりました」

＊

　出征中に肩を壊し、「魔送球」なる方法で再起を図るが、川上哲治《てつはる》にその邪道さを指摘され、読売巨人軍を去った「伝説の三塁手」星一徹。一徹がその息子飛雄馬に幼少期から多くの試練を課し、「巨人の星」を目指すのが物語の骨格である。飛雄馬の幼少期は、父子の交流が中心に描かれる。飛雄馬の成長につれ、花形、左門などライバルとの対決が物語を引っ張っていく。伴との友情物語もあり、後半には薄幸《はっこう》の看護師との恋愛も描かれる。

『巨人の星』は、週刊少年マガジンに一九六六（昭和四十一）—七〇年に連載された。当時の舞台裏は、担当編集者だった宮原照夫さん（69）の『実録!少年マガジン編集奮闘記』に詳しい。

『巨人の星』は吉川英治《よしかわえいじ》の『宮本武蔵』の漫画版として構想され、ヒューマンな物語を目指した。飛雄馬という変わった名前も、梶原一騎《いっき》が「ヒューマン」の音感から考え出した。編集側は当初、「明星」をひっくり返した星明の名前を推した。宮原さんは言う。

「結局、飛雄馬が採用され、明の字は、姉の明子の方に残されたんです」もし星明だったら？　多くの人の耳に残るアニメ版の主題歌《ゆけゆけ飛雄馬、どんとゆけ》のフレーズは「明」。何ともしまらない気がする。

＊

『巨人の星』が連載された時期は東京五輪後の高度成長期。物質的に豊かになっていった一方で〈心の豊かさ〉が失われ始めた時でもある。企業戦士と化した父親たちが家庭不在となり、〈教育ママ〉なる言葉も生まれた。宮原さんは著書でこう振り返る。

〈男の子の人間教育には父親の存在が欠かせないと考え、〝教育ママにアンチテーゼ〟をキーワードの一つとしてすでに父子家庭を設定していたが、スパルタ教育を徹底的に行う頑固一徹の親父にした方がいい、という意見は部員の一人から出て来たものである〉

当時の世相を意識した強烈な個性の父親像の設定こそが、この漫画を国民的な作品にした。

星一徹像には、梶原の父で文芸雑誌編集者だった高森龍夫が反映されているといわれる。梶原の自伝的漫画『男の星座』の主人公・梶一太の父親は、頑固者として描かれ一徹のイメージに近い。『梶原一騎伝――夕やけを見ていた男』の著書がある斎藤貴男さん(49)は言う。

「インテリだった龍夫がちゃぶ台をひっくり返したりはしなかったはずで、マイホームパパ的な時代の風潮への反発からくる創作も多かったはず。ただ、父親のイメージが投影されている部分も小さくはないでしょう」

＊

頑固一徹ぶりは、九州男児的といえなくもない。梶原は生前、自身を「熊本出身」と言っていた。実際は東京生まれで、祖父の代まで巡れば、熊本県阿蘇地域がルーツとなる。宮原さんは出身地の虚偽を「九州男児的なものへのあこがれだったのでは」と推察する。斎藤さんは、さらに補足する。

「梶原は十代でデビューして、当初は年齢もさばを読んでいた。若くて東京出身では、創作者として様《さま》にならないと考えたのでは」

梶原は『柔道一直線』や『青春山脈』など、舞台設定や登場人物の出身地に九州をよく使い、作品に九州の影響が小さくない。戦時中、現在の宮崎県日向市に疎開していたことが、そこにはあろう。近くには特攻隊員の訓練場だった航空基地があった。梶原自身がモデルと思われる少年が登場する『青春山脈』では、特攻隊員との交流が描かれる。宮崎での体験が飛雄馬や『あしたのジョー』の矢吹ジョーなどの悲劇に影響していよう。それは、晩年、名誉を失墜していく梶原自身にも似ている。梶原は、自身の作品世界を実人生でなぞったかのようだ。

『巨人の星』の悲劇性は、一徹―飛雄馬の関係に似た、自身の親子関係が影響したのではないか。小説家を目指した梶原は、編集者だった父に認められたかったに違いない。結果は漫画原作者としての成功だった。

だが、梶原はそれに満足できなかった。飛雄馬が次々と大リーグボールを開発するように、映画製作など新分野に挑戦を続け、そして、崩壊していく。

『巨人の星』は、梶原の屈折したエネルギーがいい方向に出た作品だ。「スポ根《こん》」と呼ばれる根性論は今は敬遠されがちだが、古典劇にも通じる多様なテーマは、時代によって照準の当て方を変えながら読み継がれよう。（文＝内門 博）

梶原一騎　一九三六（昭和十一）年東京都生まれ。スポーツ小説で活躍後、劇画原作に転身。『巨人の星』『あしたのジョー』『愛と誠』『空手バカ一代』などベストセラーを連発する。映画製作にも乗り出し、『地上最強のカラテ』『愛と誠』などをプロデュース。アントニオ猪木対ウィリー・ウィリアムス戦を組んだり、「タイガーマスク」を現実にデビューさせるなど格闘技ビジネスにも進出した。八三年に傷害事件で逮捕され、劇画原作最後の作品と位置付けた自伝的な内容の『男の星座』で復帰したが、未完のまま、八七年に死去。五十歳だった。

61

『羊《し》歯《だ》行《こう》』

石沢英《えい》太《た》郎《ろう》

人間の業《ごう》を描いたミステリー

1974・双葉社（『カラーテレビ殺人事件』に収録）／のち講談社文庫

――三原哲郎は天草・角山《かどさん》にシダ採取に出かけ転落死する。脳腫瘍《しゅよう》手術をした哲郎にとって初めての遠出だった。親友の嬉野は、哲郎が採取しようとした希少な「サツマシダ」が天草には存在するはずがないことから、その死に疑問を抱く。何者かが彼を危険な現場に誘導したのではないか。つまり、哲郎の死は、仕組まれた犯罪だったのではないか。

石沢英太郎の出世作『羊歯行』は単独の遭難が殺人だったプロバビリティー（可能性）を暴く短編である。

嬉野は東京から遭難現場に向かう。何につけ現場を踏まなければ物語は展開しない。記者も角山を目指した。

＊

〈定刻、特急『はやぶさ』は、かすかに車体をふるわせて、九州に向かって滑りだした。五月、空は薫風かおる快晴で

はあった〉

石沢の筆は、無駄をそぎ落として明快である。次の行ではもう、嬉野が角山の見える地点に立っている。

〈宮路岳《みやじだけ》で、村野という老人が、嬉野と入江を待っていた。

「あれが角山です」〉

前段に〈三角から、本渡《ほんど》に渡り、角山に登る〉とあるので、辛うじてルートが分かる。簡潔な記述とは裏腹に、角山は遠かった。熊本県天草市の本渡市街地から宮路岳地区まで車で三十分ほど。宮路岳は一九五七（昭和三十二）年まで一つの村だっただけに広い。宮路岳のどこから角山が見えたのか、見当もつかない。バス待ちの年老いた女性、クリーニング店の女性、田植え帰りの軽トラの男性などに聞くが、角山の存在すら知らないという。

焦りを感じ始めたとき、コンビニの若い店員が「確かそんな山があったはず」と地図を広げてくれた。空白地帯に「▲」の記号があり、小さく「角山」とある。だがそれだけで、ルートは分からない。大方の方角を定めてさらにアクセルを踏んだ。

石沢が「村野」という地元老人や、シダ採取の案内役「入江」を登場させた理由がここにきて分かった。彼も角山にたどり着くまで苦労したのだ。

迷いに迷って登山口。そこから歩いて一時間ほど。その山頂に立ったのは日も傾きかけたころだった。眼下に連なる天草の山々。哲郎の遭難地点は特定できなかったが、シダが生い茂る頂上付近には、落ちれば助かるまいと思われる急峻《きゅうしゅん》な個所があり、石沢の筋立てに矛盾はなかった。

＊

「本当に凝《こ》り性でした。探求心旺盛、何事にも熱心で、石沢さんの質問攻めにまいった人も多いでしょう」

そう語るのは元フクニチ新聞文化部長の深野治さん（69）＝福岡市在住＝である。

『羊歯行』（講談社文庫）の後書きでは石沢と親しかった作家の野呂邦暢《のろくにのぶ》が二人で行った韓国旅行の思い出を語っている。石沢は、ホテルで出されたキムチの漬け方を執拗《しつよう》に聞き、従業員を憤慨させたという。野呂は「キムチ殺人事件」でも書くつもりかと思ったと記す。

石沢の自宅（福岡県太宰府市）の庭には、シダが植えられて美しかった。「奥さんの趣味だった」と深野さんはみる。そのシダが作品のヒントになったことは言うまでもない。『羊歯行』には、随所にシダの名前や、その子細な特徴が出てくる。図鑑類はもとより、同好会の会報にいたるまで、石沢は徹底的に調べた。その膨大な知識がディテールに反映され、物語に真実味を与える。

松本清張の強い支持によって、『羊歯行』は双葉推理賞を受賞。石沢は作家デビューを果たした。別の選考委員は「ぼくもシダを集めてみようかという気になった」と語ったという。

――角山山頂に「サツマシダ」があると哲郎に信じ込ま

せたのは、哲郎の従兄弟にあたる三郎だった。そこは危険極まりない場所である。哲郎の死後、三郎は哲郎の妻・亜矢子に求婚し、二人は近く結婚する運びだった。東大出のエリート哲郎と、漁船員からたたき上げ腕一本でのし上がった三郎。二人の男の間で揺れる亜矢子。

　トリックは単純だが、登場人物が生き生きと描かれて血が通い、読者を物語に引き込む。松本清張が絶賛したゆえんであろう。

＊

　石沢は、旧満州国の大連に生まれ、三十歳のころ日本に引き揚げている。植民地からのエトランゼであった。旧南満州鉄道系の九州経済調査協会に落ち着くまで職を転々とし、労働運動に身を投じたことも、配管工をやったこともある。描く人物の〝彫り〟が深いのは、裏も表も知り抜いた石沢の人生経験が根っこにあろう。

　その後の石沢は、多様なテーマのミステリーを描き続けた。福岡県警の実在の刑事を徹底取材して描いた『牟田刑事官事件簿』は、晩年の傑作シリーズである。一九八三年からは、小林桂樹《けいじゅ》主演でテレビドラマ化された。その大ヒットが、石沢の命を縮める遠因にもなった。

「多作になって筆が荒れる、といったことに悩まれていたのじゃないでしょうか。はっきり、そう聞いたわけではないですが」（深野さん）。

　石沢は一九八八年、自宅で亡くなった。墓所も手配し、友人ら百人以上に追悼文を依頼しての自殺であった。

（文＝井口幸久）

石沢英太郎　一九一六（大正五）年、中国・大連市生まれ。大連商業学校を卒業して南満州電機会社に入社したころから執筆活動を始めた。四八（昭和二十三）年、日本に引き揚げ、職を転々とする。五三年から九州経済調査協会に勤務しながら、同人誌などで活動。六六年、本作で双葉推理賞を受賞。『乱蝶』、『カラーテレビ殺人事件』、『キタタキ絶滅』など多様なジャンルをミステリーに仕立て作家としての地歩を固めた。晩年は『牟田刑事官事件簿』が小林桂樹主演のテレビドラマでシリーズ化。「刑事官もの」を連作した。八八年に自殺、七十二歳だった。

62

川の流れの先に大海を見る

『行路難《こうろなん》』

郭沫若《かくまつじゃく》

1926・創造社（『橄欖』に収録）／のち私家版

〈川上川の渓流は昼夜をおかず流れていく。平坦な所に流れて行くと集まって小さな深淵《しんえん》を作るが、しかしまた絶えず流れる。流れが通れない所にさしかかるとまた激しくなって荒々しく怒り、ごうごうという急流の響きを立て、牙をむき出し、飛沫《しぶき》をあげて獅子奮迅する。（中略）流れよ。流れよ。涇水《けいすい》は渭水《いすい》と清さを争わない。黄河は長江と濁りを比べない。大海のうちでは一切が清流だ。一切が浄化する時があるのだ。流れよ。流れよ。大海は遠けれども必ず流れつく日があるのだ。〉

『行路難』は、こう結ばれている。

さすらいの日々の果てにたどり着いた異国の山中にありながら、その男は、細き川の流れの向こうに、大海を見ていた。

大海とは、何だったのだろうか。

佐賀市富士町の嘉瀬《かせ》*川沿いにある熊の川温泉。郭沫若が川を見つめてから八十三年の時を経た二〇〇七（平成十九）年五月、私は同じ川のほとりに立ち、きらきらとほとばしる水の流れを見て思った。

川の流れが海へ続くことが道理至極であるとしても、それを信じるのは決してたやすいことではない、と。

後に中国を代表する文学者、政治家となる郭沫若が、ひなびた湯治場《とうじば》に家族と身を寄せたのは一九二四（大正十三）年秋のことだった。

郭は、留学していた九州帝国大医学部（現・九州大医学部）を卒業しながらも、十代で患った腸チフスによる難聴で医の道を断念し、それまで秘めていた文学への道を志す。だが、中国人に対する激しい蔑視《べっし》と、貧しさの中で妻と子ども三人を養う困難さに耐えかねて、福岡を去ることを決めた。借家を引き払い、保養と執筆の〈背水の陣〉を敷くために選んだ場所が、熊の川温泉であった。

異郷の温泉地は、生まれ育った四川省の山紫水明に似ていた。郭は帰国するまでの約一カ月半、熊の川と古湯《ふるゆ》に滞在し、多くの小説や詩を書き上げた。最も有名な作品が、私小説『行路難』である。自伝『続創造十年』の中で〈この六、七カ月は私が最も多産だった時期と言わねばならない〉と振り返っている。『行路難』は李白の詩の引用から始まっている。

〈行路難　帰去来〉

なんと人生行路のつらくけわしいことか。いっそのこと郷里に帰ろうか――。中国という国家を、民族を、異国で背負ったがゆえの、つらさだった。

＊

『行路難』の主人公は作家志望で、日本人の妻と子ども三人の五人家族。郭一家そのものだ。

〈俺《おれ》はこの福岡は本当にきらいだ。この福岡は嫌でたまらん〉

〈この癪《しゃく》に障る国の中で長いこと住まなければならないのか〉

　翻訳の仕事もままならず、本国で大学教授をという話も立ち消え、暮らしは困窮していた。そこで妻は、辺鄙《へんぴ》な温泉への移住を提案した。熊の川を選んだのは、妻が買ってきた地図が、風光の秀麗さ、人心の素朴さ、生活の簡易さをほめていたからである。

　九州大で郭沫若を研究した武継平・上海財経大教授の調査では、郭は福岡で七度、転居した。家賃が払えず追い出されたり、清掃を条件に廃虚の旅館に住んだこともあった。唐津で家を探したときには、中国人だと分かった途端に、手のひらを返された。

〈お前たちのその腐った良心、しびれてしまった美感、閉鎖してしまった知性、どうしてこの「流民」の二字の美妙を理解することができよう（中略）ああ、さすらおう。さすらおう。絶え間なくさすらおう〉

　郭沫若を研究する岩佐昌暲・熊本学園大教授は「昔の中国は弱い国であり、弱い民族だった。郭は日本人による蔑視を、個人にではなく、民族に対するものととらえていた」とみている。

　憎悪にもなりかねないその憤りを和らげたのは子どもたちだった。

〈彼らの意識の中には何らさすらいの気持ちも、貧富の感じなんかなく〉〈経済的な打算がない。いたずらに作る難題もない。彼らは汎美主義者だ〉

　日本人の妻との間に生まれた命の瞳。高校や大学で多くを教えてくれた人々を思えば、日本人を恨み切ることはできなかった。その思いは、後に日中友好に力を尽くした郭の功績が証明している。

＊

『行路難』は、佐賀で執筆した小説や随筆を収めた短編集『橄欖《かんらん》』（二六年に上海で出版）の一編である。その中に「本を売る」という話がある。

　岡山で高校を卒業した郭は、大学進学を前に、『陶淵明《とうえんめい》全集』など二冊の本を売りに行く。書店に断られ、ゲーテやニーチェを学んだ図書館へ寄贈した。その二冊の本への思いを、佐賀の山中でつづった。

〈あなた方の生命は、私よりも長いことでしょう。私の骨が灰となり、肉が泥となった時に、私の魂はあなた方の身

を借りて、永久に生きながらえるのです〉

『行路難』をはじめ、多くの作品を翻訳してきた郷土史研究家、牧山敏浩さん（81）＝佐賀市＝は「郭の考え方の根本には、思想は本の中に残るという信念があるのです」と話す。

ならば「大海」とは、この世界に生きる人々を指していたのではないか。書くという行為は、残すことであり、書き残したものはいつか誰かの元に届く日がきっと来る。「書くからには、大海を見据えなさい」。背水の地でつづった小説に込められた、次代への伝言。いま、記者である私は、それを受け止めたいと思う。

郭一家が最初に身を寄せた熊の川温泉の「新屋旅館」は、この春、ひっそりと看板を下ろしていた。旅館裏の川原は、護岸整備で姿を変えた。

川は、流れ続けている。

（文＝塚崎謙太郎）

郭沫若　一八九二（明治二十五）年、中国・四川省楽山市生まれ。名は開貞。一九一四（大正三）年に日本留学。岡山を経て、一八年に九州帝大医学部入学。在学中に「創造社」を結成し、福岡で創作した詩集『女神』を上海で出版。二四年、佐賀県に滞在し『行路難』を書く。二六年北伐革命軍に参加したが、二八（昭和三）年に日本へ亡命。千葉・市川で中国古代文字を研究した。三七年、日中戦争勃発後に単身帰国。新中国の成立後、政務院副総理など周恩来の側近として活躍。五五（昭和三十）年に訪日科学代表団長として来日し、九州大で講演した。文化大革命時の自己批判は内外で失望を買い、日本国内でも急速に読まれなくなり、次第に忘れられた存在となっていった。七八年、八十五歳で死去。千葉県市川市ならびに北京市西城区に郭沫若記念館がある。

63

鉄砲は天に向けて撃つ

『神聖喜劇』

大西巨人《きょじん》

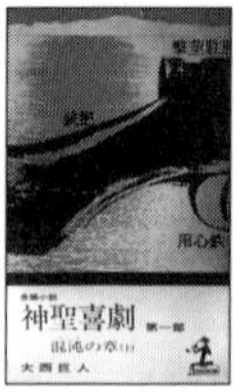

1968〜・光文社（全8部、カッパ・ノベルス）／のち光文社文庫、文春文庫ほか

戦争が始まったら、私たちはどう生きるのだろう。国家の命令に従って戦場に赴くのか、あるいは徴兵を拒否しようともがくのか。胸にあるのは愛国の心か、おびえか、あきらめか…。

かつて巨大砲台が随所に布置され、「要塞《ようさい》の島」と呼ばれた長崎県対馬《つしま》の戦争史跡を訪ね歩きながら、そんなことをぼんやり考えた。

一九四二（昭和十七）年一月十日夜、補充兵として入隊した東堂太郎は〈世界は真剣に生きるに値しない〉という虚無主義を抱いて、対馬・厳原《いづはら》港に到着した。戦争は肯定できないが、個人の力で阻止もできない。圧倒的な無力感から生まれた虚無主義に染まりながら、同時に死んでいく無数の兵隊をよそに、戦争から逃げることを〈偸安《とうあん》と怯懦《きょうだ》と卑屈〉とみなす東堂は、奇怪な願望を胸に兵となった。

――私はこの戦争で死ぬべきである。一匹の犬として――

しかし、対馬要塞重砲兵連隊本部が置かれた鶏知《けち》に到着した東堂は三カ月の教育期間を通して、軍隊という場でむき出しになった国家権力の支配システムに真っ向から対抗していくことになる。

一人の人間として。

＊

原稿用紙約四千七百枚の大作『神聖喜劇』は、さまざまな意味で破格、類書が見当たらない小説である。

「長い小説なのに、描写も構成も精密で、非常に密度が高い。原作の世界をまるごと漫画にすることは不可能でした」

昨年（二〇〇六）、漫画『神聖喜劇』（企画・脚色＝岩田和博、全六巻。〇七年、日本漫画家協会賞大賞と手塚治虫文化賞を受賞）を発表したのぞゑのぶひささん（58）＝佐賀県出身＝が語るように、小説にはさまざまな軍紀を始め、短歌、英詩、漢詩などが、時に数ページに及んで奔流のごとく引用される。一つの場面に挿入された追憶が、長編小説並みの分量を持つこともある。現在と過去が交錯し、引用がさらなる引用を誘う作品世界は極めて重層的で、多様なテーマを含み込む。中で最も大きな核が、権力との闘争である。

下着をつける際は〈睾丸《こうがん》ハ左方ニ容《い》ルルヲ可トス〉――といったことまで明文化されるほど、日常のあらゆる場面に入り込んだ微細な規則の網を、東堂は冷静な観察眼と驚異的な記憶力で、徹底的に白日の下にさらけだしていく。網の目をかいぐって、かすかな自由を見いだす闘争である。その作業を通して、「聖戦」を続ける「神聖」な軍隊の実態が、奇怪で残酷、そして滑稽《こっけい》な「喜劇」としてあぶり出される。

しかし、東堂の闘いは常に決定的な壁に阻まれる。〈上官が烏《からす》の色は白いと言うたからにゃ、烏の色は白い〉という絶対服従を強いる暴力である。東堂はそこに、〈上級者は下級者の責任をほしいままに追及することができる〉のに対し〈下級者は上級者の責任を微塵《みじん》も問うことができない〉連綿と続く無責任の体系という、日本軍の真実を透視するが、状況を打破する活路を得るには至らない。

巨大な力が「個」をすりつぶすとき、突破口はどこにあるのか。

＊

「法による制限を明らかにすることで、自らの小さな権利を確認していく東堂の作業は、しょせんは負け戦の中での闘いです」

二〇〇七（平成十九）年三月発刊された単行本『未完結の問い』で大西巨人さんの聞き手を務めた評論家、鎌田哲哉さん（44）は五月、福岡市の西南学院大学で行った講演で『神聖喜劇』の読み方の変遷に触れてこう語った。闘争が新たな段階に突き進めたのは、東堂がさまざまな個性を持った兵隊たち出会い、ともに歩むためである。

被差別部落出身で、ある事件のため執行猶予中である冬木。知識人の神官、生源寺。実直な庶民、橋本。顔がゆがんだ元炭鉱労働者、鉢田。ユニークな個性を持ち、それぞれの生き方で軍の権力に抗う人々が胸襟《きょうきん》を開いて語り合い、力を合わせる小説後半、抑圧的な状況に大きな変化はないにもかかわらず、明るい力がみなぎってくる。そして、印象的な「模擬死刑の午後」の章に突入する。

知的障害があるらしい兵を「模擬死刑」に処してからかう上官に、東堂と冬木が抗議する。〈人のいのちを玩具にするのはやめてください〉。お寺の坊さんが言いそうなことを言っても軍人は成り立たないという上官が冬木に問う。

〈お前は、戦地で、どっち向けて、鉄砲を撃つつもりか〉

冬木は決然と答える。

〈天向けて〉

「つまり非戦です。軍隊の〈法〉に対し、全く新しい〈法〉を創造しようという行動がここで起こされているわけです」と鎌田さんは言う。無論、軍隊の中では反抗は、頓挫せざるを得ない。それでも、読む者に大きな勇気を与えてくれる。

＊

対馬・鶏知の重砲兵連隊本部があった場所には、現在は中学校がある。通り掛かった老人に、往事をしのぶ史跡について訪ねると、学校横の小道に案内してくれた。そこに本部裏門のれんが柱と石碑がひっそりと建っていた。

老人は一九四二年に歩兵として旧満州に渡り、敗戦は台湾で迎えた。郷里の対馬に戻った後は、代々続いてきた漁業を継ぎ、今年で八十五歳になるという。三年間の兵隊暮らしの思い出をしばらく聞かせてくれた後、つぶやいた。

「いいしこ仲間が死んだですよ…。なんも得るもんがなかったですなぁ」

二〇〇七年五月十四日、衆議院に続いて参議院で国民投票法案（日本国憲法の改正手続に関する法律）が可決された。三年後に施行される。

（文＝岩田直仁）

大西巨人　一九一九（大正八）年、福岡市生まれ。九州帝国大学（現・九州大学）法文学部中退。新聞社勤務を経て、対馬要塞重砲兵連隊に入隊。戦後、福岡市で「文化展望」編集。五二（昭和二十七）年に上京し「新日本文学会」に入る（七二年退会）。『神聖喜劇』は六〇年から連載が始まり、八〇年に完結。主な著書に小説『精神の氷点』『三位一体の神話』『深淵』などがある。二〇一四（平成二十六）年三月十日死去。

64

体制に挑む「謀《む》叛《ほん》」への共感

『灰《かい》燼《じん》』

徳冨蘆《ろ》花《か》

1900・民友社（『自然と人生』〈徳富健次郎名義〉に収録）／のち岩波文庫ほか

〈風息つけば、五棟に別れて炎々と立ち上る焔《ほのお》、また烈風の吹く毎《ごと》に五所の火焔一塊にもつれ、凄《すさま》じき音たてゝの字に渦まき、しの字に狂ひ、餘炎籔《よえんやぶ》を炙《あぶ》つて千竿《かん》の竹立ちながら爆發《ばくはつ》すれば、焔の中に包まれし老楠《ろうなん》の葉は焦れ、幹は蟋々《ちりぢり》脂を流して、夥しき樟《くす》の臭《か》を放ちつつ火龍の如《ごと》く燃へぬ。〉

一八七七（明治十）年の西南の役。西郷隆盛を盟主に仰ぐ士族が九州各地で政府に反旗を翻した。豊前国中津の城下から西南二里にある上田家。三男・茂は西郷軍に身を投じたものの、友軍とはぐれて故郷に逃げ帰る。そこに待っていたのは家督の相続と恋人の簒奪《さんだつ》を狙う次兄・猛ら家族の冷酷さ。茂は自刃し、その後、母の失火によって家は全焼する――。「灰燼」。茂を切腹に追い込んだ家そのものを焼き尽くした炎。徳冨蘆花は燃え盛る炎に、何を見たのか。

＊

大分県中津市から車で三時間弱の熊本市沼山津《ぬやまづ》。大きな農家と新しい民家が混在する住宅地の南に田畑が広がる。「当時と同じなのは、まあ山くらいでしょう」。そう言いながら、弥冨孝一さん（77）は、黒塗りの塀と蔵に囲まれた母屋に招き入れてくれた。横井小楠《しょうなん》の旧居から近い。

実は、小説の基になった事件は中津ではなく、この旧家で起きた。

茂のモデルは、弥冨さんの曾祖父の弟、直治郎だという。北陸で県令の秘書官を務めていた。直治郎は西南の役が起こると直ちに郷里の熊本に帰還。二月二十三日、西郷軍の呼び掛けに応じた兄の代理として、戦地に赴いた。

県令の秘書である直治郎は政府側の立場。集まった兵士を説得したが、聞き入れられずに行進が始まったため、思い余って隊長を射殺した。翌日、弥冨家は親族会議を開き、殺人の罪はぬぐえないと判断して切腹を決めた。直治郎は一差し舞い、おじの介錯《かいしゃく》で自刃して果てた。

蘆花は十歳のとき、沼山津の農家にいた。近所で起きた、この悲劇を伝え聞く。自伝的小説『冨士』でこう振り返っている。

〈「阿母、あなたも！」を最後の一語に、彼は腹を切つて了ふた。熊次は何時此話《この》を聞いたか、はつきり記憶せぬ。然し（中略）不幸な子の一言は熊次の腹を抉《えぐ》つた。（中略）そこで切腹の事實《じじつ》と、最後の一言を基礎に、舞臺《ぶたい》を未《いま》だ知らぬ豊後の中津に移して、全くの小説を結構した。〉（原文のまま）

＊

蘆花の生家である徳富家は代々、惣庄屋《そうじょうや》兼代官だった豪農。横井小楠の高弟だった父・一敬《かずたか》、ジャーナリストや歴史家として明治以後の言論、政界に重きをなした兄の徳富蘇峰《そほう》。親族には各界で活躍する人物が居並んでいた。

中でも大きな存在だったのは、長兄の蘇峰である。蘆花は、同じ京都の同志社英学校（現・同志社大）に入り、蘇峰が自邸で開いた私塾に学んだ。蘇峰が創刊した国民新聞に記者として就職。思想的立場の違いなどから三十五歳のときに絶交した後も、影響を受け続けた。

『灰燼』は一八九九年末、ベストセラーとなった『不如帰《ほととぎす》』の校正の傍らに執筆され、翌年に文集『自然と人生』の巻頭を飾る短編として発表された。

家督相続を確実にし、恋人を奪うために、弟・茂に詰め腹を切らせた張本人である二男・猛。かわいがっていたはずの息子への愛情よりも、家の存続を優先させた両親。兄弟の葛藤《かっとう》や、家名の重みは、当時の蘆花自身が悩んでいたことでもあった。

明治、大正期を代表する作家だった蘆花。だが、研究はあまり進んでいない。「熊本・蘆花の会」会長で元熊本大教育学部教授の中村青史さん(73)は「ベストセラー作家だったが通俗的な作品が多い。研究に及ばないという風潮がある」と指摘する。恋愛と家族の問題を劇的な結末で終わらせる『灰燼』も、そう見られたのかもしれない。

＊

大逆《たいぎゃく》事件で幸徳秋水《こうとくしゅうすい》ら十二人が死刑執行されて、わずか八日後の一九一一年二月一日、蘆花は旧制・第一高等学校（東京大学教養学部他の前身）で講演した。題目は「謀叛《むほん》論」。

信念を持った志士によってなされた明治維新に触れた後、幸徳らと立場が違うことを明らかにした上で、明治政府を痛烈に批判した。「西郷も逆賊《ぎゃくぞく》であった。しかし、今日となって見れば、逆賊でないこと西郷のごとき者があるか。幸徳らも誤って乱臣賊子《らんしんぞくし》となった。しかし百年の公論は必ずその事を惜しんで、その志を悲しむであろう」。当時、公に大逆事件を批判したのは、蘆花だけだった。

〈勝てば官軍負けては賊の名を負はされて〉で始まる『灰燼』。茂が加わった西郷軍を「賊」「逆賊」と書く。が、蘆花の思いは決してそうではなかった。自らの信念に基づいて行動した人間を機械的に殺した体制への怒りこそ、あの炎なのだ。兄・蘇峰への劣等感や、家への鬱屈《うっくつ》した気持ちが、同時に、強大な体制に反抗する信念への共感を育てたのだろうか。

「自ら謀叛人になるを恐れてはならぬ。新しいものは常に謀叛である」

蘆花が「謀叛論」で若者たちに訴えたこの言葉は、西南戦争から百三十年がたった今でも普遍的な光りを放ち続けているように思える。

（文＝中原興平）

徳冨蘆花　一八六八（明治元）年、熊本県水俣村（現・水俣市）出身。本名・徳富健次郎。父は思想家・横井小楠の高弟、兄はジャーナリストで評論家の蘇峰。同志社英学校に二度入学するが、二度とも退学。八九（明治二十二）年に上京し、蘇峰が設立した民友社に入社。一九〇〇年に刊行した『不如帰』がベストセラーとなり、続いて発表した文芸小品集『自然と人生』で文名を得た。〇三年には蘇峰との不和から「黒潮社」を設立。三年後にはエルサレムへ巡礼し、トルストイと会見。一一年、大逆事件を受けて「謀叛論」と題した講演を行い、幸徳秋水らを弁護した。主な作品に『黒い眼と茶色の目』、『みゝずのたはこと』など。晩年には自伝的作品『冨士』を執筆。二七（昭和二）年、五十八歳で死去。群馬県渋川市に徳冨蘆花記念文学館がある。

65

『汀《てい》女《じょ》句集』

中村汀女

母住む
江津《えづ》湖畔に
心馳せ

1944・日本出版配給／のち角川文庫ほか

梅雨入り前だというのに、早くも熊本市はうだるような暑さだ。江津《えづ》湖には涼を求めて散策する人々や、釣り人の姿があった。ゆったりと時間が流れる。そんな湖畔の風景に溶け込むように句碑が立つ。周囲には満開のころを少し過ぎたツツジが咲いていた。

つつじ咲く母の暮《くら》しに加はりし　（句集『都鳥』）

汀女は自宅のすぐそばにあった江津湖を愛した。少女時代、彼女は毎日のように釣りに出掛けた。祖母が「すみらのごとなって（真っ黒になって）」と嘆くほどだった。

熊本県立高等女学校（現・熊本県立第一高校）の四年生のころの日記。

〈雨後の湖、ほんとに静か、森のみどりが急にこくなった様に見える。まあよく水にうつってること。神水《くわみず》のもり、健《けん》軍《ぐん》の杉、あそさん等みんなその彩色がちがってそのままさざなみ一つない湖にうつっている。（中略）ともに立って居るのも今は私一人、私の湖のよう〉

第二句集『汀女句集』の冒頭にはこうある。

〈朝夕湖を見て育った。走る魚の影も、水底の石の色も皆そらんじている。父母尚在ます江津湖畔に私の句想はいつも馳《は》せてゆく〉

高浜虚子《きょし》の姉妹弟子だった星野立子《たつこ》（虚子の二女）からは「江津湖のこと、あなたはしぼればしぼるほど書くことがあるのね」と言われた。湖面の色、さざ波、魚の影、水底の石…。幼いころから親しんだ「私の湖」は句作の源、いや汀女の句の世界そのものだった。

＊

汀女は「良妻賢母」の俳人だったといわれる。

仲間との句会は、家族がいない時間を縫って出かけた。こんなことがあった。句会で帰りが遅くなった。急いで帰宅すると、夫が今にも玄関を開けようとしている。慌てて裏口から駆け込み、何事もなかったように夫を迎えた。

〈現代ほど主婦の自由がなかった時代。（中略）あちこちの会に気軽に行きたかっただろう。後年、私にそのことの不満を洩《も》らしたこともあった〉と、長女で俳人の小川濤美子《なみこ》さん（83）は著書『中村汀女との日々』で明かしている。そんな汀女の句に対して、評論家は揶揄《やゆ》を込めて、しばしばこう評した。台所俳句――。

汀女の反論が小気味良い。

〈私たち普通の女性の職場ともいえるのは、家庭であるし、仕事の中心は台所である。そこからの取材がどうしていけないのか。ひとりの女の明け暮れに、感じ浮かぶ想いを、ひとりだけの言葉にのせ文字にする、それだけでよろしいのではあるまいか〉（『汀女自画像』）

思いは行動に表れた。句誌「風花《かざはな》」を主宰。「俳句は誰にでも作れる。私たちは折に触れ、ものに触れ、何かを言いたいのです」。全国各地に「台所俳句」の担い手が誕生した。最盛期には全国に千人以上の会員を集めた。

尚絅《しょうけい》大学（熊本市）の今村潤子教授（日本文学）は「汀女さんはラジオや講話を通じて、主婦たちに『自分もやってみよう』という気を起こさせた。それまで重要視されてこなかった『生活』を、俳句という形で芸術に引き上げた」と、その功績を高く評価する。

「普通の女性」として俳句の世界を生き抜こうとする気概と果敢な行動力。良妻賢母というより、たくましい「火の国の女」の姿が浮かび上がってくる。

＊

『汀女句集』には、句作を始めた十八歳から、子育ての手が離れた四十三歳ごろまでの作品が収められている。この間、汀女は官吏《かんり》であった夫に従い、熊本、横浜、東京、仙台、また東京と転居している。それでも句集には、古里に住む親や熊本を詠んだものが多い。例えば横浜での作品。

曼珠沙華《まんじゅしゃげ》抱くほどとれど母恋し　（『汀女句集』）

今村教授は「汀女は一人娘だった。どこに転居しようが、いつも親や故郷を思っていた」と話し、さらに第一句集『春雪』の第一章「熊本」を『汀女句集』に再録する際、「湖畔抄　江津」と改題したことを挙げ、「湖畔での生活が原風景だと自覚し、自分の句の特性として、江津湖をより強く打ち出したのでしょう」と解説する。

句誌「風花」の名の由来について、汀女は〈『今日の風、今日の花』それは、今日心新しくあれば、風も新た、花も新たといいたく、私はこれを自戒の言葉としているのであります〉と書いている。

汀女は日常の風景であった江津湖で日々、新しい発見をした。幼いころからの体験こそが、古里を離れた後、自らを「心新しく」と鼓舞するエネルギーになったに違いない。

もう、生家はないと聞いていたが、汀女が育った江津湖界隈《かいわい》を歩いてみた。大地主だったという汀女の実家の名残はどこにもなかった。汀女は、夕支度にまだ間のある昼下がり、メモ用紙と鉛筆だけを持って、近所を吟行《ぎんこう》することを好んでいたという。


枇杷《びわ》熟れて銭こぼすほどバス揺れて　（同）

いつも暮らす街中に、何でもない光景に、目を輝かす汀女。そんな姿を想像しながら、ふと振り返ると、アパートの軒先に、びっしりと実をつけたびわの木が目に飛び込んできた。

　私のささやかな発見かもしれない。　（文＝大矢和世）

中村汀女　一九〇〇（明治三十三）年、熊本県画津村（現・熊本市）生まれ。本名破魔。十八歳のとき玄関を掃除していて、初めて「我に返り見直す隅に寒菊赤し」の句が浮かんだという。地元紙に投句、選者の三浦十八公から絶賛された。翌年「ホトトギス」に初投句・初入選する。二十歳で結婚し、東京に転居。約十年間句作から離れる。三十二歳のとき杉田久女に勧められ句作を再開。四〇（昭和十五）年、初の句集『春雪』を出版。四七（昭和二十二）年に「風花」を創刊。随筆も多く、六七年には西日本新聞に「その日の風」を連載。八八年、八十八歳で死去。病床でも句作、選句に専念した。熊本市名誉市民（七九年）、文化功労者（八〇年）、日本芸術院賞（八三年）ほか。

66

『繭《まゆ》』 林 房雄

忌避《きひ》された作家の母への情

1926・春陽堂（『絵のない絵本』に収録）／のち講談社（『日本プロレタリア文学集』に収録）ほか

身なりも物腰も、かっちりとした中年男性は、突然、こちらの言葉を遮った。

「勘弁してください。林房雄と結び付けられることは、どんな形であろうとお断りします」

　林の出身地、大分市の某所。ゆかりの地をようやく訪ね当て、話が本題へと入った途端、取材はあっけなく打ち切られた。

「こういう職にある者として、林房雄へのコメントは絶対タブーです。申し訳ないですが」

　男性は公職の管理職。

「やっぱり『大東亜戦争肯定論』ですか」

　記者の問い掛けに、男性は「自宅の本棚には今でも（本刊、続刊の）二冊とも持っていますが」と言いかけ、慌てて「本を持っているというだけで問題になるから」と口をつぐんだ。

林房雄とは、そういう作家である。

文芸評論家で久留米大教授の松原新一さん(67)=福岡県久留米市=は「忌避された作家」と呼ぶ。

「一つには、あまりに激しく転変した思想遍歴ゆえに。一つには、反動的な名称を持ち出してあの戦争を語り、あまつさえ『肯定』しようとしたそのスタンスゆえに、でしょう」

＊

全集では、わずか八ページの自伝的小説『繭』は、一九二六(大正十五)年に発表されたプロレタリア文学作品。前年公布の治安維持法が初めて発動された「京都学連事件」の未決囚として、林は当時、京都の獄中にある。

〈正確に言えば、大学ではなく、『新人会』に入学した〉(「狂信の時代」)と述懐する通り、東京帝国大学に進んだ林は、共産主義革命を志向する学生が集った新人会を舞台に、マルクス主義へと傾倒していく。

〈ぐつぐつと煮られ眼に見えない一筋の絹糸でその生命を吸いとられ、しだいに細く細く痩《や》せて行き、やがて真黒な蛹《さなぎ》――不用な死体となって煮湯の中にほうりだされる。

ところがその一方には――よく注意して見ると――彼女たちの頭の上でぐるぐるまわっている糸枠のように、繭の命を吸いとりながらだんだん太って行く人間たちの群があるではないか〉

痩せ細っていく繭と、肥え太っていく糸枠と。林は生糸つむぎの二面性の中に、貧富の格差拡大という近代資本主義の矛盾を見事に描いてみせる。さらにその繭には、女工として身の細るような労働を強いられている母の姿を重ね合わせながら。

〈母とても、あの工場にいる限り、またあの哀れな繭の一つではないか。眼に見えない絹糸が、その命を吸いとって行く〉

＊

「傲慢《ごうまん》でも卑屈でもなく、丁寧な言葉を使う紳士でした」

元大分県庁職員で「九州文学」同人の長谷目源太さん(78)=大分市=には、四十年ほど前、林が県庁に当時の知事を訪ねてきたときの記憶が、今も鮮烈だ。

「ちょうど『大東亜戦争肯定論』が発表されたころです。社会党政治家として『憲法九条論』をまとめられようとしていた木下郁《かおる》知事との間で、面白い対談が聞けるのでは、と期待しました。でも林さんは穏やかに笑って、昔話をするだけでしたね」

二度の投獄を経た後、林は三六(昭和十一)年に「プロレタリア作家廃業」を宣言する。『大東亜戦争肯定論』は、愛国的「日本主義」へと思想のかじを大きく切った後の林を集大成する作品だ。

〈あの戦争はアジアを植民地化する欧米諸国との『東亜百年戦争』の帰結。そもそも勝ち目のない抵抗だったが、や

らなければならない戦争だった〉
その特異な理論は、直視できない強烈さを伴った。がゆえに、戦後日本に生きる私たちの目から、他の一切の「林房雄」を覆い隠してしまったのではなかろうか。『繭』もまたその一つ。

長谷目さんは言った。

「あのたった一冊のために、地元大分でさえ、『繭』の透き通るような親子愛でさえ、人々は目を背けてしまったんです」

＊

大分市三芳《みよし》。北大平寺村と呼ばれていた当時、林一家が農家の土蔵を借りて暮らした地域を歩きながら、ずっと心にわだかまり続けた謎とあらためて向き合った。

なぜ、林は「転向」したのか——。

小説と同じく、息子の学費工面のために母・ヒデが女工として働いた製糸工場は既にない。跡地は、携帯電話のサービス会社のプレハブ事務所になっていた。

あの戦争を境に様変わりしたもの。それは林ではなく、国家や社会の方ではなかったか。「一億総玉砕」から「一億総懺悔《ざんげ》」へ。時代の振り子は大きく振れ、その真ん中で時代を、社会を、批判的ににらみ続けた一人の作家を置き去りにした。そして、忘れた——のではなかったか。

六六(昭和四十一)年、作家三島由紀夫との対談の中で、林はこう語っている。

「自分は真理の的を射当てたいと願っている弓だと思っている。そして、弓は必ず曲がっている。しかし、曲がっている弓は——創作者というものは——自分はまっすぐだと思っている」

林は生涯、曲がった弓であり続けたのだ、と思う。

(文＝東 憲昭)

林 房雄　一九〇三(明治三十六)年、大分市生まれ。本名後藤寿夫。十歳のとき雑貨商を営む父が破産し、一家で生地を離れて農家の土蔵に暮らす。一六(大正五)年、旧制・大分中学(現・大分上野丘高校)入学。この時、若い教師が説く人道主義に引かれて文筆に目覚めた。旧制・第五高等学校(現・熊本大)を経て、二三年に東京帝大法学部政治学科に入学。学生組織「新人会」を通じてマルクス主義思想に接近し、治安維持法違反などで入獄も二度経験。三六(昭和十一)年にプロレタリア作家廃業を宣言した後は、代表作『西郷隆盛』『大東亜戦争肯定論』に見られる日本主義的傾向を強めた。七五(昭和五十)年、七十二歳で死去。

67

『落《らく》日《じつ》燃《も》ゆ』

城山三郎

皇国少年がみた理想の指導者

1974・新潮社／のち新潮文庫ほか

彼の生涯、その始点と終点にはそれぞれ石碑が建っていた。

始点には生誕地を示す石柱。福岡市中央区天神三丁目、雑居ビルの裏路地にひっそりとあった。

終点には「永久平和を願って」と書かれた碑。東京・東池袋中央公園内にある。彼の名はない。碑文から、かつて第二次大戦の戦争犯罪人を収容し、刑が執行された巣鴨プリズンがここにあったことが知れる。

ふたつの碑は、彼の波乱に満ちた生涯を象徴しているように思えた。

彼とは、広田弘毅《こうき》（一八七八―一九四八）である。福岡市出身のただ一人の総理大臣、終戦後にA級戦犯として絞首刑になった。二〇〇七（平成十九）年三月に死去した作家、城山三郎の小説『落日燃ゆ』は彼、広田が主人公だ。

＊

経済小説のパイオニアとして知られる城山には、もうひとつ、戦争文学といえる作品群がある。『落日燃ゆ』はその流れの中にある。

広田は石屋のせがれから外交官をへて三度の外相、総理大臣にまで登りつめた。だが、城山が書きたかったのは彼の出世譚《たん》ではない。

前半は、満州事変（一九三一〈昭和六〉）から太平洋戦争（四一年開戦）へと突き進む〈天皇という神輿《みこし》をかついだ現代の荒法師《あらほうし》たち〉〈野放しのあばれ馬〉軍部と協和外交を掲げる広田との戦いを、後半は〈戦争について自分には責任がある。無罪とはいえぬ〉と、東京裁判で一切の弁明をせずに逝《い》った広田の生きざまを、描いた。

「城山先生は綿密に調査、取材する方でしたが、『落日燃ゆ』にはかなり苦労されていました」。当時の新潮社担当編集者、梅澤英樹さん（73）はそう述懐する。人間・広田を描くためには、遺族へのインタビューが欠かせない。だが、遺族はマスコミとの接触を一切断っていた。

それを可能にしたのは作家の大岡昇平だった。大岡は広田の長男と小学校の同級生。城山の苦労を知った大岡が仲介し、遺族への取材が実現した。

『落日燃ゆ』は一九七三（昭和四十八）年三月三十一日に脱稿。この日、城山は手帳に次のようなメモを残す。〈集中してかかりきってきた作品である。資料山積身動きならず〉

身を削って紡いだ作品は翌年、新潮社から出版された。

毎日出版文化賞と吉川英治文学賞を受賞する。城山の代表作となった。

＊

「広田弘毅に対して後世の歴史研究者の多くは、城山さんの『落日燃ゆ』よりも厳しい評価をしています」

昭和戦前期の政治外交史が専門の久留米大法学部准教授、森茂樹さん（41）は語る。「抵抗及ばず戦争を止められなかったというよりは、軍部の暴走を放置したという見方です」。そのうえでこうも指摘した。「ただ、広田個人に関する資料はほとんど残っていない。その曖昧《あいまい》な部分に、いろいろな思いが投影できるとも言えます」

では、城山が広田に託した思いとは何だったのか。

城山はかつて熱烈な皇国少年だったという。十七歳の四五年五月、両親の反対を押し切って海軍特別幹部練習生として志願入隊した。だが、四カ月の軍隊生活で見たのは、将校たちの腐敗、新兵へのいじめ、組織の理不尽さだった。そこには彼が抱いていた「お国のため」という大義はなかった。骨髄に染みた嫌悪感が、大義と個人、組織と個人の関係を突き詰めていく作品へとつながっていく。

友人で評論家の佐高信《まこと》さん（62）は「城山さんは（終戦の）十七歳で時間が止まっていた」と語った。

城山は、戦争という暗闇の時代に抗《あらが》おうとした理想の指導者像を広田にみたのではないか。城山三郎というレンズを通して像を結んだ広田弘毅であったからこそ、『落日燃ゆ』は単なる史書や伝記を超えた文学作品として今も人々の心を打つ。

＊

『落日燃ゆ』の中で、城山は広田の生き方を「自ら計らわぬ」という言葉で象徴した。自らのために策を弄《ろう》しない、つまり「無私」の姿勢である。広田がオランダ大使に左遷されたときに詠んだ句「風車《かざぐるま》風の吹くまで昼寝かな」も同様の心境だろう。逆境にも倦《う》まず、風が吹けば無私となって懸命に回る風車として。

そして城山自身も、自ら計らわぬ生き方を通した。勲章を辞退し、出版社差し向けのハイヤーに乗ったり銀座のクラブに通ったりする〝流行作家らしさ〟を嫌った。移動はいつも電車。住民基本台帳ネットワークシステムや個人情報保護法には「自由の根幹にある『言論・表現の自由』を駄目にする」と強く反対し、憲法を擁護する「憲法行脚《あんぎゃ》の会」の呼び掛け人にもなった。

二〇〇七年五月二十一日に都内のホテルであった「城山三郎さん　お別れの会」には約七百五十人が参列した。中曽根康弘、小泉純一郎、土井たか子、菅直人《かんなおと》ら政治家も姿をみせた。党派や主義を超えて愛された作家だった。（文＝西山 宏）

城山三郎　一九二七（昭和二）年八月、名古屋市中区生まれ。本名・杉浦英一。杉本五郎中佐の『大義』などに心酔し、四五年に海軍特別幹部練習生として志願入隊。五二（昭和二十七）年に一橋大学卒業後、愛知学芸大（現・愛知教育大）で助手、専任講師として六三年まで景気論など担当した。五七年『輸出』で文學界新人賞、五九年『総会屋錦城』で直木賞を受賞。著作に『大義の末』『官僚たちの夏』『男子の本懐』『粗にして野だが卑ではない――

石田禮助の生涯』『指揮官たちの特攻――幸福は花びらのごとく』など多数。「伝記文学の新しい領域を拓いた功績」で九六（平成八）年に菊池寛賞を受賞した。二〇〇二年には朝日賞も受賞。〇七年三月二十二日、七十九歳で死去。一四年、城山三郎賞（主催・角川文化振興財団）が創設された。

68

それは遺言状、だった

『ファザーファッカー』

内田春《しゅん》菊《ぎく》

1993・文藝春秋／のち文春文庫ほか

〈私は娼婦の顔をしていると言われる〉

主人公静子――内田春菊は、二十七歳のとき、少女時代の記憶を手繰り寄せる作業を始めた。

〈それだけはぜったいしないという考えで暮らしていたのだ。人が私をどう見ようが構わないが、いったい何故私はそんな顔をしているのだろうか〉

自伝的小説『ファザーファッカー』は一九九三（平成五）年、春菊三十三歳の年に出版された。構想から七年。それは「遺言状」として記された、決別の文章だった。

＊

〈やっと思い出した。私は娼婦だったのだ〉

長崎港を望む五十段坂。急な階段を上りつめた辺りに、その「売春宿」はあった。おかみは実の母で、ただひとりの客の男は、育ての父だった。

ほとんど寄り付かなくなっていた実父と入れ替わるようにやってきた男は家長の座につき、家庭を支配する。愛人であるはずの母は殴られ、子どもたちは見ず知らずの男を「お父様」と呼ばされた。大声で笑ったといっては「ばか笑いをするな！」と怒り、流行歌を歌うと「そんな歌を歌うな」、絵を描いても「止《や》めさせろ」と怒鳴った。

静子には空想癖がつき、焦点の合わない目でぼんやりしていることが多くなった。思春期に差しかかると、養父は性について異常な反応を見せ始める。「本当にこいつは要注意だからな」

〈私は、淋しかった。いつも、家の中では〉

外に生きる場を求めた静子は、中学二年のとき同じ学校の男子生徒と恋愛し、妊娠する。「この淫売が」。養父は家中の物で静子を殴り倒し、ののしり、泣き、そして自分の寝台で〈手術〉に及んだ。「おれがつついてみる」

＊

「実体験、じゃないですよね？」

漫画家としてすでに五十冊近い単行本を刊行していた春菊の初めての小説に、世間の反応はほぼこれに尽きた。

養父から逃れるため十六歳で家を出て、ホステスやクラブ歌手、ウエートレスなどさまざまな職を経て漫画家デビューを果たした。東京で安定した生活を手に入れつつあったころ、かつて養父の性的虐待を黙認、というよりむしろ進んで娘を差し出していた母親と大げんかして縁を切った。

「そんなこと言っても実の親子なんだからね。絶対に離れないよ」

母の捨て台詞《ぜりふ》が春菊には財産目当てにしか聞こえず、過去を証言する意味を込め筆を執る。勢いで書き始めたが、しまい込んできた記憶を浮かび上がらせる作業に、ひとり泣きした。

親しくなった何人かの男に、虐待の過去を打ち明けたこともある。春菊の気持ちと裏腹に反応はいつも同じだった。「じゃあ、この女は何しても平気だな」。タイトルの「ファザーファッカー」は、交際し子どもまで作った男から浴びせられた罵《ののし》りの言葉である。

*

淡々と、ひたすら記憶を順序立てて回想する。余計な心理描写が一切ない文章は「新世代の文学」として賛否両論を呼びもした。しかし、おそらく世代という括《くく》りは的外れだろう。感傷的な描写のない文章そのものが、養父による性的虐待という過去に対する、春菊なりの対処の姿勢を表しているように思えるからだ。春菊は言う。

「ほんとに辛いことがあると主人格が耐えられなくなって、パシンと閉じちゃって別人格が出てくるっていう、多分それに近いことをやって乗り切ったと思うんです」

逃れることのできない状況への最後の手段――「無感動」という抵抗をそのまま体現した、ひとつの文学の形が『ファザーファッカー』にはある。

作品は七十万部を超えるベストセラーになり、出版から二年後に映画化される。ヌードシーンを最低限に抑えて撮影されたが、制作陣の意図に反し完成作はR指定を受けた。子どもたちにこそ見てほしい、少女の旅立ちを描いた青春映画を目指していたという。

*

小説『キオミ』『息子の唇』、漫画『目を閉じて抱いて』……女優、歌手としての横顔も持ちながら、春菊は数多くの作品を生みだしてきた。

養父からの度重なる性的虐待や交際相手との不本意な妊娠と中絶、強姦《ごうかん》被害など決して少なくないトラウマを抱えながら、作品にはあらゆる性愛の姿が現れる。見方によっては、あっけらかんと、至極当たり前のこととして。春菊の考えはシンプルだ。

「そんなに『ないこと』にしてる人が多いことが逆に不思議なんです」

『ファザーファッカー』が育児漫画『私たちは繁殖してい

る』と合わせてドゥマゴ文学賞を受賞したとき、審査員を務めた宗教学者で作家の中沢新一は、こんな選評を寄せている。

「教育やら家庭やらメディアやら日本の男特有の心理やらのせいで、すっかりこんがらかってしまった、性と生命のリアルを、すなおに、まっすぐに表現してみせた。（中略）こんな生命の描き方をしている人は、ほかにいない。じぶんの生命を、こんなふうに生きている人も、ほかにいない」

　気持ちに偽り無く、繊細な感性のまま生きてきた。「最近の人たちって、なるべく傷つかないように先に情報仕入れようって言う傾向ありますけど、人からもらったものよりも自分で経験して積んだデータのほうが絶対に役に立つんです」

　過去の昇華と言えばあまりに短絡的だが、経験は得難い創作の源となり、やがては強《したた》かな生命力に変わる。不敵な笑みを浮かべられる自分にだってなれるのだ──。春菊のエッセーから一節を借りるなら〈まあ人生とは面白いものよのお〉（『やられ女の言い分』）、と。中沢は、こうも言っている。

「内田春菊という生き物の存在じたいに、ぼくは賞をあげたい」

（文＝平原奈央子）

内田春菊　一九五九（昭和三十四）年長崎市生まれ。八四年に四コマ漫画でデビュー。『南くんの恋人』などで一躍人気作家になる。九三（平成五）年『ファザーファッカー』が漫画『私たちは繁殖している』と合わせて第四回ドゥマゴ文学賞を受賞。直木賞候補にもなる。翌九四年『キオミ』が芥川賞候補となる。漫画、小説作品のほか、エッセー集も人気が高い。女優としてもテレビドラマや舞台、映画（阪本順治監督『顔』、松尾スズキ監督『恋の門』、タナダユキ監督『月とチェリー』ほか多数）に出演し、独特の存在感を見せている。

69

『異聞《いぶん》浪人記』

武士道貫く
孤高のまなざし

滝口康彦

1963・光風社／のち講談社文庫（『一命』に収録）ほか

短刀の刃を自らに向け、最期の覚悟。一気に腹に突き立てる。力を込め、横に切り裂く。見届けた介錯《かいしゃく》人の刀が一《いっ》閃《せん》、首を切り落とす。

　切腹──。武士道を貫く自決方法として、中世から近世にかけ定着した。動機はさまざま。主君に殉ずるため、責めを一身に受けるため、捕虜の恥辱を避けるため…。それが関ケ原の戦以後、主家の廃絶が進むと、路頭に迷った浪人の間では窮迫を切り抜ける手段としても利用された。

「切腹のためお庭を拝借したい」

　衣食に窮した浪人が、神妙な態度で大名の家に訪れる。最期ぐらいは晴れの死に場所で、と。思いとどまらせたい諸侯が金品を与え、帰らせる。体のいいゆすりだった。

『異聞浪人記』の千々岩求女《ちぢいわもとめ》もその一人。彼には深い事情があった。最愛の妻と子が病魔に冒されていた。医者に見せるには金がいる。刀を売っても足りず、切羽詰まって井伊家の屋敷に狂言切腹を申し出た。だが、残酷な老職に謀《はか》られ、本当に切腹の場が用意された。周囲からの冷笑の目。事情を説明する事もかなわず、無念のままに命を絶った。

求女は、物語の脇役にすぎない。しかし、滝口はこのくだり、思い入れ強くこう書き記した。

〈人それぞれの心は、とうていはたからはうかがい知れぬものである。――奈落の底にうごめいている浪人者の悲哀は、衣食に憂いのない人々には、所詮《しょせん》わかってもらえることではなかった。血迷った求女の未練を嘲《あざけ》り笑ったその人々が、同じ立場に立たされた時、どれだけのことができるというのか――。〉

＊

封建制下に生きる下級武士や庶民の苦悩、葛藤《かっとう》を描き続けた滝口。時代小説を通して世の不条理を問い、作品群には現代にも通じる「体制と個」という根幹的なテーマが貫かれていた。

滝口の青年時代にさかのぼると、そうした思考の背景が見えてくる。

終戦前の一九四四（昭和十九）年、滝口は当時二十歳。配属された海軍の防府海軍通信学校（山口県）は、暴力が人を支配していた。日々続けられる厳しい訓練。懲罰と称して上官は棒で訓練生の尻を打ち、同級生同士で殴り合いをさせた。

滝口と同級生だった都筑均《つづきひとし》さん（83）＝福岡県太宰府市＝は「あそこではそれがルール。誰も刃向かえんし、従うしかなかったよ」と証言する。

滝口は復員後、佐賀県多久《たく》市の炭鉱に就職した。手には何の技術もなかったが、坑外《こうがい》修繕の仕事にまじめに取り組んだ。ところがその三年後、会社から突然の解雇通告を受ける。親族に共産党員がいたことで、無関係だった滝口にも疑いがかけられ、レッドパージ（共産党員追放）の対象となったのだ。懸命に働いてきた会社からの仕打ち。保身のために弱い立場の人間を平気で切り捨てる組織（＝権力）への反骨心は、後年になっても忘れなかった。

妻のスエノさん（78）＝多久市北多久町＝は代弁する。

「そもそも『日本は絶対に正しい』と教育してきた国が、戦前と戦後で舌の根も乾かぬうちに態度をコロリと変えた。曲がった事が嫌いだった主人は、体制や組織に対する不信がぬぐえなかったと思います」

後に、有名作家が所属する「日本ペン・クラブ」から入会を何度も誘われながら断り続けた事実からも、無頼《ぶらい》の姿勢がうかがえる。

＊

恨みの文学。そう評された滝口文学。五七（昭和三十二）年の『高柳父子』から二十二年間で、直木賞候補六作品を送り出した。

物語の創作時には、資料を探しに地元の図書館によく足を運んだ。武士の理想像を書いた記録書『葉隠《はがくれ》』の一文「武士道と云《い》ふは死ぬ事と見つけたり」の精神を貴ぶ佐賀藩に材を求める一方で、空想ものも多かった。

家では普段から和服姿。一度創作に没頭すると家の者は近づけず、家の廊下を往復しながら思案を重ねた。孤高の文士にふさわしい姿だった。

円熟期を迎えつつあった八三年秋。心臓病に倒れた。脳梗塞《こうそく》も発症し、筆を持てなくなった。武士にとっての刀を永久に奪われ、「西国三人衆」と呼ばれライバルだった古川薫、白石一郎の両氏が次々直木賞を受賞するのを眺めるしかなかった。

それでも、見舞いに訪れる家族や友人たちへの気遣いは忘れなかった。病魔の疲れを隠し、最期まで「つらさを表に見せなかった」（スエノさん）という。思いやりだった。

滝口の死後、親友の古川氏はこんな追悼文を寄せた。

「葉隠れの武士道を体現する人物が、君の作品にあらわれる。そのサムライたちは、滝口康彦そのものだった」

（文＝座親伸吾）

滝口康彦　本名・原口康彦。一九二四（大正十三）年、長崎県佐世保市出身。八歳で父を亡くし、九歳のとき母が再婚して佐賀県多久市に転居する。郵便集配員や運送会社員を務め、四四（昭和十九）年に海軍の相浦海兵団に入団、防府海軍通信学校に転属。戦後は炭鉱員として働く傍ら、小説やラジオドラマを書いては懸賞に応募した。五七年発表の『高柳父子』で初の直木賞候補。以後も『かげろう記』『仲秋十五日』など計六回同賞候補に選ばれた。五十九歳の時に心臓病で入院。二〇〇四（平成十六）年、急性循環不全のため八十歳で死去。

70

なんにも
用事が
ないけれど

『第一阿房《あほう》列車』

内田百閒《ひゃっけん》

1952・三笠書房（『阿房列車』）／のち新潮文庫、ちくま文庫ほか

〈なんにも用事がないけれど、汽車に乗って大阪へ行って来ようと思う〉

内田百閒の随筆集『第一阿房列車』は一九五〇（昭和二十五）年、六十一歳の百閒が大阪への旅を思い立った場面から始まる。翌五一年六月三十日午後九時、博多行きの急行「筑《つ》紫《し》」が東京駅を発車した。百閒が陣取るのは最高級の一等個室寝台。集中の一編、「鹿児島阿房列車」の始まりである。

＊

「阿房」に込められた深い意味は後述するとして、まずはその「阿呆」ぶりを紹介しよう。

　生涯借金まみれだったにもかかわらず、百閒は常に一等車を選んだ。〈五十になった時分から、これからは一等でなければ乗らないときめた〉。当時の列車には一、二、三等車があり、運賃はざっと二等は三等の倍、一等は二等の倍。当然、旅費には苦労している。〈なんにも用事がない〉最初の大阪行きも借金で実現した。友人に金を借りる際の弁が奮っている。収入が少なく生活費がかさむというのであれば金を返せる見込みはない、それに比べ自分の借金は〈あんまり用のない金なので、貸す方も気がらくだろう〉。

　時刻表で旅程を考えるのは好きなのに、切符を事前に購入するのは大嫌い。〈先に切符を買えば、その切符の日附が旅程をきめて、私を束縛するから〉だ。駅に出向くと売り切れである。すると〈何が何でも是が非でも、満員でも売り切れでも、乗っている人を降ろしても構わないから、是非今日、そう思った時間に立ちたい〉と言い出す。裏から手を回し、何とか切符を手に入れると〈うれしくて堪《たま》らないから、そこの食堂で一杯飲みたい〉とウイスキーを傾ける。赤ら顔をしている隣席の客に〈真っ昼間からお行儀が悪い〉とケチをつけ、自らについては〈旅の恥は掻《か》き捨てだと云《い》う事にした〉。ご都合主義の固まりである。

　旅のお供は、常に「ヒマラヤ山系」君こと国鉄職員の平山三郎さん（故人）と酒だった。「筑紫」にもお燗《かん》をした酒が入った魔法瓶二本とつくだ煮、おにぎりを持ち込んでいる。発車間もなく、二人の夕げが始まる。〈何の話しもないけれど、何となく面白くない事もない〉時間を過ごし、差しつ差されつで酒が進む。酒がなくなると、ボーイに頼んで途中の駅で買い足しては飲む。〈今どの辺りを走っているのか解らない。何しろ大分夜更けである〉

評論家の川村二郎さんは『阿房列車』の面白さについて〈一般性を全く持たない点に、笑いを触発する第一の契機がある〉（『内田百閒論』）という。とっぴでわがままな行動と、屁《へ》理屈めいた口上が、世間の常識と懸け離れているからこそ、多くの人を魅了するという分析だ。

ところで、『阿房列車』の旅で百閒は何度も熊本県八代《やつしろ》市を訪ねている。目的は国指定の名勝史跡「松浜軒《しょうひんけん》」。一六八八（元禄元）年、細川藩の筆頭家老だった松井家のお茶屋として建てられ、一九五一―五八年には旅館として営業していた。管理にあたる栗田欣次さん（76）によると「紹介状がないと泊まれなかった」そうだ。百閒は〈巡幸の時行在所《あんざいしょ》になった家だそうで全く恐れ入る。宮様《みやさま》方も度度お泊りになると聞かされた〉と気に入り、計九回も宿泊したという。芸術院会員に推薦された百閒が、「イヤダカラ、イヤダ」という名（迷）セリフで辞退したエピソードは有名だが、一方で名誉や権威を無邪気に喜ぶ側面もあった。

百閒が一筋縄ではいかないところだ。

＊

新幹線の開通や高速道路の整備に伴い、夜行列車は次々と廃止され、現在、東京―九州を結ぶ夜行はわずか一本になった。空路なら二時間弱で行くことができる東京―熊本を約十八時間。現代版『阿房列車』の旅を味わってみようと、午後六時三分、東京駅発の寝台特急「富士・はやぶさ」号に乗り込んだ。

予約したB寝台は長さ二メートル、奥行き七十センチ程度で、毛布とシーツ、枕、浴衣が用意されている。上着を脱ぎ、ネクタイをほどいて夕暮れの景色を眺めると、日ごろ味わえないゆったりとした気分に包まれた。

並走する山手線、京浜東北線の電車はサラリーマンでぎっしり。対して、こちらの乗客はこの日約五十人。定員の二割前後の乗車率で、まったく乗客がいない車両もあった。同じ鉄道なのに、全く別の時間が流れている。灰皿には国鉄を意味する「ＪＮＲ」の刻印。「新潟鉄工所　昭和51年」という車両のプレート。どんどん時間感覚がズレていく。「飛行機が苦手なんです」という同じボックスに乗り合わせた熊本市内の団体職員（58）が、缶ビールを開けた。誘われて、私もビールを飲みながら、規則的な揺れに身を任せてみる。ぼんやり車窓をながめながら考える。

人はどうして「鉄道」に引かれるのだろう。

よく自転車を走らせ、列車を見に行った小学生時代を思い出す。特急、急行、貨物、そして新旧の車両。多彩な顔ぶれには、それぞれ個性があり、見飽きなかった。何より「自分の知らない、どこかへ連れて行ってくれる」という思いに誘ってくれた。そして、時間がかかる列車に乗ることは、移動ではなく、非日常的な旅の一部となる。百閒もまた、列車旅の非日常性を偏愛したのではないだろうか。

『阿房列車』というタイトルは、中国・秦の始皇帝が計画した巨大宮廷「阿房宮《あぼうきゅう》」から取ったとされる。百閒はそこに、実用性を超えた壮大で贅沢な遊びを見たのだろう。阿房宮計画は頓挫《とんざ》したが、百閒の旅は終わらない。東京に戻った時から、次の旅が始まっているのだ。

〈毎晩、お膳の後で汽車の時刻表を眺めて夜を更かした。眺めると云うより読み耽《ふけ》るのである〉

（文＝塩津健司）

内田百閒　小説家・随筆家。一八八九（明治二十二）年五月二十九日、岡山市の造り酒屋の一人息子として生まれる。本名・栄造、別号・百鬼園。旧制・第六高校（現・岡山大学）を経て東京帝大文学部独文科卒。大学時代から夏目漱石門下となり、芥川龍之介、森田草平らと親交を結んだ。陸軍士官学校教授、法政大教授などとしてドイツ語を教えた傍ら、一九二二（大正十一）年に初の短編集『冥途』を刊行、以後『旅順入城式』など独特の恐怖感を表現した小説に加え、風刺やユーモアに満ちた随筆『百鬼園随筆』『百鬼園俳句帖』『ノラや』などを出版した。鉄道など乗り物好きとして知られるほか、琴にも堪能で、作曲家・箏曲家の宮城道雄との交流が知られる。七一（昭和四十六）年四月二十日、老衰のため死去。九〇（平成二）年、内田百閒文学賞（主催・岡山県、岡山郷土文化財団）が創設された。

71

『日向《ひゅうが》』

中村地《ち》平《へい》

故郷は
ひっきょう
自分自身である

1944・小山書店／のち角川文庫、鉱脈社（みやざき21世紀文庫）ほか

〈べつだん、とりたてていうほど奇矯な風景ではない〉。所々に丘があり、川が流れ、竹やぶがあり、並木が連なる〈ごくありきたりな田舎の眺めをもっているにすぎない〉

控えめな筆致で郷里、宮崎平野の叙述を始めた中村地平は〈しかし、そのくせ、その風景は、よその土地ではけっしてかんじることのできない、一種独特な調子、もち味といったものを持っている〉と続ける。〈どことなしに澄んだ、南方的なかがやきのある、そのくせ古典性に共通なあるふかい悲しみをかくした、一種の調子——うっかりすると、ついみおとしてしまいそうな、味のこまかい感覚的な調子を持っているのである〉

風土記『日向』の一節である。

論理的な文体で知られる中村にしては、やや抑制を欠き、もどかしい記述になったのは、古里に対する愛着と執着の大きさゆえだろうか。それでも、この短文には中村の郷土観だけでなく、その創作、さらには自身の存在の核までが描かれているような気がする。

＊

中村が生まれ育った宮崎市を訪ねた。市街地を貫いて、大淀《おおよど》川がゆったりと流れ、陽光にあふれた大きな空が広がっていた。『日向』が書かれた時代から半世紀以上が過ぎた今も、〈この日向の国へはいればだれでも気がつく、一種気の遠くなるような明るさは、その土地いたるところの山河にゆらめいて〉いる雰囲気は濃厚である。しかし、〈古典性に共通なあるふかい悲しみ〉まではなかなか実感できない。「中村にとって、日向には二つの要素があるんです。明るく伸びやかな南方性。もう一つは国生みに至る神話性です」と岡林稔・宮崎大学教授（地域文化）は語る。一ツ葉海岸は南国的明るさに満ちているが、記紀に親しんだ中村は、黄《よ》泉《み》の国からこの世に戻ったイザナギノミコトが身を清めた〈荒れはてた海岸〉として記憶している。太古へとさかのぼる時間の堆積《たいせき》から漂い出す神や人の〈ふかい悲しみ〉。「明るさだけではなく、光の中にある微妙な影を見いだす感受性」（岡林教授）をもって、中村は日南海岸、飫肥《おび》城下、神楽《かぐら》の里・高千穂、民俗芸能の宝庫・椎葉《しいば》へと巡る。

風土記『日向』は、宮崎の光や風、文化や人々の暮らしを、細かい襞《ひだ》まで丁寧にたどり、近代に記された第一級の風土記となった。

＊

『日向』を出した一九四四（昭和十九）年、中村は長い東京生活を切り上げて宮崎に疎開した。しばらくして宮崎県立図書館長に就任し、以後は死ぬまで宮崎で暮らすことになる。東大在学中に小説を発表し、井伏鱒二《いぶせますじ》門下で太宰治と並ぶ秀英と評された新進作家、中村にとって、さまざまな事情が重なったとはいえ、挫折感を伴った帰郷だったであろう。『日向』は節目の年に世に問うた郷土の再評価であり、再発見だったといってよい。同時に今風の言葉でいえば「自分探し」でもあった。中村は『日向』の後書きにこう記しているのだから。

〈故郷はひっきょう自分自身である〉

そして、この時期、中村には自分自身を見つめ直す必要もあった。

＊

〈僕自身が考えている文学の指標であるが、それは南方文学の樹立である〉と中村がエッセイで高らかに宣言したのは四〇年。南方性とは〈明るさであるとか、楽天性であるとか、行動的描写の卓越さとか、感情的な詩情とか、神話的空想力とか、熱情的飛躍性〉と記している。既にそれらの特性は、高校時代を過ごした台湾を舞台にした初期代表作『熱帯柳の種子』に打ち出されていた。

中村にとって南方は二つあった。台湾と郷里・宮崎である。前者の作品には、台湾の少数民族が日本の支配に抗った霧社《むしゃ》事件に材を採った『霧の蕃社《ばんしゃ》』、『長耳国《ながみみこく》漂流記』などがあり、後者の代表作には『土竜《もぐら》どんもぽっくり』がある。いずれにしろ、中村にとっての南方性とは、近代批判としての前近代的な素朴、野蛮、力強さであった。しかし、『日向』出版に前後して、中村は南方文学から徐々に遠ざかり、戦後は私小説に移行してしまう。

岡林教授が転向のきっかけと推測するのは四一年末から翌年にかけて、陸軍報道班員として駐在したマレーでの見聞である。

「中村の南方文学が戦争翼賛ではなかったことは、評価すべきです。しかし、南方志向が、大日本帝国の南進と重なっていたことは間違いない。マレーで侵略戦争の実相に触れたことが大きかったのではないでしょうか」

＊

中村は五七（昭和三十二）年、『日向』の改訂版を別の出版社から出した。加筆された部分は主に観光的な情報が多いとされている。県立図書館長となり、宮崎の文化行政に携わる立場となった中村が、観光ＰＲを意識したという見方がある。妥当な説だろうが、自ら闇に葬った南方性を、風土記というスタイルの中では存分に表現できたことも、中村がこの本を再版するほど愛着を抱いた理由だったのではないだろうか。

晩年の中村と出会い、文芸同人誌「竜舌蘭《りゅうぜつらん》」で今も作品を発表している宮崎県都城《みやこのじょう》市の久保輝巳さん（78）は、思い出を語る。

「気むずかしい面もありましたが、実にのんびりと、悠然とした人でした。日向からしか生まれない人柄であり、文学です。中村さんは日向そのものです」

故郷はひっきょう自分自身である。

（文＝岩田直仁）

中村地平　小説家。一九〇八（明治四十一）年、宮崎市生まれ。台湾総督府立台北高等学校を経て、東京帝大文学部美学史科を卒業後、新聞社に入社。二年間勤務の後、退職して作家生活に入る。『熱帯柳の種子』で本格デビューした後、郷里・宮崎や台湾の風土を作品の底流に置いた「南方文学」を提唱。作家、井伏鱒二に師事し「北の太宰治、南の中村地平」と呼ばれるほど、高い評価を受けた。四四（昭和十九）年に宮崎に疎開し、四七（昭和二十二）年に宮崎県立図書館長に就任。晩年は父の跡を継いで宮崎相互銀行（現・宮崎太陽銀行）社長を務めた。こうした業務の傍ら、六三年に他界するまで宮崎で小説を書き続けた。

72

『九州文学散歩』

野田宇《う》太《た》郎《ろう》

先人の心
感じた
10万キロの旅

1943・創元社／のち文一総合出版（『野田宇太郎文学散歩』に収録）、角川文庫ほか

戦争の傷跡がまだ残る一九五〇（昭和二十五）年、野田宇太郎は「文学散歩」の旅に出かけた。作品と資料を読み込み、文学者ゆかりの地を訪ね、当時を知る人から話を聞き、作品を生んだ風土を肌で知る。旅は北海道から沖縄におよび、遠くヨーロッパに足を運んだこともある。病床に伏すまでの三十四年間、移動距離にして延べ十万キロを超える旅を続け、ライフワークとして出版を重ねた『文学散歩』シリーズは、二十六巻（文一総合出版）にまとめられた。中で、多くの研究者が白眉《はくび》と認めるのが、野田が敬愛した作家、森鷗外、北原白秋、若山牧水《ぼくすい》などを取り上げた『九州文学散歩』（上・中・下）である。

〈白秋の思い出に連なる筑後路から肥後路は、（中略）その中に、白秋の心もあると信ずる一種の幸福感〉。野田は白秋の母の里・熊本県南関《なんかん》へと向かうバスの中で、沸き立つ気持ちをこう綴《つづ》っている。

『文学散歩』は単なる作品解説でも、ましてや文学的観光ガイドでもない。「野田は生涯『詩人』を自らの肩書としています。文学散歩はあくまで詩人の感性と文学観で書かれたものです」と福岡女学院大学名誉教授の原武哲さん（75）＝近代文学＝は語る。「作者の息遣い、鼓動を感じたいという気持ちがあったはずです」

南関を訪ねた野田は、はるか遠くに見える龍瀬《たつせ》川の水音を、この川を詠んだ白秋の歌を通して聞く。小倉では文明開化の情緒を漂わせるレストランで鷗外のせき払いを夢想する。

詩人の感性が脈打つ部分である。それこそ野田が目指したものだった。『文学散歩』の前書きに記されている。〈私の念願したことは、先人の心を感じて（略）、私の文学を創ることである〉

＊

タイトルに反して、野田の取材は散歩というような閑雅《かんが》な歩き方ではなかった。

「ハンチングをかぶり、重いショルダーバッグを肩にかけて、とにかく歩き回ってました。カメラは文学碑の文字を記録するための接写用、遠景用など最低三台は携帯し、時には八ミリカメラも持って行った。何冊ものノートを詰め込んだため、上着の重さは六キロはあったといいます」

晩年の取材旅行に同行した二男、野田牧夫さん(65)＝東京在住＝が記憶する野田の取材スタイルである。

　野田と親しく交わり、現在は野田宇太郎文学資料館(福岡県小郡市)の館長を務める中村良之さん(73)は「皆が止めるのを振り切って、冬の赤城山《あかぎ》(群馬県)に取材に出掛けるときの様子は鬼気迫るものがあった」と振り返る。『文学散歩』にかけた野田の真摯《しんし》な情熱を伝えるエピソードには事欠かない。何がそこまで野田をこの仕事に駆り立てたのだろうか…。

　東京都文京区に、森鷗外が晩年まで暮らした「観潮楼《かんちょうろう》」があった。鷗外の住居というだけでなく、明治の文学者が集ったサロンでもあり、近代日本文学がはぐくまれた建物として知られていたが、戦火で焼失。野田は戦後すぐの四六年にその再建に向けて動き始める。文芸誌「藝林閒歩《げいりんかんぽ》」に再建を呼びけた一節は熱い。

〈これは一人の人間の夢であるかもしれない。然《しか》し、これは一個人のみの夢であろうか。いや、夢ではないと断定しよう。これは我々の悲願である〉〈芸術と学問の中にこそいかなる暴力にも屈せぬ自由の精神がある〉

　四年後、文学散歩が始まる。中村館長は語る。「野田にとって、敬愛した森鷗外ゆかりの観潮楼再建は、終戦後の文芸再興の第一歩でした。明治の文学を見直し、それを再興の土台にしたいという思いが文学散歩シリーズには込められていたのではないでしょうか」

＊

　もう一つだけ、野田がこれほど文学散歩にこだわった理由を挙げるとしたら、おそらくは「風土が文学をはぐくむ」という信念だろう。

　野田の詩にも、郷里の小郡市《おごおり》松崎にちなむ作品がある。〈ふるさとがわたくしに生きる勇気と力を与へた、(略)もしふるさとがなかったら、わたくしは自身で選んだ一すぢの道をひたすら一人で歩くこともできなかったらう〉と記したこともある。

　『文学散歩』の旅をまねて、福岡市から電車に乗って松崎を訪ねた。車窓から見えるビルの数が減るとともに、青々とした水田が増えてきた。江戸時代、宿場町としてにぎわった松崎は、田に囲まれたのどかな街だった。地元の人の案内であぜ道を歩き、野田の墓に参った。隣には両親の墓があった。野田の詩「松崎の道」の一節を思い出した。

〈ちちありき／ははありき／われはおさなく／ちちははの／はかにこけむし／われもはやおい／かえりきぬ／おさなごころに／おもいでのみち／ののなはの／さきみだれる／松崎のみち〉

　妥協を許さない一本気な性分であったために、編集者と対立することも多かったという野田が、つかの間《ま》羽を休めたのがこの静かで、思い出深い故郷だったのだろう。

『文学散歩』は一時代前の作家を取り上げることが多かったため、「単なる回顧主義」といった批判を受けたことがあった。また、街歩きの手引書のように過小評価された時期もあった。しかし、全国の街並みが均質化し、のっぺらぼうになった今こそ、野田が風土に注いだ熱いまなざしを手に入れたい。そんな思いを抱いた松崎訪問だった。

（文＝野田正志）

野田宇太郎　一九〇九（明治四十二）年、福岡県立石村松崎（現・小郡市松崎）生まれ。旧制・朝倉中学（現・朝倉高校）卒業後、久留米で詩作に入り、丸山豊らと親交を結ぶ。三三（昭和八）年、処女詩集『北の部屋』を自費出版した。四〇年に東京に移住し、四八（昭和二十三）年まで出版編集を手掛ける。その間、下村湖人らを発掘し、文芸雑誌「文芸」、「藝林間歩」の編集責任者を務めた。その後、詩作と近代文学史研究の著述生活に入る。四九年の著作『パンの会』で北原白秋らの紀行文学『五足の靴』を発掘し、日本の耽美文学を評価。その後増補し「日本耽美派文学の誕生」として発表。七五年度の芸術選奨文部大臣賞を受賞した。五〇年に始めた『文学散歩』シリーズで近代文学研究の新分野を開いた。八四年、七十四歳で死去。福岡県小郡市の小郡市立図書館内に野田宇太郎文学資料館がある。

73

『パンドラの鐘』

野田秀樹

「ミズヲ」が見た長崎の夏の記憶

2000・新潮社（『20世紀最後の戯曲集』に収録）

「水を」「水を」「水をください」――。あの日、頭上で炸《さく》裂《れつ》したもう一つの赤い太陽の下で、人々は水を求めながら息絶えていった。

二〇〇七（平成十九）年夏、長崎の爆心地。傍らには川が流れ、平和公園や原爆資料館には犠牲者の魂を癒やすための泉や噴水が水をたたえている。

果たして、亡き被爆者たちはいま、安らいでいるのだろうか。果たして、あの記憶はいま、受け継がれているのだろうか。

劇作家、演出家の野田秀樹は一九九九年の暮れ、長崎原爆を題材に、天皇の戦争責任を問うた戯曲『パンドラの鐘』を上演し、文芸誌「文學界」の二〇〇〇年一月号に戯曲を発表した。主人公は死者を葬る葬式屋「ミズヲ」である。

〈生まれてはじめての俺《おれ》の記憶は、赤い風景。見渡す限りが、夕陽で赤くただれ、そして誰かが洪水ほど涙を流した。何故かは知らない。その日、何がおこったのか。気がつけば、俺はみなし児だった〉

物語の序盤、ミズヲは初めての記憶を語る。自らの名前の由来は思い出せない。だが、記憶の力が、自分を突き動かしていることには気付いている。野田は、世紀末に長崎原爆を描くことで、二十世紀に対する自分なりの決着をつけようとした。突き動かしたのは、やはり野田が抗い続けてきた、自らの記憶だった。

　原爆投下から十年後の一九五五（昭和三十）年、野田は長崎県西彼杵《にしそのぎ》半島の傍らに浮かぶ崎戸《さきと》島（現・西海市）に生まれた。原爆投下前日の人々を描いた小説『明日』で知られる井上光晴ゆかりの土地でもある。

『パンドラの鐘』の翌年に上演した『カノン』の公演パンフレットに、野田は自らの原風景を捜しに出掛けたエピソードを語っている。四歳で故郷を離れ、三十歳で初めて崎戸を訪れた。

〈そこは、絶海の孤島のような景色で、生まれた家は、島の一番高いところにあって、外へ出ると、茫洋《ぼうよう》たる冬の海が、眼下四方に広がる。なかなかどうして自慢できる景色であった。こんなにも美しくて、怖い風景を、四歳になるまで毎日無意識に見ていたのだ〉

『パンドラの鐘』上演時、舞台奥には山に抱かれた入り江が描かれていた。それは長崎の湾のようにも見えるが、崎戸から爆心地・長崎を眺めたときに見える海岸線そのものだった。

＊

　物語は、考古学者たちによって巨大な古代の鐘が発掘された太平洋戦争開戦前夜の長崎と、滅亡前夜の古代王国という二つの時代を何度も行き来する。鐘とともに葬られていた古代の秘密とは何だったのか。その謎解きに、葬式屋・ミズヲと自らの命を葬って国民を守ろうとする古代女王・ヒメ女《じょ》とのラブストーリーが絡みながら、物語は進む。

　舞台上に現れる巨大な鐘の上部には尾翼が付いている。長崎に投下された原爆、ファットマンと同じ形だ。ヒメ女は、もう一つの太陽の投下を防ぐため、自らを埋めろと命じる。登場人物の台詞やエピソードには、原爆製造やポツダム宣言、原爆投下を回避できなかった昭和天皇の戦争責任という歴史が投射されている。

　そしてミズヲはついに、初めての記憶が、赤い景色が、最後の景色だったことを思い出す。

〈このパンドラの鐘の真下で見る未来だ。その日、俺の頭の上で、もうひとつの太陽が爆発するんだ。思い出したぞ。未来のその日を。八月のとある一日を。俺の頭上でおこる、真っ白い光を。その直後に目に見えるすべてが、焼けたセルロイドのように、真っ赤に揺れていくのを。『水をくれ、水をくれ』。はじめて俺が覚えるコトバだ。赤く焼けたすべての人間が木が建物が風景が、俺のことをそう呼ぶ。『水をくれ、水を、水を』。それが俺の名前になる。誰もが、俺をそう呼ぶ。『ミズヲ、ミズヲ、ミズヲ！』〉

　野田の得意とする縦横無尽な言葉遊びが、物語最大のカタルシスをもたらすとともに、悲劇の到来を決定付ける瞬間である。

　野田は著書『野田秀樹　赤鬼の挑戦』（鴻英良共著）で、『パンドラの鐘』を書くに至った経緯を語っている。
　ロンドン滞在時、大英博物館にある中国の巨大な釣り鐘を見て、原爆を想像した野田が、その発想をイギリス人演出家に語った。「長崎生まれだからこそ思いついたんだな」と言われた野田は、初めて長崎出身という出自を素直に自覚し、覚悟した。〈原爆何十周年のイヴェントに来てくださいとか言われても、俺は関係ないからと断ってきたんだけれども、自分が長崎生まれである以上は、そうでない人よりは常に原爆のことはどこかで意識してるんだ〉
『パンドラの鐘』を境に、野田戯曲はより政治的、社会的なメッセージを色濃くしてゆく。特に〇三年の『オイル』は、二つのタワーを崩壊させた9・11の米国同時多発テロが、二つの原爆を落としたアメリカへの復讐だった、という強烈なイメージで描かれた。それは『パンドラの鐘』の続編ともいえ、報復の愚かさ、忘却することの大罪を鋭く告発していた。

*

「外の人が扱うのは難しいけど、長崎の人間だから、書こうと思うし、やらなきゃと思った。きっと野田さんもそうだったと思う」。長崎で劇団F's company（フーズカンパニー）を主宰する福田修志さん(32)は昨夏（二〇〇六）、原爆をモチーフにした寓話を上演した。劇団結成十年目の今夏は、平和都市・長崎で兵器が製造されている矛盾を描いた芝居を上演し、高い評価を集めた。野田戯曲に強い影響を受けた演劇人の一人であり、被爆三世である。「長崎の人間として、この街や、僕自身に受け継がれたもの、引き継いできたものを描き続けていきたい」
　いかに大切なことを記憶していても、記憶は嘘をつくし、いつしか書き換えてしまうかもしれない。自らの体験でなく、誰かから受け継いだ記憶であれば、なおさらだ。それでも、仕方がない、しょうがないという言葉であきらめ、折り合いをつけることは罪なのではないか。
　水を——。六千度の熱線を浴び、原子野で手を伸ばした人々の夏の記憶、ミズヲの見た原風景。私は、私たちは、あの夏の記憶を忘れずに、引き継いでいるだろうか。

（文＝塚崎謙太郎）

野田秀樹　一九五五（昭和三十）年、長崎県崎戸町（現・西海市）生まれ。六〇年に一家で東京に移り住む。七二年、東京教育大付属駒場高校在学中に『アイと死を見つめて』を自作自演。東京大入学後、七六年に「劇団夢の遊眠社」結成。八一年に東大法学部を中退し、八三年の『野獣降臨（のけものきたりて）』で岸田國士戯曲賞を受賞。九二（平成四）年の劇団解散まで、作・演出兼俳優として、若者の熱狂的な支持を集め、八〇年代の小劇場ブームを牽引した。九二年にロンドン留学後、九三年NODA・MAPを設立。『キル』『贋作・罪と罰』『Right Eye』『パンドラの鐘』『オイル』『ロープ』などの作品で鶴屋南北戯曲賞など数々の演劇賞を受賞。歌舞伎やオペラの脚本や演出も手掛け、二〇〇六年には第一回坂口安吾賞。〇七年には戯曲『ロープ』で読売文学賞したほか、〇八年に多摩美術大学教授に就任。以降、〇九年名誉大英勲章、一〇年朝日賞、一一年紫綬褒章、読売演劇大賞最優秀作品賞、早稲田大学坪内逍遙大賞など。

74

胸の痛みに立ち返る夏

『記憶の固執』山田かん

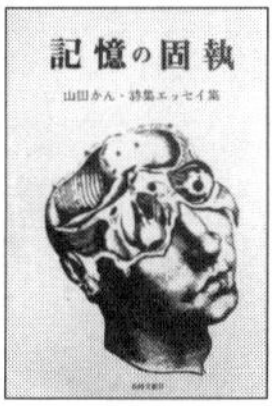

1969・長崎文献社／のちコールサック社（『山田かん全詩集』に収録）

山田かんの妹琇子《ゆうこ》が佐世保の日野峠で自死したのは原爆から八年の冬の日だった。病室が空いていないからと毛布も掛けられず廊下に放置された二十一歳の妹への「つきせぬ痛恨」が、詩と文章を綴《つづ》る兄の基点となった。

一九四五（昭和二十）年八月九日。徹夜の学徒動員から帰宅した十四歳の山田は寝転んだまま新聞を手にとる。「そして、十一時二分、時針は示し、全《すべ》てが停《と》まり、全てが始まった」。爆心から二・七キロの長崎市下《しも》西山四十七番地。

金柑《きんかん》色の閃光《せんこう》。七輪《しちりん》をあおいでいた琇子の「ニゲンバヨ」の声で我に返った山田は、妹を置き去りにして脱兎《だっと》のごとく壕《ごう》へ走る。そして兄の靴を手に追ってきた琇子にいう。「ダイドコロノヒケシテキタカ?」。「アッ、ワスレテキタ」。「バカッ　ハヨイッテコイ　バカガ　ナンシヨットカ　ハヨイケ」。妹は従順に踵《きびす》を返した。

「ギリギリ胸が痛む。何故《なぜ》自分が行く勇気がでぬか。だがぼくは腰を暗い壕に据えたまま起《た》てぬ」

原子野をさまよう兄と妹は、累をきづいてつづく屍体《したい》のあるひとつの頭部に脚をかけ、じっと身じろぎもなく静かな一羽の鴉《カラス》をみる。

「ぼくの原形質的な出発はこの鴉を見てしまったことから始《はじま》ったのかもしれぬ。ぼくにとって原爆というとき必ず、鴉はみじろぎし、ぼくの内側をとびまわり啄《つい》ばみはじめる」

敗戦後、ヒロイズムから政治闘争にかまける山田に「兄ちゃん、平和平和って言うけれども自分の家の平和の問題はどうしとっとね」とつぶやき、新しい母との確執や生活の貧しさに絶望し、逃げ場を定められなかった妹。その悔恨に山田は生きた。病に伏してからも、命日が近づくと「琇子には済まんことをした…」と一人落涙した。

＊

原爆に重ねて己の内奥《ないおう》を凝視した山田かん。その姿勢は、比較的初期の詩や論考を集成することで原体験をあからさまにした『記憶の固執』（一九六九）以来一貫した。翻って被爆地としてのナガサキはどうだったか。

爆心地浦上《うらかみ》のカトリック医学者・永井隆《たかし》はこうよんだ。「原子爆弾が浦上に落ちたのは大きなみ摂理である。神の恵みである。浦上は神に感謝をささげねばならぬ」

永井の主著が世に出た四九（昭和二十四）年の原爆の日、長崎市は国際文化都市を宣言、公募した「新長崎文化音頭」

にはこんな囃子《はやし》が寄せられた。

「アトムネー／アトム長崎　茜《あかね》の空に／鐘が鳴る鳴る　夜明けだ朝だ／サッサ働こ　みんなで築こ／文化日本のモデル都市／ソラ　どどんとどどんと来い　モデル都市」

諏訪神社の「長崎くんち」は被爆翌年から賑々《にぎにぎ》しく催され、地元紙は「観光長崎の再出発」と報じた。聖公会の幼児洗礼を受けた山田を「耶蘇《やそ》」と罵《ののし》っていた同級生が聖書研究会に通うようになった。「好戦詩人」は口を拭《ぬぐ》って平和の歌をうたった。

思想の不在と保身は教会も然《しか》りだった。被爆三年を経ても死にゆく信徒は後を絶たない。だが葬儀を司《つかさど》る牧師はいなかった。「牧師は米軍政官の通訳を兼ね、日夜多忙であり、ぼくは…ある日、仮の牧師館を訪ねた。室内にアメリカ給与のジャムとバターの匂《にお》いがただよい、テーブルに白パンの塊《かたまり》が散乱し、パン屑《くず》が地の塩のような色合いでこぼれているだけで、無人の廃屋《はいおく》のように不在であった」

時は移ろいでも、爆心の丘には「何とかして観光長崎を代表しうるものにしたい」と制作者・北村西望《せいぼう》がもくろんだ巨大な男性裸身像が居座り、「炎天下原水協」「炎天下原水禁」は「ダイインと呼ばれる仮象」を繰り返す。

＊

夏が巡り来たるたび個人的体験に立ち返った山田かんは、ナガサキという風土の「恢復《かいふく》の早さ」に戸惑い、「ピクニック気分のなかに消化されていく」反核に何かが違うと感じていた。そんな思考がほとばしる作品や発言は飾らず攻撃的で、ジャーナリズムは祈りのナガサキにおける怒りの詩人ともてはやした。だが「祈り」か「怒り」かという単純な区分けこそがいかに虚構であることか。

長崎原爆を神の摂理と説いた永井に対し、山田は「気象条件による偶然」と事実のみを見た。悪天候で断念された小倉。目標の一つだった新潟。戦争が長引けば他の地点にも及んだことを考えれば「国民が『若《も》しも』の仮定において被爆しなければならないのである…自分の痛みにひきすえてみることをしない限り、被爆は地域の事件として埋没されていくであろう…被爆した風土への怨《うら》みをいかに己のものとして育てるか」と問うのである。

山田は被爆の日の早朝まで働いた学校工場で手榴《しゅりゅう》弾を作っていた。そして後年、沖縄戦を振り返るテレビ番組で壕《ガマ》から連れ出される老幼婦女子の足元に置かれた三個の手榴弾を見る。「ぼくは、あれがあそこに、と一瞬思ったのである。この弾は安全ピンもない危険なもので、落としただけで暴発しそうな、思えば兵器というよりも沖縄人の自決用に作ったものではなかったろうか。その時、ぼくは殺したのか？　と呟《つぶや》いていたのだった」

相対する加害と被害。「悲しくも憤りにやり場のない思いに耐えながらあの八月を思いかえす時、父と子と聖霊への祈りにこの世の悲惨を赦《ゆる》し求めること。それは浦上の祈りを超えて世界への真実の生を訴えていることにならないであろうか」
祈りなき怒りがなんになろう。

（文＝田川大介）

山田かん　本名・寛（ひろし）。一九三〇（昭和五）年十月二十七日、長崎市に生まれる。旧制・長崎中三年で被爆。四八（昭和二十三）年、父の死去に伴い新制長崎高三年で中退、恩師の紹介で長崎県立長崎図書館に勤務。このころから詩作に取り組む。五八年『鯨と馬』で第一回現代詩新人賞。六九年に詩集エッセイ集『記憶の固執』で第一回長崎県文芸賞。詩誌「炮氓」「草土」「カサブランカ」主宰。詩誌「列島」「現代詩」会員、旧「九州文学」同人。詩集に『アスファルトに仔猫の耳』（七五年）『予感される闇』（八一年）『長崎碇泊所にて』（二〇〇二年）など。エッセイ集『長崎と詩人たち――反原爆表現の系譜』（八四年）『長崎原爆・論集』（二〇〇一年）。がんを患い〇三（平成十五）年六月八日、七十二歳で死去。

75

『東の国から』

ラフカディオ・ハーン

百六十センチの視点で見つめた「西」

1929・第一書房／のち岩波文庫ほか

ラフカディオ・ハーン（日本名・小泉八雲《やくも》）の身長は百六十センチ弱。

一九〇〇（明治三十三）年の十七歳の日本人男子の平均身長は百五十七・九センチ。

ギリシャ生まれの西洋人、ハーンは意外と小柄なのだ。

＊

小泉八雲熊本旧居（熊本市中央区安政町）を訪れると、そのことに得心がゆく。下級武士の屋敷だったこの家は、当時の「日本人仕様」。鴨居《かもい》までの高さが百七十センチほどしかなく、身長百七十五センチの記者は頭をぶつけてしまう。

しかしひざを折り曲げて百六十センチになると、目と同じ高さにいろんなものが映る。柱の美しい木目、障子を通し差し込む柔らかい光、庭のチョウが飛ぶ軌跡――。この家は「ハーン仕様」なのだ。

「ハーンは特に夕日が好きで、西側の部屋を書斎にしていました」。旧居の中島衛館長（60）に導かれた部屋には、執筆に用いた机といすが置かれていた。身長の割に双方とも高さがあるが、「左目の視力を失ったハーンが、顔の近くで読んだり書いたりするために特注したものだそうです」と中島館長。

机から顔を上げると、夕日の差す方が見える。かつて家の近くは墓地が広がっていた。ハーンは墓地を愛したという。

熊本で執筆された日本での第二作、『東の国から』の冒頭に「夏の日の夢」が収められている。長崎旅行の帰途、熊本・三角《みすみ》の宿屋「浦島屋」に立ち寄ったことから、ハーンは浦島太郎を思い起こす。

「その宿屋の屋号が、人をまぼろしの世界へ誘いつれてゆく、或《あ》る歌ものがたりに出てくる名前と、そっくりおなじだったからである」

現実の女将に竜宮城の乙姫を重ねたかと思うと、浦島の物語を始めたり、赤ん坊の泣き声を考察したりと、人力車に揺られながら夢と現実の世界を行き来する紀行文だ。

墓地は、あの世とこの世をつなぐ場でもある。現世の人は墓前で祖先を思い、死者の世界との境界をあいまいにする。そんな空間を百六十センチの視点でながめ、発想したのでは、と思わせる一編だ。西向きの部屋は西方《さいほう》浄土と向き合っている。

＊

ハーンはこの家から、第五高等中学校（現・熊本大）の教壇に立つため人力車で通った。車に乗ると、百六十センチの視点が二メートル近くまで持ち上がる。

車上では「ただ、けしきを眺めるか、それとも、うつらうつら物でも考えるよりほかに、することがない」（『東の国から』「博多で」）のだから、きっと熊本の風景の中に、思索の材料を求めていたのだろう。

ところでハーンは、「熊本が好きではなかった」という説がある。説を裏打ちするのは例えば、『東の国から』に収められた「九州の学生たちと」。

「（第五高等中学では）わたしが出雲の中学で見かけたような、打ち解けた師弟関係はまったくみられない」「（九州の）重要都市である熊本は、保守的精神の中心地になっている観がある」。ハーンは悲しんでいる。「日本のうちでもっとも醜悪な、もっとも不愉快な都会です」と書き送った手紙も残っている。

日本で初めて安住し、教え子たちと深く交わった松江と比べては、確かに熊本は不利だ。西南戦争（一八七七）で町の大半が焼け、新しい建物は西洋風のものばかり。八雲が求めた古き良き日本は、松江ほどは残っていなかったのだろう。

＊

しかし『東の国から』の諸作品を通読すると、ハーンの熊本への愛着がそこここに読み取れる。それを強く感じるのは「石仏」だ。

熊本大学の裏手、小峯墓地の小高い丘に上った。案内板をたどりながら、ハーンが心ひかれた石仏を探した。それは暑い日差しの中、「蓮華の花のうえに座して」いた。

百六十センチの視点で、ハーンは石仏と正対したのだろうか。隣に座り、柔和な顔を見上げたのか。

ハーンは石仏の前を流れすぎた時間を思う。「加藤清正の時代にも今と同じように座っていらしたのだろう」「長い年月の風霜に（中略）形をゆがめられてできた表情である」。そして東洋と西洋を比較し、自然と科学を論じ、過去と永遠について語る。ハーンの世界観が自由奔放《ほんぽう》に広がり、展開してゆく過程は読んでいて楽しい。思索が小峯墓地の石仏のかたわらで生まれたのは、なかなかどうして、熊本の土地はハーンを強く刺激している証左だと思えるのだが。

＊

熊本が、ハーンの「日本永住」を決定づけた。熊本近代文学館の馬場純二参事（44）は、そんな考察を披瀝《ひれき》してくれた。幼いころから父母の愛に恵まれず、欧米を放浪したハーンの半生。長男一雄が誕生し、「水入《い》らず」の家庭を築いた熊本。「ハーンは長男の誕生をとても喜んだ。熊本で、かけがえない家族を再認識したはずです。その思いが、日本を終《つい》のすみかとする決心につながったのでは」。馬場さんが例に引いたのが、前出の「夏の日の夢」。浦島の物語に触れる中、ハーンは玉手箱を開けた浦島ではなく、浦島の帰りを待つ乙姫の姿を想像し強く同情を寄せている。「子どものころ、一人預けられた親戚の家で、母の迎えを待つ自分の姿を重ねたのではないでしょうか」

別の文章で、ハーンは三角の海辺に立ち、はるか遠いギリシャを思ったと、記している。いくら背伸びしても、波の向こうに何かが見えるわけじゃない。それでも百六十センチの視点を高く高く持ち上げようとするハーンの姿が浮かんで、悲しい気持ちになる。夕日を好み、書斎の机を西に向けたハーン。その目は墓地や西方浄土を通り越して、生まれ故郷を真っすぐに見つめていたのだろう。

近年、「怪談」の作者としてのみ語られがちなハーン。しかし『東の国から』に代表される紀行文や文化論には、日本の現状、例えば「本当に美しい国」とは何かを考えるヒントが満ちている。熊本で生まれたハーンの思索は、古びていない。

（文＝塩田芳久）

ラフカディオ・ハーン　一八五〇年六月二十七日、ギリシャに生まれる。父はイギリス軍医、母はギリシャ人。早くに父母と別離、十六歳のとき左目を失明するなど不遇なときを送る。十九歳で渡米し、新聞記者を経験。九〇（明治二十三）年に来日。松江中で教鞭を執り、小泉セツと結婚。翌年、熊本の第五高等中学校（現・熊本大）に赴任する。主に熊本時代に執筆した『知られぬ日本の面影』（九四年）、『東の国から』（九五年）を後に出版。九六年に小泉八雲と改名し、帰化。東京帝国大講師として上京した。『霊の日本』『骨董』『怪談』など日本研究書や小説を精力的に発表したが、一九〇四年、心臓発作で亡くなる。五十四歳だった。島根県松江市に小泉八雲記念館が、また静岡県焼津市に焼津小泉八雲記念館ある。

76

郷土を愛した「同志」の歴史

『山河《さんが》の賦《ふ》』

劉《りゅう》 寒《かん》吉《きち》

1942・六芸社／のち新人物往来社、北九州市立文学館文庫

揺れた。民意が、地を鳴らした。二〇〇七（平成十九）年七月の参院選で、「長州八人目の宰相」、安倍晋三首相率いる自民党が歴史的大敗を喫し、第一党の座から初めて転落した。

討幕運動の花形、長州。政治を動かしてきた自負。歴史は常に、勝者によって刻まれてきた。強き者こそが、世をつくりあげる、と。だが、明治維新から約百四十年後、「勝ち組」は、壁に突き当たった。

『山河の賦』。小倉で生涯暮らした劉寒吉が、初の長編時代小説の題材に選んだのは、郷土の「負け組」である。舞台は、一八六六（慶応二）年の第二次長州征討。尊王攘夷《そんのうじょうい》を掲げて討幕を狙う長州藩と、徳川幕府の譜代大名として九州軍の最前線で戦った小倉藩。物語は、実在の小倉藩家老で戦を率いた島村志津摩《しづま》を主人公にすえている。

作品は一九四一（昭和十六）年五―九月、福岡日日新聞（西日本新聞の前身）の夕刊に百三回連載された。文芸誌「九州文学」同人を対象にした第三回九州文学賞を受賞。四二年出版の単行本に、作家・火野葦平が言葉を寄せている。

〈歴史がつねに担って来た運命全体を暗示し、文学としての象徴にまで到達している〉

＊

志津摩は一八三三（天保四）年に生まれ、二十歳の若さで家老職に就任した。それも小倉藩、九州の外様大名に対する幕府の〝監視役〟だ。極めて優秀な人物だったことが分かる。

六六年六月に始まった第二次長州征討戦では、先鋒の小倉藩第一軍将として出陣。だが、甲冑《かっちゅう》姿の小倉軍は、敗北が続く。長州軍は袢纏《はんてん》にズボンの身軽さで、西洋式銃隊を学んでいた。

その後、小倉軍は肥後軍の応援で盛り返すが、九州の他藩は傍観した。不満を募らせた肥後軍は撤退し、幕府から派遣されていた総督も、将軍・家茂《いえもち》の急逝を理由に小倉を脱した。

孤立してもなお、小倉軍は戦った。ついには八月一日、開城するくらいなら、と小倉城に自ら火を放ち、南へ後退した。北九州市小倉南区と福岡県香春《かわら》町の境、金辺《きべ》峠へ。当時の企救《きく》郡と田川郡の境だ。志津摩は、ここにあった高橋佐七の家に本陣を置き、粘りの遊撃戦を展開した。

金辺峠に向かった。佐七の分家にあたる高橋清治さん（72）＝香春町＝が山道を歩きながら「この峠で、戦がくい止められました」と案内してくれた。うっそうと茂る木々。志津摩の碑がひっそりと立つ。結果的に戦禍を免れた香春の人々は、志津摩を恩人と位置付ける。「この恩を忘れてはならない」。地元の郷土史家、村上利男さん（80）＝同町＝はそう語る。碑は、峠の小倉南区側にあるが、説明板の主は香春町である。

だが、小倉にとっては敗北の歴史だ。北九州は明治期以降、工業都市として急速に発展し、仕事を求めて人々が流入、多勢の「よそ者」で膨張した街でもある。「小倉藩に島村あり」と敵の山縣有朋《やまがたありとも》がたたえた勇将にもかかわらず、名は次第に消えていった。

その中で、小倉藩公の砂糖御用達《ごようたし》だった商家「濱田屋」に生まれ、代々、小倉に根を張って暮らす劉。郷土を守ろうと命を懸けた名将に、同志にも似た感情を抱いたのではないか。

劉は「北九州は文化の砂漠」といわれることを嘆き、北九州市の森鷗外旧居保存、美術館や歴史博物館の設立準備など文化の掘り起こしと継承に力を注いだ。文芸誌「九州文学」が運営の危機に陥った一九五八（昭和三十三）年、東京の出版社が発行を引き受ける話を、ただ一人、反対し、以後、八三年の休刊までの大半の期間、編集人を務めた。ここから、全国的な古代史ブームを巻き起こした宮崎康平のベストセラー『まぼろしの邪馬台国』が世に送り出された。小倉、そして九州。郷土を愛し抜いた。

作品中、劉は志津摩にこう語らせている。

〈われらには信ずべき同志あるのみである。わしは荒涼たる故郷の山河を想う。われらは失った故郷の山河を奪還する〉

＊

実は、『山河の賦』には改訂版が存在する。最初に出されたのは戦時中の四二年。それからおよそ半世紀たった九〇年、劉が晩年、人知れず推敲《すいこう》した改訂版が、遺族の意向で出版された。劉の死去から四年後のことだ。読み比べると、削除された部分が目立つ。

最も大胆に削られたのは、四ページにわたる小倉城自焼の場面。読者の興味をかき立てる物語最大のヤマ場を、劉はばっさりと捨てた。一八六六年八月一日。自焼の令を受けた人たちが、松明《たいまつ》を手にして城内を走り、あちらこちらに火を放った。気味の悪い妖気漂う炎が、怒ったように真夏の空に吹き上がる。まるで地獄絵だ。黒い煙が渦を巻いて立ち上った。劉は当初、想像の限りを尽くして描いたはずだ。

「『史実にできるだけ近い形で残したい』と父は母に話したそうです」。劉の長男、濱田源一郎さん（70）＝北九州市小倉北区＝が語る。

作家の命である「想像」を削り取ってまで、「事実」を刻む。「小説は活字になって残る。後々、史実として歩き出すと問題だ、と思ったのではないでしょうか」。劉が郷土に寄せた深い思い、こだわりの表れだ。

源一郎さんが保管する遺品の古い単行本を開くと、削除部分には×印が記入されている。晩年の劉は、足腰が弱り、車いす生活だった。亡くなる約三年前から指先も不自由になり、細かい文字が書けなくなった。手書きで加筆した部分が、妻の澤江さん（二〇〇五年、九十二歳で死去）の筆跡であることから、恐らくこの時期に口述筆記されたのだろう。作品の発表から約四十年後、七十歳代後半である。

執念だ。衰えゆく体で、再び『山河の賦』に向き合った。自分を育ててくれた小倉を記録する作業だった。死ぬまで貫いた郷土愛は、今も、ふるさとの山河で脈打つ。

（文＝野中貴子）

劉 寒吉　一九〇六（明治三十九）年九月十八日、現在の北九州市小倉北区魚町にあった老舗製菓店に生まれる。本名は濱田陸一。小倉商業学校（現・小倉商業高）在学中、文芸活動を開始。筆名の劉は、三一（昭和六）年に旅先の朝鮮半島で知り合ったリュウ青年に由来。「寒吉」は、「貧相な男の意味」と本人が記している。三二年、尋常小時代の同級、作家の岩下俊作らと詩誌「とらんしっと」を創刊。三八年、北部九州の同人誌が結集した第二期「九州文学」に参加して以来四十五年間、同誌を支えた。『人間競争』『翁』は芥川賞候補、『十時大尉』『風雪』は直木賞候補。小倉郷土会会長、北九州森鷗外記念会会長などを務め、地域文化の振興に尽力。七七（昭和五十二）年、西日本文化賞受賞。八六年四月二十日、心不全のため七十九歳で死去。

77

『水俣　MINAMATA』

W・ユージン・スミス／アイリーン・M・スミス

世界へ向けた「告発の書」

1980・三一書房（のち新装版）

一九七一（昭和四十六）年九月七日朝、熊本県水俣市の駅に寝台列車から降り立った夫婦がいた。二人の視線のわずか数十メートル先には、水俣病原因企業チッソの正門がどっしりと構えていた。世界的にも著名な写真家になっていたウイリアム・ユージン・スミスは五十二歳。そのユージンと十日ほど前に結婚したばかりのアイリーン・美緒子・スミスは二十一歳。三年三カ月に及ぶ水俣での取材生活の幕開けだった。

「世界へ伝えなければならない」。そう直感して訪れた水俣の地であった。二人は地域社会の一員となり、その暮らしの内側から患者や被害者らの心情、水俣という町を写し取っていった。高度成長という逆らいようのない時代の流れ、変わる市民生活と変わらない漁師の生活。その中での差別、偏見、中傷……。日本の片隅で起こった比類なき水俣病事件の実相をどう表現するのか。不知火海《しらぬい》へ注がれる廃水、差別の中で生きる患者たちの日常、若かった胎児性患者たちの表情、そして水俣病闘争の激しい現場を次々とカメラに収めていった。患者や住民を巻き込んで、ひたすら撮り続けた夫婦の共同作業は四年後の七五年に、米国で出版された写真集『MINAMATA』(英語版)で形となり、八〇年に日本語版の本著が出て完結することになる。

＊

二人が暮らした借家は、取り壊されてもうない。市南部に広がる水俣病多発地区の一角にあった。寝起きする部屋は一間で、薪《まき》でたき付ける五右衛門風呂があった。ユージンは、常に酒を手放さなかった。従軍特派員として赴いた沖縄戦で、砲弾の破片が体にくい込み、取り除けずに残っている。その痛みを和らげるために飲む量は尋常ではなかった。六百四十ミリリットル瓶のウイスキーは一日で飲み干した。

風変わりな夫婦を、子どものようにかわいがってくれた患者家族や、収入に苦労した二人を気遣って晩ご飯に誘ってくれた隣人たちとの絆は、自然に深まっていった。胎児性患者たちが集まる「若衆宿《わかしゅうやど》」で飲み、ともに踊った。写真集に「しのぶ：拾い集め生きる命」として章を設けられた胎児性患者の坂本しのぶさん(51)=同市袋=は当時、まだ中学生。若いアイリーンを「お姉ちゃん」と慕い、恋の悩みを打ち明ける仲だった。

水俣に「故郷」のような親近感を抱いたユージンだったが、感性で被写体に迫ることを優先させたのだろうか、日本語を積極的に身に付けようとはしなかった。それゆえに日本人の母を持ち、日本語と日本文化に通じたアイリーンは大切な存在であった。助手であり、マネジャーであり、通訳であり、妻だった。なにより複雑な位相を見せる水俣病に向き合う同志であった。二人は共同で、患者の日々の暮らしから闘争の現場まで、あらゆる場面を撮影した。

＊

三十歳も離れた親子のような夫婦は、七四年に米国に帰国したあと、離別することになる。誰も気付かなかったが、夫婦の間にはきしみが生まれていた。それでも写真集に添える文章を書くために、二人は六週間、ロサンゼルスのアパートにこもった。夫婦としては失敗したが、写真集の完成という目的に対しては、完全に思いを一つにしていた。

＊

既に高校生時代から、地方新聞に写真を掲載するようになっていたユージンは、太平洋戦争の取材で、写真家としての地位を確立した。その後《カントリー・ドクター》《スペインの村》などの数々のフォトエッセーを相次いで発表する。時間をかけて対象に寄り添い、ごく自然な瞬間をとらえる手法は、水俣でも変わらなかった。

ユージンにあこがれて、当時頻繁に出入りした若者だったアマチュア写真家、渕上武さん(65)=同市洗切町=は「最終段階の写真の焼き付けでは、ユージンは決して妥協しなかった」と言う。納得がいくまで焼き直す姿を、渕上さんは何度も目にしている。

地域に受け入れられたユージン自身は、水俣をどう思っていたのか、アイリーンに聞いてみた。

「それが答えかどうか分からないけど、ニューヨークで出会ったころのユージンは、暗室にまでレコードプレーヤを持ち込むほどで、常に音楽に囲まれて暮らしていた。ジャズ、イタリアオペラ、フォークソング…。孤独だったから、音楽が必要だった。不思議と水俣では、あまり聴かなくなった。濃密な人間関係が、ユージンを孤独から解放させたのかもしれない」

＊

二〇〇〇（平成十二）年。ユージンの死後、写真集の全著作権を引き継いだアイリーンは一つの決断をした。抱きかかえた胎児性患者の娘をじっと見つめる母親を写したユージンの一コマ《入浴する智子と母》を、以後新たに公開しないことを家族と約束したのだ。智子さんは七七年に二十一歳で亡くなっていたが、水俣病の象徴といわれたその写真は、多くのチラシに使われ続けた。落ちたチラシは人々に踏まれることもあった。家族には堪え難い苦痛だった。「もう、休ませてあげたい」。そんな気持ちを受け止めた末の決断だった。

「今なら、撮影できないと思う。あの時代、患者もわたしたちも水俣病の実情を世界へ伝えたいという思いで重なった。一緒にタブーを突き崩す、そんな必死さがあった」

二人が水俣を写した時代は、「訴訟派」の団体がチッソを相手に起こした損害賠償請求訴訟が正念場を迎えていた。一方で、チッソと直接談判しようとする「自主交渉派」も運動を展開。七三年には熊本地裁判決が下り、原告が勝訴。その後、チッソとの補償協定が成立した。大きな時代のうねりが押し寄せていた時期だ。しかし、補償金を得た患者の病状は何も変わらないという現実もあった。慢性の水俣病被害者への関心はまだ低かった。常に、描かれたもの、描かれなかったものがある。写真集自体が、その時代を象徴する。それでも、世界へ向けた告発の書は、四半世紀を経た今もなお、色あせてはいない。

裏表紙に刻まれたユージンの言葉がある。

〈私は写真を信じている。もし充分に熟成されていれば、写真はときに物を言う。それが私—そしてアイリーン—が水俣で写真をとる理由である〉

（文＝中山憲康）

W・ユージン・スミス　一九一八年十二月三十日、米国・カンサス州に生まれる。写真雑誌「ライフ」と契約。太平洋戦争の従軍特派員となり、沖縄で至近弾を受け負傷。《楽園へのあゆみ》で有名になり、《カントリー・ドクター》《スペインの村》など多数のフォトエッセーを出す。七一（昭和四十六）年にアイリーンと結婚し、七四年まで水俣に滞在した。七八年十月十五日、脳出血のため死去。八〇年、ユージン・スミス賞がアメリカで設立された。

アイリーン・美緒子・スミス　五〇（昭和二十五）年五月二十六日、東京で生まれる。アメリカ人の父と日本人の母を持つ。七一年からユージンのアシスタントとなり、その後結婚。ユージンの死後、写真集の著作権を受け継いだ。現在は、反原発の非政府組織（NGO）「グリーン・アクション」代表。

78

沖縄よ、
傷は深いと
聞いているが

『山之口貘《ばく》詩集』

山之口 貘

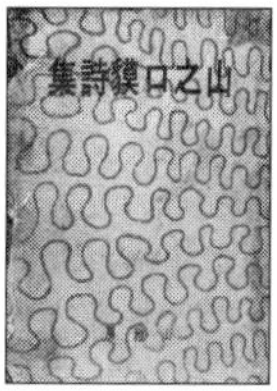

1940・山雅房／のち原書房、思潮社（『山之口貘全集 1 全詩集』に収録）、岩波文庫ほか

真夏の沖縄で、一本の木を探した。

名前は「うむまあ」。那覇市で尋ね歩いたが見つからない。「モモタマナ」という和名を告げると、ようやくある男性が公園に案内してくれた。

幹から水平に伸びた枝に、大人の手のひらよりも大きな葉を茂らせたうむまあは、立派な木陰をつくる木だった。詩人、山之口貘が「世はさまざま」に書いている。

〈木としての器量はよくないが詩人みたいな木なんだ／いつも墓場に立つてゐて／そこに来ては泣きくづれる／かなしい声や涙で育つといふ／うむまあ木といふ風変りな木もある。〉

大きな葉は、陽光を透かして柔らかく輝いていた。全体におおらかで優しい風情がある。貘の詩を思わせる木だった。

＊

十九歳で沖縄を出て、五十九歳で他界するまで、貘は東京でつつましく暮らしながら、詩を書いた。「精神の貴族」と仲間から慕われた人柄は真っすぐで温かく、すがすがしかった。貧しくも実直な生活に材を採った詩は、柔らかく膨らんでいる。

貧乏暮らしを見つめた詩から「ものもらひの話」。〈家々の戸口をのぞいて歩くたびにごとに／ものもらひよ／街には沢山の恩人が増えました。／恩人ばかりを振《ぶ》ら提げて／交通妨害になりました。／狭い街には住めなくなりました。〉

結婚願望の詩も多い。例えば「求婚の広告」。〈一日もはやく私は結婚したいのです／結婚さへすれば／私は人一倍生きてゐたくなるでせう／かように私は面白い男であると私もおもふのです〉

「平易な言葉で生活の詩を書いた人」と評される。初期こそ語と語、行と行の間にアクロバティックな飛躍をはらんだ詩も目立つが、全体的には的《まと》を射た言葉だろう。琉球大学の仲程昌徳教授（64）＝近代文学＝は「ユーモアと、生活や自身を距離を持って見つめるアイロニカルな視線があって初めて可能な詩」という。

貘を語るときに頻繁に使われるもう一つの表現がある。「沖縄を代表する詩人」である。沖縄近代史を踏まえて詩業を振り返るとき、その評価は複雑な綾を持っていることに気づかざるを得ない。

*

貘が残した詩は約二百編。生前に詩集にまとめたのは戦前に作った七十編余りで、うち、はっきりと琉球・沖縄にかかわる詩はわずか数編しかない。初期代表作の「会話」はその一作である。

〈お国は？　と女が言った
　さて、僕の国はどこなんだか、とにかく僕は煙草に火をつけるんだが、刺青《いれずみ》と蛇皮線などの聯《れん》想を染めて、図案のやうな風俗をしてゐるあの僕の国か！
ずっとむかふ〉

　女と男の会話が続く。〈ずっとむかふとは？〉〈南方〉〈南方とは？〉〈亜熱帯〉。そして最後の段落。

〈アネツタイ！　と女は言った
　亜熱帯なんだが、僕の女よ（中略）この僕のやうに、日本語の通じる日本人が、即ち亜熱帯に生れた僕らなんだと僕はおもふんだが、酋長《しゅうちょう》だの土人だの唐手《からて》だの泡盛だのゝ同義語でも眺めるかのやうに、世間の偏見達が眺めるあの僕の国か！
赤道直下のあの近所〉

「戦前の貘は『会話』の男のように、沖縄出身をあまり表に出していなかったと思います」。山之口貘賞の選考委員を務める那覇市在住の詩人、与那覇幹夫さん（67）はその理由を「（ヤマトの）沖縄人への強烈な偏見と差別」とみる。「会話」を例外として、貘はそれを直接、詩に織り込むことはしなかった。地をはう生活を送りながら、「地球」という語の多用に象徴されるように、精神を高みに浮かべて、ほのかにさびしく温かく、そして気高い詩を書いた。

　戦後、過酷な地上戦で傷ついた沖縄に思いをはせるエッセーを次々と書くようになる。同様のテーマで「弾を浴びた島」「正月と島」といった詩も書く。短詩が多い貘にしては、破格の長編詩となった「沖縄よどこへ行く」（詩集『鮪《まぐろ》に鰯《いわし》』に収録）は最も有名な詩だろう。

*

　独立国・琉球から近代沖縄に至る歴史をたどる詩を、貘はこう締めくくる。

〈それにしても／蛇皮線の島／泡盛の島／沖縄よ／傷はひどく深いときいているのだが／元気になって帰って来ることだ／蛇皮線を忘れずに／泡盛を忘れずに／日本語の／日本に帰って来ることなのだ〉

　貘が生まれた一九〇三（明治三十六）年、後に「沖縄学の父」と呼ばれる伊波普猷《いはふゆう》（一八七六―一九四七）は東京帝国大学文学科に入学。「おもろそうし」などの研究を重ね、大和民族と琉球民族の祖先が同じという「日琉同祖論」を展開していく。

　ヤマトによる同化（皇民化）と排除（差別）という相反する圧力を止揚するひとつの道が、日琉同祖であったことは想像に難くない。「貘もその時代の空気を吸って育った」（仲程教授）。そして、「沖縄よどこへ行く」を書いたのは、多くの沖縄人が米軍統治の圧政からの脱出口を本土復帰に求めた時代であった。

出身地を問われて口ごもった「会話」と、切々と沖縄への思慕をつづる「沖縄よどこへ行く」の間には、巨大な時代の断層がある。しかし、いずれの詩もヤマトによって翻弄された沖縄人の〈かなしい声や涙で育つ〉真実の詩であった。

悲願だった帰郷で変わり果てた沖縄の姿に打ちのめされた貘は六三（昭和三十八）年、病死した。九年後、貘が願った沖縄の本土復帰が実現した。しかし、その時残された巨大な米軍基地は、今も沖縄にある。

（文＝岩田直仁）

山之口　貘　一九〇三（明治三十六）年、沖縄県那覇区（現・那覇市）生まれ。旧制・沖縄県立第一中学校（現・沖縄県立首里高校）を中退後、二二（大正十一）年に上京し日本美術学校に入学するも中退。翌年、関東大震災に遭い帰郷。二四年、詩稿を抱いて再び上京。以後、清掃業、薬品販売などさまざまな仕事に就き、時には放浪者のように暮らしながら詩を書き続けた。生前に詩集『思弁の苑』（三八年）『山之口貘詩集』（四〇年）『定本山之口貘詩集』（五八年、高村光太郎賞）、死後に『鮪に鰯』（六四年）がある。六三（昭和三十八）年没。七八年、山之口貘賞（主催・琉球新報社）が創設された。なお没後編まれた詩集やアンソロジーも多いが収録詩には異同がある。また表記にも多少の異同があるが本文中の引用は思潮社版『山之口貘全集　第一巻　全詩集』によった。

79

『武王の門』

北方謙三

わき上がる
男の高ぶり熱く

1989・新潮社／のち新潮文庫

〈ぶつかった。太刀を振りあげて叫び声をあげている騎馬武者を、懐良《かねよし》は横ざまに薙《な》ぎ倒した。躰《からだ》の中に、荒々しい咆哮《ほうこう》をあげているけものがいる。太刀を合わせるたびに、それは大きくなっていくようだった〉

朝廷が分裂した南北朝時代、北朝の足利尊氏《たかうじ》に対抗し、南朝の後醍醐天皇の皇子牧宮《まきのみや》懐良は征西将軍宮として九州に派遣され、五条頼元《よりもと》、忽那《くつな》義範、菊池武光らとともに、統一を目指して九州各地で戦いを重ねた。

ハードボイルド作家としてデビューした北方謙三が、初めて手掛けた歴史小説。だが史実をなぞるだけでない。時代に息づく男たちのたぎる思い、壮大な夢、わき上がる高ぶりをわれわれの心に焼き付ける熱いメッセージが込められている。

＊

九州を舞台に懐良は駆け巡る。桜島の火山灰が降る薩摩や大隅、菊池武光という力強い味方を得た肥後、総勢約十万の兵が激突した筑後、そして、朝鮮半島の高麗へ渡る拠点を置いた肥前。北朝軍勢との戦いは激しくなり、ページをめくるたびに緊張感が加速する。その一役を買っているのが、北方が紡ぎ出すスピード感ある描写だ。

〈右へ、懐良は回った。相手のひとりが、肩で息をした。誘い。乗った。肩が下がった刹那《せつな》、踏みこんで斬りつける。残りのひとりが、同時に動いた。斬りつけた太刀を、そのまま反転させた。ひとりの胴を薙いだ。風。背後からだ。阿久里の気合が重なった。背中に痛みがあったが、深く食いこんできた感じではない〉

四十代で『三国志』、五十代で『水滸伝』を執筆した北方。歴史小説を通して伝えたいのは男の生きざま、死にざまだ。相次ぐ戦いで流れる血、高まる殺気、熱気。だが、懐良が見せるのは単純な覇気だけでない。その言動には敵方への優しさも表れる。

懐良は博多から海沿いに西進中、松原が広がる周辺で松《まつ》浦《ら》党の佐志《さし》氏の攻撃に遭う。筑後川の戦いで戦死した首領佐志披《ひらく》の一派だ。力の差は圧倒的。敗北後、披の息子・祝《いわう》は首をはねてほしいと嘆願する。

だが懐良は拒絶。〈おまえとの戦は終わった。そう言っているだけだ。いつまでもこだわって、領民を戦に駆り出し、苦しめるものではない〉〈死ぬことで、矜持《きょうじ》を守れると思うな。佐志祝。なにによって矜持を守れるかわからぬなら、わかるまで生きよ〉

豪快なオーラを発する一方で、相手を包みこむような優しさを見せる懐良。その姿は懐良を描く北方本人の姿と重なる。

北方は一九八六（昭和六十一）年から約五年間、若者向け雑誌「ホットドッグ・プレス」で悩み相談のコーナーを持った。人間関係、性や進路などの悩みを持ちかける若者に対し、北方の返答たるや、ハードボイルド作家らしく攻撃的かつ過激だ。

周囲の人間が無気力だと嘆く相談者に「独りで泣け」と一撃。だが、「(しばらく泣いた後は) 他人がやらないことが問題なんだということではなく、自分がやれるかやれないかが問題なんだというところに、君は行き着かなくてはいけない」と続く。強さの中に、相対した人間への優しさが漂っていた。

＊

懐良は海を愛し、大陸を見詰めた。自らたびたび高麗に足を運び、元《げん》、さらに遠くに広がる世界の情報を集め、九州の未来に思案を巡らせた。高麗には息子の月王丸を派遣し、後に倭寇《わこう》となる水軍の長、忽那義範のもとで見聞を広めさせた。

北方が生まれ、幼少期を過ごしたのは佐賀県唐津市の海岸沿い。唐津湾の向こうに横たわる玄界灘の果てには大陸がある。海岸に立つ。潮風が心地いい。快晴のときは青々とした空と海が無限に続くかのような広がりを見せる景色。だが嵐になると一転、不気味な灰色の波が容赦なく打ちつける場所だ。

北方の生家には現在、遠い親類の浦元弘さん（71）が住む。北方家が関東に移った後、謙三の祖母と二人暮らしを始め、今は素潜り漁を続けながら妻と子どもと三人暮らしだ。

日焼けした肌に、がっちりした体格。鋭い眼光。海の男だ。北方本人を連想させる。だが、愛嬌《あいきょう》のある温かい目つきで笑顔も見せる。厳しくも優しい玄界灘に育てられた男の姿か。「謙三君は唐津の海岸でよく遊んでいた。今は新刊が出るたびに贈ってくれる。古びれた港町が登場すると、古里を思いだして書いているのかなとうれしくなるよ」

外国を回る船乗りだった北方の父親は一年に数回しか帰国しなかったという。ここから、父のいるはるかな海洋を想像したのだろうか。懐良も最期の時まで海を思った。〈風の音。そして波。躰《からだ》が揺れているのか。海が見えた。どこまでも、果てることのない海だった。夢と海は似ている。そう思った。陽の光が海面に射して、鮮やかな照り返しが交錯している。眠ろうとしている自分を、懐良は感じた。光。風。夢。海。遠くなった〉。海とともに、男たちの熱は高まり、燃焼した。

（文＝小川俊一）

北方謙三　一九四七（昭和二十二）年、佐賀県唐津市生まれ。中央大学法学部法律学科卒。在学中に純文学に取り組み、八一年にハードボイルド小説一作目の『弔鐘はるかなり』を発表。『眠りなき夜』で吉川英治文学新人賞（八三年）を受賞後、『渇きの街』で日本推理作家協会賞長編部門（八五年）、『破軍の星』で柴田錬三郎賞（九一年）など、多くの受賞歴を持つ。執筆のスピードが群を抜いて速いことで有名。八八年には南北朝を舞台にした歴史小説『武王の門』を発表して新境地へ挑戦。全十三巻の長編小説『三国志』を完成後、『楊家将』で吉川英治文学賞（二〇〇四年）。解説本と合わせて全二十巻に及ぶ『水滸伝』が〇六（平成十八）年に司馬遼太郎賞、〇九年日本ミステリー文学大賞、一一年『楊令伝』で毎日出版文化賞、一三年紫綬褒章、一六年菊池寛賞、一七年『大水滸伝』シリーズで歴史時代作家クラブ特別功労賞。二十年にわたり直木賞選考委員を務めるほか、吉川英治文学賞、江戸川乱歩賞などの選考委員を歴任。

80

波間に浮かび、沈む記憶

『三《み》たびの海峡』

帚木《ははきぎ》蓬《ほう》生《せい》

1992・新潮社／のち新潮文庫

夜の海は黒く、辺りの建物から漏れる明かりが水面にぬるりとした光の紋をつくっていた。

北九州市・若松港。

〈悲しいのと嬉しいので半分半分だから。明日になったらきっと嬉しいほうが大きくなるはずだわ〉

戦時下、朝鮮半島から九州の炭鉱に連行された青年、河《ハ》時根《シグン》と将来を誓った千鶴《ちず》は、時根の故郷を目指してここ若松をたつ前の晩、目を潤ませて気丈に言う。

希望と不安。焦燥、喜びと憎しみ、そして絶望。波間には時根や千鶴、そして多くの人々の数限りない記憶が漂い、浮かんでは沈む。海峡を越え、その先に霞《かす》むのは、半島——。

＊

帚木蓬生の小説『三たびの海峡』の主人公、時根は十七歳のとき強制的な「徴用」で九州に渡った。送り込まれた炭鉱では過酷な労働に加え、凄惨《せいさん》なリンチが日常化していた。仲間たちが次々に命を落とすなか、決死の脱走に成功した時根は敗戦後、日本人女性・千鶴を連れ二度目の海峡を渡る。しかし、「倭奴《ウェノム》の女」を連れた時根を故郷は受け入れず、安住の地ではなかった。千鶴は日本に連れ戻される。以来、時根は体の内に根付いた〝日本〟を抹殺し、無我夢中で働いて、やがて財を成す。

小説は多くの在日朝鮮・韓国人一世の体験と重なるだろう。とりわけ、福岡・筑豊ではよく知られたある在日朝鮮人の人生は、驚くほど時根の人生と共鳴する。

福岡県飯塚市に暮らす裵《ペ》来《レ》善《ソン》さん（85）。全羅南道高興郡南陽面大谷里の出身。二十歳で佐賀県の造船所に連行された。四カ月後、父の危篤を知るも帰国を許されず、脱走。故郷に戻ると父は亡くなっており、幼い二人の弟と母の四人で貧しいながら水入《い》らずの暮らしを始めたが、わずか十一日後に再度日本に連れ戻された。「役人が警察を連れてきた。行け、絶対行かない、としたんだけれど、それなら家族の配給券をくれないという」。渡った先は筑豊の炭鉱だった。二十四時間二交代で、昼食は三十分。弁当の雑穀は一口か二口の量だった。同じ朝鮮人労働者たちが栄養失調で、落盤で、拷問で死んだ。なんとか脱走し、逃走先の福岡県筑紫野市で終戦を迎えた。

終戦直後、半島に戻ろうとした。帰国船に乗るため博多の築港に急いだが、何万もの朝鮮人に加え、大陸からの日本人帰国者であふれ返り乗船どころではなかった。その後、在日二世の女性と結婚。家族五人を養うために職を点々とするうちに、日本での暮らしが定着していった。

＊

裵さんはやがて食肉処理場で責任者を任され、ホルモン店を営むようになった。傍ら、朝鮮学校の建設に情熱を注ぎ、在日への指紋押捺《おうなつ》強制問題や無年金問題にかかわった。「同等に生きていきたい。私たちも、人間だから」。新聞に取り上げられると賛同者の輪が出来ると同時に、脅迫電話に悩まされた。「チョウセン人！」。名を名乗らない電話は「文句があるなら、半島に帰れ」と言って、切れた。「でも、もう帰れないんですよ」。裵さんの声が静かに上ずる。祖国は分断された。朝鮮籍を取得した裵さんを韓国は受け入れなかった。

一九九五（平成七）年。戦後五十年を迎えた年、裵さんは一人で、筑豊全域の寺という寺を回り、無念の死を遂げた同胞たちの遺骨や名簿を集め始めた。「どんなことがあっても逃げてやる、報復してやると決意したんだけど、大きな政府、炭鉱を相手に報復しようもなかった」。その無念と憤怒を胸に、「朝鮮人」でも「韓国人」でもなく「在日」を生きながら、裵さんは戦いを続けた。仲間を募り、自治体に理解を求めた。裵さんの執念は二〇〇〇年、飯塚市営墓地の一角に納骨堂「無窮花《ムグンファ》堂」として結実した。

物語では、老実業家となった時根が、北九州の友人の手紙で心を揺さぶられる。手紙は行政がボタ山と廃坑をつぶし、企業誘致を計画していると伝えていた。ボタ山には、かつての仲間たちが粗末な墓石の下に眠っていたのだ。時根は「三たび」の渡航を決意、日本に戻る。その後の行動を染め上げるのは真っ赤な憤怒である。

＊

福岡県中間市で心療医院を開く帚木さんを訪ねた。執筆の動機は北九州市内の病院に勤務中、在日の患者に多く出会ったことという。

「一番腹が立ったのは」。終始淡々とした口調を崩さなかった帚木さんが、ふと語気を強めた。「教育に対してです。曲がりなりにも文・理の教育を受けてきたのに、私は何一つ知らなかった」。時根は語る。

〈自分の都合のよいように、粉飾したり改変を加えた歴史からは、束《つか》の間のつじつま合わせしか生まれて来ない。たとえそれがいかに心地よいものであっても、長続きはせず、いつかしっぺ返しが訪れるのだ。私は日本にそういう道を歩んでもらいたくはない〉

「誰かが時代のなかで書いておかなければならないことがある」と語る帚木さんはこれを「土壌を作る」と表現する。飯塚市は「無窮花堂」の一帯を「国際交流広場」と名付けた。これもまた、過去を見据え、未来を拓く人々を育む「土壌」だろう。

朝鮮半島と九州の間に横たわる海は、あまたの歴史と現在を抱え込み、今日も波打つ。たゆたう水には涙や血が、そしてあの時、千鶴が抱いたような見果てぬ土地や未来への希望や夢もまた溶け込んでいる。海峡は流れを止めない。

（文＝平原奈央子）

帚木蓬生　一九四七（昭和二十二）年福岡県小郡市生まれ。東京大学文学部仏文科を卒業後、ＴＢＳ勤務を経て九州大学医学部に入学。精神科医となる。医療業務の傍ら執筆活動を続け『三たびの海峡』で吉川英治文学新人賞、『閉鎖病棟』で山本周五郎賞、『逃亡』で柴田錬三郎賞をそれぞれ受賞した。『ギャンブル依存とたたかう』など医学書もある。九五（平成七）年には福岡県文化賞を受賞した。「帚木蓬生」のペンネームは、「源氏物語」五十四帖の巻名「帚木」と「蓬生」から。二〇〇五年から通谷メンタルクリニック（福岡県中間市）院長。

81

『博多っ子純情』

長谷川法《ほう》世《せい》

あこがれの
故郷を
追い求め

1977〜・双葉社（アクション・コミックス）／のち双葉文庫、西日本新聞社（中学生編まで）ほか

「博多弁が耳に入らない世界で、奔放《ほんぽう》に暮らしたい」

そう願った長谷川法世は、高校を卒業すると窮屈さを覚える郷里の「博多」を飛び出し、東京に夢をはせた。驚異の戦後復興を世界に知らしめた東京五輪が開催される直前の一九六四（昭和三十九）年夏のことだ。それから十二年後、長谷川は博多弁の世界に戻ってくる。しかも、博多に住んだころ以上にどっぷりと。七六年に週刊誌で連載が始まった漫画『博多っ子純情』は、時代の空気と絶妙に合致し、長谷川の出世作となった。

＊

物語は、博多人形師を父に持つ中学二年の郷六平《ろっぺい》が高校、大学生活を経て博多人形師として生きる決意をするまでを描く。

気が短く、けんかっ早いやんちゃ坊主の六平は、長谷川の考える「博多っ子」の典型だった。校内でのけんかはもとより、福岡城跡や日本最古の禅寺として知られる聖福《しょうふく》寺の境内《けいだい》など、福岡市内のあちこちで他校の生徒らと激闘を繰り広げた。同級生の小柳類子のことが気になりつつも隣家に住む年上の女性にあこがれを抱く。高校になると酒も飲めば、たばこも吸う。幼なじみとの話題は、もっぱら「いつコペ転する（童貞を捨て大人の仲間入りをする）か」ばかり。根っからの不良でも優等生でもない同時代の少年が活写されている。

六平が高校二年の時、一年後輩の芹井美子が流産する「事件」が起きる。芹井の日記に交際がつづられていた六平を大人たちは糾弾。実は、日記の内容は空想であり、責任を感じた芹井は自殺未遂に及ぶ。

「芹井は、ただあたき（私）より先い大人になったとじゃあござすまいか」

六平は一命を取り留めた芹井を非難する親や教頭に涙ながらに、こう抗議する。「大人になりたいが、大人のようには割り切れない」。だれもが経験し、記憶する思春期の甘酸っぱさが、読者の共感を呼んだ。

＊

小中学校で長谷川の同級生だった中山雄介（62）＝福岡市博多区上川端町＝は、漫画家・長谷川法世に二度驚かされた。最初は書店でその名を見つけた時。二度目は『博多っ子純情』の六平と、自分の知る長谷川本人との落差だ。「六平と違って、小さいころから法世がけんかしようとは見たことがない。目立つ方やなかったけど、頭は良かったけんずっと級長に選ばれとったもんね」。大岡重實（61）＝同区冷泉町＝も「悪《わる》そう（不良）やなかった。大人しい感じで、みんなに信頼されてたなあ」と全く同じ印象を持つ。

博多を舞台に、博多弁を駆使する作品は地元の読者も納得させる写実性に貫かれている。その中で、六平の人物像だけが作者の長谷川と重ならない。『博多っ子純情』は自伝ではなく、主人公と作者が同化する必要はないが、長谷川がどこから「六平」を作り上げたのかが気になった。

本人に疑問をぶつけると、こう答えが返ってきた。「僕は、引っ込み思案やったとに、小学二年の時に担任から級長に指名された。当時『級長は率先して標準語（共通語）を使え』と指導され、博多弁が出ると仲間にからかわれた。だからどこか冷めとったっちゃんねえ」

長谷川は、旧市街地である博多部の旅館に生まれた。しかし家業が振るわず、幼いころに博多部の外に転居している。小学校低学年から体験した越境通学は、疎外感と隣り合わせだった。「同級生たちのように天真爛漫《らんまん》でいたい」という欲求を持ちながら、半分は「よそ者」である現実が「優等生でなければならない」という理性を働かせた。長谷川少年は、共同体意識の濃厚な博多で居場所を確保するために自分を抑制する知恵を身に付けた。その反動から生まれたのが、六平という奔放なキャラクターなのかもしれない。

＊

『博多っ子純情』を語る上で、地元の誇りである博多祇園山笠は欠かせない。もう一人の「主人公」とも言えるだろう。日ごろ悩みや苦しみを抱える六平が、すべてを忘れて無心に山笠を舁《か》くうちに成長を遂げる姿は、祭りの持つ精神性を明快に表現している。しかし長谷川は、純然たる博多っ子に比べて山笠経験も浅い。高校には博多っ子もたくさんいたが友人たちと山笠の話をした記憶はない、と言う。

郷里と距離を置きたいと、長谷川は東京暮らしを始めた。順調だった。しかし、そのうちに疑問を抱くようになる。

「上京した当時、東京は五輪に向けてすさまじい建設ラッシュだった。街並みが目まぐるしく変わる。『五輪が終われば素晴らしい街が出来上がる』と信じていたが、その後も延々と工事は続き、街も魅力的にならなかった」。成長神話が色あせ、先行きの不透明な社会に身を置く長谷川の中にわき起こったのが「博多弁で漫画を描きたい」という強い衝動だった。

　高度経済成長の到達点ともされる日本万国博覧会（一九七〇）の前年、日本と日本人の原点を見つめ直す山田洋次監督の映画『男はつらいよ』シリーズが始まった。七三年にはフォークグループ海援《かいえん》隊が、博多弁で親子の情を歌った「母に捧《ささ》げるバラード」でヒットを飛ばした。『博多っ子純情』が人気を集めた理由も、同じ「郷愁」の文脈上にあると言えるだろう。

「俺も人形ば作りたか！　俺も子供のごとのびのび人形に惚《ほ》れこんでみたか…！　そげん思うたとです」――東京の大学に通う六平が博多人形師になると心に決め、連載が完結して二十余年。長谷川の知る博多の街並みは、大きく変わった。都市空洞化が進み、山笠の運営も今は地元以外の人に大きく依存する。六平たちが育ち、遊んだ風景は、わずかに博多総鎮守《ちんじゅ》の櫛田神社や古寺の界隈《かいわい》に残るのみだ。

「ふるさとへの思いが、日本人から薄まってしまっとうね」。将来を憂《うれ》う長谷川の博多弁が、一瞬、六平の声に聞こえた。

（文＝金沢皓介）

長谷川法世　一九四五（昭和二十）年、福岡市博多区生まれ。同市立博多二中から福岡県立福岡高校に進み、卒業後に上京。六八年『正午に教会へ』で漫画家デビュー。七六年から、週刊誌漫画アクションで『博多っ子純情』を連載する。同作品などで八〇年度の小学館漫画賞を受賞した。現在は活動拠点を博多に移し、二〇〇三（平成十五）年から「博多町家ふるさと館」の館長を務める。明治期に世界を舞台に活躍した博多出身の俳優・川上音二郎の顕彰や町家の保存運動などに力を入れる。博多祇園山笠は土居流から参加。〇六年に福岡市文化賞、〇七年に福岡県文化賞を受けた。

82

大陸に夢見た
アジアの連帯

『三十三年の夢』

宮崎滔《とう》天《てん》

1902・満州文藝春秋社／のち平凡社（東洋文庫）、岩波文庫ほか

『三十三年の夢』（以下『夢』）にこんな場面がある。

シャム（現在のタイ）に日本から移民たちを連れていったときの話である。中国人の苦力《クーリー》千余人が乗り込んできた。船は大揺れに揺れる。アヘン臭、床虫《ゆかむし》、おなら。そこらじゅうに吐きまくり〈ゲブゲブの声はあたかも戦場のラッパのごとく〉。みんなトイレ代わりの竹筒を持って用を足す。壮絶な船内。やっとのことで上陸すると仲間たちがコレラに倒れ、自らも死にかける。ああ、これまでか。末期《まつご》の水、冷えた黒ビールを一杯飲んだら、いっぺんに生き返った、と。

「だいたいそんなことあるわけないでしょ。黒ビールですぐ治るって。この本の、本当の部分は六割か六割五分ぐらいしかないって思っとります」。宮崎兄弟資料館（熊本県荒尾市）の安田信彦所長（60）はそう言って笑い飛ばす。

『夢』は一九〇三（明治三十六）年、宮崎滔天三十三歳、仲間の裏切りに挫折し、志士から浪花節《なにわぶし》語りに転じるときに新聞連載した半生記である。〈余《よ》が理想は夢想となりおわり〉と失意にあったものの、そんな自分をもさらけ出し、諧《かい》謔《ぎゃく》を交えて描く。生命力にあふれるアジアの人々、流動する時代の熱気。文章からは、壮大な大陸に夢をかけた人物たちが、生き生きと立ち上がる。

*

滔天は「中国の革命家・孫文を支えた日本人」と語られる。身の丈《たけ》六尺（約百八十センチ）。ぼさぼさの髪の毛を無造作にぎゅっと縛り、いかにも大陸浪人というような面持ち。ただ、異様に大きな目の奥には何もかものみ込むような静けさがあり、豪傑な外観とは対照的な繊細さも醸し出している。

安田所長は「『夢』が中国革命に果たした最大の貢献は孫文を中国人に紹介したこと」とみる。当時あまり知られていなかった孫文について書き、『夢』が中国語に翻訳されたことで、中国革命の機運が盛り上がった。辛亥《しんがい》革命が起こったのは、滔天四十一歳のとき。一一年だった。

滔天は一八七〇年、熊本県荒尾村（現・荒尾市）に、細川藩の郷士の一家に生まれる。十一人きょうだいの八男で末っ子。両親に「豪傑になれ、大将になれ」「金銭に触れるな」「畳の上で死ぬのは男子の恥」と育てられた。家庭には無私無欲、万民平等の空気があふれていた。二男・八郎は熊本協同隊を率いて西南戦争で死亡した自由民権活動家、六男・民蔵《たみぞう》は万民による土地の平均再分配を目指した土地復権運動家。滔天も『夢』の中で〈先天的自由民権家〉と自任する。

　時代は明治初め。日本も近代の夜明けを迎えていた。西洋列強のアジア支配が強まり、国内には危機感が広がる。民権運動も政府により封じ込まれていった。福沢諭吉が『脱亜論』を書いたのは八五年。その六年後、七男・彌蔵《やぞう》は中国革命の構想を滔天に打ち明ける。「中国で革命を起こし、西洋列強の植民地支配からアジアを解放する」という「革命的アジア主義」。二人の青年は、中国に革命拠点を築き、人道回復をアジアに広げることに生涯をささげようと決心したのだ。

＊

　アジア諸民族が連帯し、西洋列強に対抗する。当時の「大アジア主義」と、滔天らの考え方は、同じ枠組みではあった。だが、大アジア主義が日本が盟主となることを前提にしたのと異なり、滔天らはあくまでも平等主義を貫いた。渡辺京二氏は『評伝　宮崎滔天』の中で彌蔵について「国家連合ではなく、むしろ国家の枠を超えた民衆連合」とし、滔天については「国家的意識の徹底的な否定」という思想に到達したとして、滔天を大アジア主義者の一人とみなすことに異議を唱えている。

　熊本電波工業高等専門学校（熊本県合志市）の古江研也教授（53）＝近代文学＝は滔天の「底辺からの視線」に注目する。彼の原動力は情動であり義侠《ぎきょう》心。理屈ではなく「生きものとしての勘、宮崎家のDNAだったのだろう」という。

　当時、「日本を盟主として」という考えを否定したのは滔天たちだけではなかったようだ。政治結社・玄洋社（福岡市）の社員たちも「日中不戦を主張し続け、帝国主義的政策とは相いれなかった。彼らも日本が盟主となることを考えていたわけではなかった」と福岡地方史研究会の石瀧豊美会長（58）は語る。

＊

　だが、結果として、こうしたアジア主義は明治、大正、昭和となるにつれ、膨張主義、国権主義の色濃い「大東亜共栄圏」という言葉に置き換えられていく。日露戦争、第一次世界大戦、満州事変、太平洋戦争。滔天らが夢見たアジアの連帯は、大きな力で絡め取られていった。

＊

〈理想は実行すべきものなり、実行すべからざるものは夢想なり〉

『夢』にある有名な一節である。滔天の理想は結局、現実となったのか、夢想に終わったのか。

　古江教授は「佯狂《ようきょう》」という言葉を挙げる。『夢』では自分を狂ったように見せ掛け、それを逆手にとることで本音を語っているとみる。『夢』には挫折感はあるが、自分が目指してきた高邁《こうまい》な思想は少しも否定していない。さらけ出して訴えたかったものは、まさに彼が抱いてきた夢そのものであり、中国革命のとば口ではその夢は実現したといえるのではないか」

その後、日本が帝国主義に走った時代に夢想となってしまった理想は、戦後、平和国家の下で滔天が再評価され、実現されたといえるのかもしれない。だが、どうだろう。例えばミャンマー政府の民衆への攻撃に、どれほどの日本人が痛みを共感し、「実行」しているか。アジアとの距離は遠くなりにけり、余が理想は夢想となりおわれり。滔天はあの独特な深い瞳で、平成の世をそう眺めるのだろうか。（文＝酒句純子）

宮崎滔天　一八七〇（明治三）年、熊本県荒尾村（現・荒尾市）に、細川藩の郷士の八男として生まれる。十五歳で徳富蘇峰の大江義塾に入学、同人社、東京専門学校（現・早稲田大学）などで学ぶ。キリスト教に入信するも、二年後には棄教。兄・彌蔵とともに、中国にアジア革命の拠点をつくろうとする。九七年に横浜で孫文に出会い、以来孫文を通じて中国革命を支援する。浪花節語りに転じた際に新聞連載した半生記『三十三年の夢』は代表作。晩年は大宇宙教に帰依し、一九二二（大正十一）年に五十二歳で亡くなる。熊本県荒尾市に宮崎兄弟資料館がある。

83

『原点が存在する』

谷川 雁《がん》

「瞬間の王」は死んだのか

1958・弘文堂／のち現代思潮社ほか

クマのようにいかつい男が、彼について話すときは優しい目になった。

「雁さんに会わなかったら、日本と日本語にこんなにかかわることはなかった」

作家、C・W・ニコルさん（67）は一九七〇（昭和四十五）年に谷川雁と初めて会った。谷川は当時、語学教育会社の役員。ニコルさんは職を求めてその会社を訪ねた。そこに「背が高く、ダンディーな、頭がきれそうな、でも威張ってる男」がいた。「何だ、こいつ」と思ったのが第一印象だったが、その後、意気投合する。二人は宮沢賢治の童話の翻訳などに取り組み始めた。

「一つの単語をあれにしようか、これにしようかと議論し、それだけで一日が終わる日もあった。それくらい言葉へのこだわりがすごかった」。ニコルさんは、そうした共同作業を通じて谷川から日本語を吸収し、現在の作家としての礎を築く。「僕の人生に一番影響を与えた人。でも講演会で詩人の谷川さん、と話すと、多くの人が、ああ俊太郎さんって言う。寂しいです」

＊

谷川は六〇年前後ごろには、言論界のスターだったが、最近ではあまり読まれなくなった。『戦後思想の名著50』で『原点が存在する』を取り上げた明治大学の丸川哲史准教授（東アジア文化論）は「五〇年代の日本共産党の消長やサークル運動の状況が分からない世代には理解しにくい内容ですからね」と説明する。

『原点——』収録の文章は五四—五八年に書かれた。その間の五五年、日本共産党は五〇年代前半の方針を大転換する第六回全国協議会（六全協）を開き、それまでの戦闘的な闘争を批判し、民族主義的偏向を修正した。戦後初期、共産党主導下で展開されていたサークル運動にも動揺が走った。五八年に福岡県中間市を拠点に発足した「サークル村」の創刊宣言として書かれた収録文「さらに深く集団の意味を」は、そうした状況下で「サークル」の意義を再定義しようとした文章だと知っていないとピンと来ない部分もある。

さらに、東京五輪があった六四年以降、日本社会は高度経済成長に入る。世の中が上へ上へと向かう時代。谷川のこんな言葉はだんだん人々の関心から離れていく。

〈「段々降りてゆく」よりほかないのだ。飛躍は主観的には生まれない。下部へ、下部へ、根へ根へ、花咲かぬ処《ところ》へ、暗黒のみちるところへ、そこに万有の母がある。存在の原点がある〉（表題作より）

彼は西日本新聞に連載した随筆で、故郷水俣の海を背景にした華麗な夕焼けが自分の〈原郷〉であり、そこから数キロ離れたところで、〈このまぼろしと寸分たがわぬ風景を発見して立ちすくみます（中略）この一件あって以来、私はすこし図図しくなり、共同体などと口走るようになったのです〉と告白している。〈原点〉は抽象的イメージだが、立脚するのはおのおの故郷だということだろう。谷川には〈あさはこわれやすいがらすだから　東京へゆくな　ふるさとを創れ〉（詩集『大地の商人』）という有名な詩の一節もある。だが、大型スーパーが立ち並び、便利ではあるがどこも似た風景が〈原郷〉となりつつある現代人は今、彼の著作をどう読めばいいのか。

*

谷川自身がそうした時代変化に最も敏感な人だったのだろう。六〇年、彼は『定本谷川雁詩集』の「あとがき」に、〈私のなかにあった『瞬間の王』は死んだ〉と書く。彼の詩人としての自己完結の宣言として世間に受けとられた。その後長く谷川の名はジャーナリズムの世界では見かけなくなる。だが、彼は詩人であり、〈大衆に向かっては断乎《だんこ》たる知識人であり、知識人に対しては鋭い大衆である〉（『工作者宣言』）と定義した工作者であることをあきらめたわけではなかったのではないか。沈黙後も、彼は「ものがたり文化の会」を組織、宮沢賢治の童話を「人体交響劇」として劇化する活動を始める。八四年には『海としての信濃』という〈詩集〉も出す。冒頭に〈詩ではなく詩のように〉という彼らしいレトリックの一文が添えてあるが、どうみても詩だ。兄の民俗学者、谷川健一さん(86)は「本人が詩ではないと言う以上、詩ではないんだよ」と笑う。さらにこう補足してくれた。

「五〇年代の雁の詩はＨＯＴ(熱)だった。晩年はＷＡＲＭ(温)だったと思う。ＨＯＴとＣＯＬＤ(冷)な言語表現だけが詩だとすれば、やはり詩ではなかった。技術はあるからそれなりに書けるが、〈瞬間〉を信じられなくなったのだろう」

凡人が〈瞬間〉を理解するには、恋愛を考えてみればいい、と健一さんはヒントもくれた。男と女はお互い嫌なところはいっぱいあるが、あるとき、相手を信じられる〈瞬間〉がある。「それと同じようにして言葉をつかみとってこれる瞬間を雁は信じられなくなったんだろうな」

＊

谷川が晩年過ごした長野県信濃町の黒姫山の麓《ふもと》を訪ねた。「ものがたり文化の会」で谷川と行動をともにし、パートナーとして一緒に暮らした西藤和《むつみ》さん(65)が山荘風の家を今も守っていた。

「山に住んでいるのに、海魚が好きなのでいつも北陸から取り寄せていました」。黒姫にいても、〈原点〉としてイメージし続けたのは故郷・水俣の海から立ち上がってくるものだったのかもしれない。

彼女は、「昔の活動は知りません。でも、私たちとの活動でもずっと工作者だったと思います」ときっぱり言った。

では詩人としてはどうか。会に子供のころから参加する会社役員、京徳治さん(40)＝福岡市西区＝は当時谷川が筆名で使っていた「らくだ・こぶに」の文章を「かっこいい」と思い、活動にのめり込んだ。その興奮はかつて谷川の詩に興奮した人たちのそれと基本的に同じだろう。京徳さんは谷川に宮沢賢治と中原中也《ちゅうや》の詩について尋ねたことがある。賢治は「長すぎる」。中也については「あれは歌だ」。谷川はそう短く答えた後、こう言ったのだという。「そんなことを聞くな。俺は詩人なんだから」

発言の真意を京徳さんは確認しなかったそうだが、「詩人はみな自分以上の詩人はいないと思っているんだから聞くな」とでも言いたかったのか。いずれにしてもやはり、彼は最後まで〈瞬間の王〉たらんとしていた、と思わせるエピソードではある。

(文＝内門 博)

谷川 雁　一九二三(大正十二)年、熊本県水俣市生まれ。本名は巌(いわお)。東京帝大文学部社会学科卒。戦後、西日本新聞記者となったが、労働争議で退職。「母音」などに詩を発表し、『大地の商人』で一躍注目を集めた。五八(昭和三十三)年には福岡県中間市で、故上野英信さん、森崎和江さんらと文学集団「サークル村」を結成。大正炭鉱を拠点に政党・労組から自立した労働者による革命運動も展開した。六六年上京、語学教育会社の専務理事となる。七八年に長野県信濃町に移住。九五(平成七)年に七十一歳で死去。

84

『永遠の1／2』

佐藤正午《しょうご》

新たな自分探す
決意刻む

1984・集英社／のち集英社文庫、小学館文庫

夕刻の佐世保競輪場。楕円《だえん》形のバンクに目を向けると、選手が一人、自らの影を追うように黙々と自転車を走らせていた。

一九八一（昭和五十六）年春、小説家を目指しつつも書き出すきっかけをつかめずにいた二十五歳の佐藤正午は、この競輪場である「事件」に遭遇した。

〈「ずいぶん景気よさそうじゃない」

四十年配の男はそう言ってぼくの胸のあたりを手の甲で叩いた。…顔を寄せてくる。囁き声で言う。前歯が二本欠けていた。

「タカちゃんが捜してた。マスターも一緒に…」

（こいつ人違いをしてる）〉

デビュー作『永遠の1／2』は、佐藤がこのささやかな実体験に着想を得て、原稿用紙約七百枚に仕上げた長編小説だ。

主人公は、とある地方都市に住む二十七歳無職の青年、田村宏。度重なる人違いに遭い、自分とそっくりの顔をした男が同じ街にいるらしいと気付く。自分より女にもて、なにやら怪しい事件にかんでいるようである。一体、彼は何者なのか。我を忘れたように男を捜し求める田村に母親が尋ねる。〈何故その人を追いかけるの〉

それは新たな自分を見つけ出したい佐藤の自問でもあった。

＊

佐藤が小説家になることを決意したのは北海道大学に在籍していた二十二歳の春。書店で芥川賞作家、野呂邦暢《のろくにのぶ》の代表作『諫早菖蒲《いさはやしょうぶ》日記』を手にして一年後のことだった。

在学中、佐藤は白昼夢と現実との区別もつきがたいほど野呂の小説に読みふけり、リポート用紙数枚に感想をびっしり埋めて長崎県諫早市在住の野呂に送った。十日後、届いた小説用の原稿用紙には、若き学生の文章を褒め、未来に期待するエールが青いインクでつづられていた。「君の現在の混沌が、豊饒な未来に変わることを期待します」。佐藤は七八年四月十三日のこの日、わざわざ手帳に「野呂邦暢から返信」と記している。

だが、道はすぐには開かなかった。卒業論文を書かずに仕上げた約百枚の小説に東京の編集者は目もくれず、二十四歳の秋、佐藤は大学を中退して実家のある佐世保に帰郷している。半年後、野呂邦暢急逝。佐藤はそのころの日々をこう振り返っている。

〈僕は当時、…やるべき仕事の見きわめすらついてはいなかった。ただ僕にできたのは野呂邦暢の小説の登場人物の中に…自分じしんの姿を見ることだけだった。彼らは地方の街で暮らし、穏やかな日常に満たされず、何かを捜して歩きまわっていた〉（一九八〇年五月七日、快晴）

うり二つの男を探しながら、本当の自分を見いだそうとする田村を描くことで、佐藤自身の「自分探しのレース」も始まった。未知の可能性を秘めた新たな自分を見つけ、今は半人前であっても理想の自分を一生涯、求め続ける決意を、表題『永遠の1／2』に刻み込んだ。

＊

佐藤は佐世保で生まれた。だが、出生直後から父親の転勤で長崎県内を転々とした。実際に佐世保で生活したのは高校時代の三年間だけ。佐藤は佐世保に帰郷後も自らを〈新参者〉（「佐世保の片隅で」）と称した。

佐藤が描く「ある地方都市」は競輪場や商店街アーケードがあり、佐世保を連想させる。だが、「なぜ、故郷について書くのか」と何度も問われることを嫌がった。佐藤は地元文芸誌のインタビューでいらだちをあらわにしている。

「さっき言ったように僕の小説はどこが舞台であっても成立する小説ですから、（中略）まあ、佐世保が好きだからといい子になって言い直してもいいですけど」

最近の佐藤作品は東京を舞台にし、「神保町の印刷会社」「円山《まるやま》町へ向かう道玄坂」など具体的な地名が出てくることも多い。しかし、「佐世保」という地名を具体的に作品に書き込むことは拒否してきた。

佐藤にとっての佐世保はデビュー作を生むために苦悩を重ねた場所。思い入れが強い一方、幼少時代からずっと住んでいたわけではない佐世保を「故郷」として小説に盛り込むことは受け入れ難かったのだろう。

＊

『永遠の1／2』執筆当時、佐藤が追い求める「理想の自分」には、野呂の背中が重なっていたのではないだろうか。佐藤は言う。「『野呂さん』はもう『野呂君』になってしまった。彼は四十二歳で亡くなり、小説家として七年の経験しかない。僕は五十二歳で二十年以上書いている」。そこには、先導者を追い抜いてもなお走り続けなければならない作家の孤独がある。

岩波書店の編集者坂本政謙さん（42）は担当する佐藤の暗中模索ぶりをこう評する。「正午さんは書いても書いても、違う気がして、また新たな理想の小説を求めて書き続けているのではないでしょうか」

混戦模様の「レース」の中、本当の自分を探し続ける佐藤にも変化があった。それは佐世保に対する気持ちだ。

佐世保が大渇水に見舞われ、給水制限が続き市民生活に支障が出たときは、タクシー運転手に自分から「ここらで雨が欲しいですよね」と話し掛けてみた。飲み屋で知り合った仲間と、たわいもない会話で杯を重ねた。他者と交流することで、新参者の殻を自ら破っていった。佐世保での執筆活動を始めて十六年がたった一九九七（平成九）年、佐藤はエッセーで〈最近になってようやく僕はこの街を「故郷」として意識できるようになった〉（「ホームタウン」）と告白した。

昨年（二〇〇六）六月に出版した『小説の読み書き』のあとがきでは、それまでかたくなに封印してきた方言も解禁した。

＊

〈いつか佐世保の小説が書けるかもしれない。架空の地方都市ではなく具体的な固有名詞としての佐世保の小説。そんな小説を書く可能性は、十何年か前にはゼロだったのだが、いまなら、もしいまこの瞬間の幸福を小説にできるなら〉（「この街の小説」）

佐世保を故郷として受け止められるようになったことで、佐藤はようやく佐世保と真っ正面から向き合う小説に取り組む気なのかもしれない。永遠に達成できないかもしれない「自分探しのレース」は過酷さを極めよう。（文＝川口安子）

佐藤正午　一九五五（昭和三十）年、長崎県佐世保市生まれ。佐世保北高校卒業後、北海道大学へ進学。二十四歳で中退して佐世保に戻り、翌年、ホテルのフロント係や家庭教師をしながら長編小説を書き始める。八三年、『永遠の1／2』で第七回すばる文学賞受賞。以後、佐世保で執筆活動を続ける。『ジャンプ』『5』などミステリー仕立ての恋愛小説のほか、『ありのすさび』などのエッセーにも定評がある。二〇一五（平成二十七）年『鳩の撃退法』で第六回山田風太郎賞、二〇一七年『月の満ち欠け』で第百五十七回直木賞。

85

戦火の中で見つけた真実

『地雷を踏んだらサヨウナラ』

一ノ瀬泰造《たいぞう》

1978・講談社／のち講談社文庫

佐賀県武雄《たけお》市街地を一望する御船山のふもと、武雄川のそばに建つ小さな家を久しぶりに訪ねた。伝説的な報道写真家・一ノ瀬泰造の母、信子さん（85）は足がやや不自由な様子だったが、気丈な人らしく声はしっかりしていた。「お久しぶりですね」と向けてくれた笑顔も昔のまま。手には、見せて頂きたいとお願いしていた泰造のカメラがあった。カンボジア内戦を取材したニコンである。

武雄支局に勤務していた二〇〇〇（平成十二）年、信子さんと初めて会った。戦場に消えた泰造の業績を世に出すために心を砕き、奔走する信子さんは、写真部勤務が長い私にとってぜひとも取材したい人だった。

戦争も戦場も今の日本人には「遠い世界」。なのに、無性に泰造の写真が見たくなることがある。そして災禍に見舞われた国で撮られた写真なのに、なぜか心が温かくなる写真がある。泰造は戦場に何を求め、そこで何を見つけたのか？ 久しぶりに信子さんを訪ねたのは、その理由を探ってみたかったからかもしれない。出発点として、泰造のカメラに触れたかった。ニコンはズッシリと重かった。

＊

泰造は一九七二（昭和四十七）年一月、東南アジアに入り、ベトナム戦争などを取材。七三年十一月、カンボジア内戦下のアンコールワットに単独潜入し消息を絶ち、八二年に両親が死亡を確認した。写真・書簡集『地雷を踏んだらサヨウナラ』は、安否が確認できなかった七八年、カンボジアなどで取材したフィルムと、友人や知人、両親とやりとりした手紙類をカメラマン仲間らがまとめて出版された。

タイトルは泰造がアンコールワットに潜入する直前の七三年十一月十八日付で友人にあてた手紙の一節から採られた。

〈今回は、地雷の位置も全然解らず行き当たりドッカンで、例の所の最短距離を狙っています。旨く撮れたら、東京まで持って行きます。もし、うまく地雷を踏んだらサヨウナラ！〉

信子さんは「初めてタイトルを聞いたとき、胸に何かがぐさっと刺さり、痛みが走るような気がした。軽い調子だけど、本当の気持ちを表していると感じました」と述懐する。

泰造は学生時代、友人と「一流のカメラマンになりたい」「有名になるには他人と違うことをしなければ」と語り合っていた。六六年のアサヒグラフでベトナム戦争を知り、ピュリッツァー賞を受賞したカメラマン、沢田教一の写真でベトナム行きを決断した。「豊かな日本にいたのでは分からない、自分で見て肌で感じた戦争や真実を世界に伝えたくなったのでしょう」と信子さんは語る。

日本を出た七二年、ポル・ポト軍は世界最大級の石造仏教寺院遺跡アンコールワットを占拠していた。立ち入りが禁じられたワットの写真は「撮れば二万ドルの報酬」とうわさされ、世界中のカメラマンがスクープを狙った。泰造は「『自由とカネと栄光』を旗印とし、（中略）われこそ一番乗り、と大きな野心に燃えて、その門前町であるシェムリアップに腰を据えて」（『泰造　見てますか？』一ノ瀬信子著）取材態勢を整えて〝戦列〟に加わった。二十四歳の年である。

＊

硝煙《しょうえん》や銃火をかいくぐって取材を続けた。攻撃を受け道路脇に逃げる兵士、奇襲を受ける兵士たち、負傷兵の救出、兵士の遺体…。両親への手紙で〈好きな仕事に命を賭けるシアワセな息子が死んでも悲しむことはないヨ、母さん〉〈迫撃砲の集中攻撃を受け、心臓が凍ってしまいそうにこわいこともたびたびですが、僕は〝ワー・フォトグラファー〟、こんなにやりがいのある仕事はありません〉とつづっている。

友人や両親への手紙から浮かび上がるのは、世界の写真史に名を刻もうという野心あふれる若者の姿だろう。野心を支える勇気もあった。ともにカンボジア内戦を取材した千葉県柏市の報道写真家、馬渕直城さん（63）は語る。「小銃弾が飛ぶ中でも彼は立ち上がって、地面にはいつくばっているぼくらの写真を撮っていた」

やがて泰造に微妙な変化が訪れる。〈僕はカンボジア人が好きです。人が良くて、のんきで、この四カ月のうちに、多くの友達を得、彼等《かれら》がいろんな助けをしてくれました〉。遊び場にロケット弾が撃ち込まれ、一緒に戦争ごっこをしていた子ども三人の命が奪われた。馬渕さんは「戦場という過酷な条件に耐える民衆の生活、表情にも彼のレンズが向くようになった」と感じた。泰造は大きな心境の変化を記す。〈アンコールワット入りは一番じゃなくてもいい〉と。

写真の狙いが変わった。休暇で自宅に戻った兵士を迎える家族、突然の戦闘に逃げ惑う民衆、硝煙が上がる戦場を背に川遊びをする子どもたち…。信子さんは言う。「アンコールワットで村人や政府軍、ポル・ポト軍ともひざを交え、戦争の無意味さ、カンボジアの素晴らしさ、平和の尊さについて語り合い、そんな場面を撮りたかったのでしょう」

有り余る野心も戦争への怒りも、人間に対する愛も注いだカンボジアで、泰造は殺される。その時、泰造の胸に去来したのはどんな思いだったのだろうか。

取材の終わり、戦場に立ったことのある馬渕さんに一つの質問してみた。

「泰造さんが生きていたら何を撮ると思いますか」

「抽象的だけど」の後に少し間を置いて答が返ってきた。

「戦争を起こしたくなる人間の本性を写し出す写真を泰造さんなりに探るんだと思う。平和につながるような写真を」

（写真・文＝永田 浩）

一ノ瀬泰造　一九四七（昭和二十二）年十一月一日、佐賀県武雄市生まれ。日本大学芸術学部写真学科を卒業した後、UPI通信社東京支局に勤務。その後、フリーの報道写真家として東南アジアに入り、ベトナム戦争などを取材する。カンボジアで内戦が続いていた七三年、クメール・ルージュ（後のポル・ポト軍）の支配下にあったアンコールワットに単独潜入後、消息を絶つ。二十六歳だった。八二年、両親が現地で遺骨を確認した。遺骨の一部はカンボジアに眠っている。

86

『蘇《そ》峰《ほう》自伝』

徳富蘇峰

記者に
こだわり続けた
九十四年

1935・中央公論社／のち
日本図書センター ほか

何年前だったか、博多・箱崎の放生会《ほうじょうえ》で一冊の古いノートを見つけた。麻ひもでザラ紙をとじ、表紙に「蘇《そ》峯《ほう》集」とある。表紙裏は学校の時間割表。「珠」「修」「裁」など、今はない教科名が並び、「第六学年十二組　近藤正子」と鉛筆で書かれていた。

約百枚のザラ紙に徳富蘇峰の新聞コラムがていねいにはられていた。昭和六（一九三一）年から十年まで大阪毎日新聞に掲載された記事で、最初のページが「『西洋文明の没落』を讀《よ》む」。福沢諭吉の娘婿で、「日本の電力王」と言われた福沢桃介が書いた冊子の書評だった。「脱亜入欧」を説いた義父に異を唱え、「西洋の没落、東洋の勃興《ぼっこう》」を力説したことに賛辞を送っている。

昭和六年といえば、その後十五年続く戦争の引き金を引いた満州事変の年。小学六年の女の子が、蘇峰の政治コラムを理解できたのか。娘のノートを父親がスクラップ帳にしたのか。蘇峰の人気はそんなに幅広かったのか。蘇峰のことをもう少し知りたいと思い、この『自伝』を手に取った。

＊

蘇峰が生まれたのは明治維新の五年前。この年、長州藩では高杉晋作が奇兵隊を組織した。亡くなったのが第二次大戦の十二年後。経済白書が「もはや戦後ではない」と宣言した翌年である。日本の近代史そのものの九十四年。この変化に富んだ長い時を生きた男の物語を貫くのは、新聞記者へのこだわりである。

まだ十三、四歳のころ、半紙つづりの「白川新聞」、一枚刷りの「熊本新聞」、さらに父が購読していた「東京日日新聞」の三紙を読んでいた。「新聞記者たらんとする希望は当時から兆候があった」「露土戦争（ロシアとオスマン帝国の戦い）のことなどもその約略を心得ていた」というから、けた外れに早熟な新聞人である。さらに、なんでも結論から先に話してしまい、会話や演説に面白みがないと言われたとぼやく。新聞記事の基本である「要点先述」が、蘇峰の場合、原稿用紙の枠内にとどまらなかったのだろう。

＊

蘇峰がジャーナリズム界に登場したのは明治十九（一八八六）年。自費出版した『将来之日本』である。同志社大学の創始者・新島襄《じょう》に心酔し、薩長藩閥政治に反発。欧化主義の下、鹿鳴館に浮かれる人々を軽蔑《けいべつ》し、政府の武断政治に対して文治主義、平和主義を掲げた。西園寺《さいおんじ》公望《きんもち》から「貴君の書いたものは、なにやら社会主義の要素が含まれている」と言われたのもそのころである。

翌二十年に雑誌「国民之友」を創刊、二十三年には新聞社「国民新聞」を創設する。「当初はただ新聞記者とならんとするが唯一の目的だったが、完全に新聞記者の機能を働きしむるには自分が新聞紙そのものに対する自由の手腕をふるうことが必要だった」

資金繰りから記者、編集者の養成、印刷所の確保まで二十八歳の青年社長は駆け回った。「新聞は読むものであると同時に見るものである。あらゆる事件を絵画にして説明する必要がある」と、今で言うならビジュアルな紙面づくりを呼び掛け、しかつめらしい論説中心だった新聞の改革を実践した。

*

その一方で、蘇峰は政治の世界に吸い込まれる。そもそも「みずからは政治家たるを好まなかったが、政治そのものはすこぶる好物で、一時も離れることができなかった」政治好き。濃淡はあるが、初代首相・伊藤博文をはじめ、蘇峰が嫌悪していたはずの藩閥政治家とも関係を深めた。最大のきっかけは、日清戦争とその直後の「三国干渉」である。自伝もこう語る。

「明治二十七、二十八年戦役が起こるや、藩閥政治も薩長も何もかも打ち忘れ、挙国一致清国にあたることを当面の急務とし、一切を犠牲とした」

勝利国日本は中国遼東半島を獲得した。ところが、ロシア、フランス、ドイツの三国は日本の支配強化に危機感を抱き、同半島を還付させた。そのとき、蘇峰は偶然、遼東半島の旅順口にいた。足元の「領土」を奪われ、感情も高ぶったのだろう。「精神的にほとんど別人となった。力が足らなければ、いかなる正義公道も半文の価値もないと確信した」と告白。波打ち際から小石や砂利を一握りハンカチに包んで持ち帰った。第二次大戦中、大日本言論報国会会長を務め、帝国主義者として「A級戦犯」の容疑対象者となった原点は、ここにある。

*

戦後、蘇峰は文化勲章を返上し、自ら「百敗院泡沫頑蘇居士」と戒名を付けて熱海に引きこもった。亡くなって半世紀が過ぎ著作権の保護期間も切れた。戦前から秘書を務めた故塩崎彦市氏が、熱海に近い神奈川県二宮町に開設した「徳富蘇峰記念館」には五万通を超す蘇峰宛書簡が保管されている。歴代首相のほか与謝野晶子、川上音二郎、緒方竹虎《たけとら》らの名前が並ぶ。塩崎氏の六女・高野静子さんらが整理や分析を続け、高野さんは夏目漱石の手紙などから蘇峰の実像を描き出す著作をすでに四冊発刊している。高野さんの蘇峰評は「人間が大好きな人ってことでしょうか」だった。

大正末期から終戦直前まで住んだ東京・大森の山王草堂《さんのうそうどう》記念館。百冊に及ぶ『近世日本国民史』の威容に気おされた後、ふらりと入った管理人室の黒板に一枚の赤茶けた短冊が掛かっていた。

蘇峰の書を我に薦めし友早く
校を退きぬ　まづしさのため

啄木『一握の砂』

そういえば、石川啄木も函館日日、釧路新聞に勤め、東京朝日新聞の校正係として夏目漱石の新聞小説『それから』や『門』などを担当した新聞人でもある。九十四歳まで生きた蘇峰と明治四十五年に二十六歳で逝った啄木。「もしや」と五万件の書簡目録に啄木の名を探したが、妻節子と同姓同名の別人の名があるだけだった。

（文＝川崎隆生）

徳富蘇峰　一八六三（文久三）年、熊本県益城町生まれ。本名猪一郎。生家は水俣の総庄屋。徳富蘆花の兄。熊本英学校から同志社に進み、平民主義を唱えて民友社を設立、国民新聞を創刊した。日清戦争後の三国干渉に憤慨、国家主義者に転じた。第二次大戦中、大日本言論報国会会長を務め、文化勲章も受章。戦後はA級戦犯容疑者となり公職追放。信長時代から西南戦争までを三十三年かかって書き終えた全百巻の『近世日本国民史』をはじめ主要著書は約三百冊。一九五七（昭和三十二）年、九十四歳で死去。熊本県水俣市に水俣市立蘇峰記念館が、また熊本市中央区の旧居跡に徳富記念館が、さらに神奈川県二宮町に徳富蘇峰記念館があるほか、東京・大森（大田区）の旧居「山王草堂」跡に山王草堂記念館がある。

87

ペンという「剱《つるぎ》」に捧げた生涯

『九州文壇日記』原田種夫《たねお》

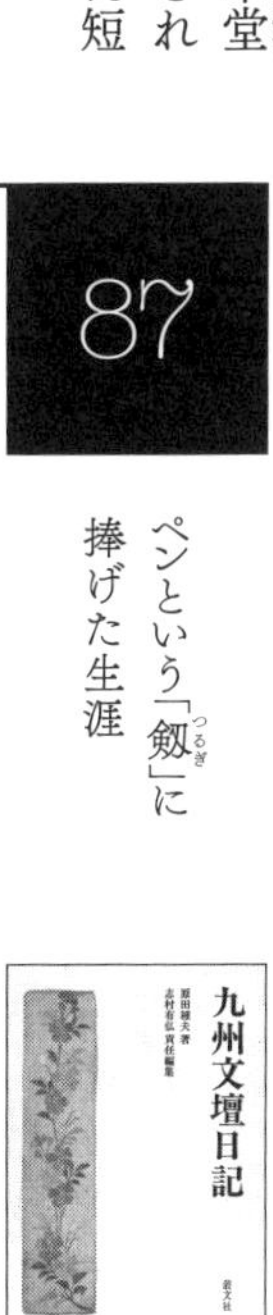

1991・叢文社

粋な着流しに雪駄《せった》姿で福博の街を闊歩《かっぽ》した文士を、人々は親しみを込めて「ハラタネさん」と呼んだ。「九州最後の文士」と呼ばれた原田種夫は、さまざまな顔をもっていた。

明治生まれの詩人であり、芥川・直木賞候補に計四度選ばれた小説家。九州全域の作家が初めて結集した同人誌「第二期　九州文学」の編集発行人であり、西日本文学史の研究者。さらには造本家でもあった。学生時代の一時期を除き、人生のほとんどを福岡市春吉《はるよし》（現・中央区春吉）に暮らした。

『九州文壇日記』は、昭和四（一九二九）年元日から、亡くなる前日の平成元（一九八九）年八月十四日まで書き続けた日記のうち、主に昭和四年元日から昭和二十五（一九五〇）年までの二十一年間を抄録したものである。原田の年齢でいえば二十八歳から四十九歳。ペンという「剱《つるぎ》」に生涯をささげた原田にとって、最も熱く激しい季節だった。

＊

創立したばかりの西南学院中学に入学した原田種夫は、北原白秋や夏目漱石に親しみ、ハイネやゲーテ、ツルゲーネフ、ドストエフスキーも読みあさった。少年は文学青年となり、萩原朔太郎《さくたろう》のアフォリズムのスタイルをまねて、散文詩を書き始めた。大正十四（一九二五）年、二十四歳の秋に〈未来は分からないが、文学をわが一生の仕事にしようと決心した〉（随筆集『ペンの悦び』より）。

日記は昭和四年元日、こう始まる。

〈詩人として、又、思想家としての僕の精神生活の記録の一切は、ことに映像されるものなり。一面この一巻は、激烈なる感情と、愛に燃ゆる、奇異なる人格の詩たり〉

この年、原田は詩誌「瘋癲《ふうてん》病院」の同士、山田牙城《がじょう》らと全九州詩人会を結成し、『年間　九州詩集』の出版を果たす。白秋や加藤介春《かいしゅん》ら精鋭二十八人の詩を収めた。九州全体に目を向け、呼びかけた合同詩集はこれが初めての試みであり、オルガナイザー（組織者）としての第一歩であった。

畳み掛けるように「九州詩壇」を創刊し、各地の詩結社と「九州詩人祭」を開き、九州芸術家連盟の結成と機関誌「九州芸術」の創刊を決めた。参加者四十四人の中には、後に久留米で「母音」を創刊する丸山豊の姿もあった。

〈福岡詩壇にかつてない盛んなる会であった。これが一つの機運となって実を結ぶであろう。〉（昭和九年二月十七日）

そして、ついに九州文壇にとって大きな転機の年となる、昭和十三年を迎える。

福岡日日新聞社（後の西日本新聞社）学芸部長の黒田静男は、原田の「九州芸術」、秋山六郎《ろくろう》兵衛《べえ》らの「九州文学」、矢野朗《あきら》らの「文学会議」、岩下俊作や劉寒吉《りゅうかんきち》らの「とらんしっと」の大同団結を提唱する。だが、前年九月にあった初の打診を、原田が〈即答は出来んが、九州文学の連中と同席は決してせん〉と記したように、交渉は難航を極めた。

＊

図らずも、団結を促すことになった大事件が、火野葦平『糞尿譚《ふんにょうたん》』の芥川賞受賞であった。〈この深い感動を忘れまい。いよいよ詩筆を折る時が来た！詩人原田種夫とお別れの時が来た。自分の作家として起つときが来た。真剣だぞ！〉（二月八日）。

詩人たちは、こぞって小説へと転向し、次の芥川賞を目指した。九州から次の作家を、という機運が高まったのだ。「第二期　九州文学」の創刊が決まった六月十八日、原田はこう記している。

〈九州の文化百年の計は成る。〉

翌十四年、火野に続いて、長谷健が芥川賞を受賞。〈芥川賞を九州でさらってしまえ！〉（八月一日）と書いている。

中央の視線は九州に向けられた。岩下俊作の『富島松五郎伝』、矢野朗の『肉体の秋』、劉寒吉の『翁』『十時《ととき》大尉』ら仲間が次々に芥川・直木賞候補に挙がった。原田の作品も小説『風塵』が芥川賞候補（昭和十五）、『家系』も直木賞候補（昭和十九）となり、大同団結した九州文壇が熱くたぎった時代はピークを迎えた。

昭和二十年四月、原田は召集令状を受けるも、体格検査に不合格となり、西部軍管区報道部に配属。そして敗戦を迎えた。

〈大東亜戦争終結の聖断下る。言うべきことば一つもなし。〉（八月十五日）

〈家族とともにあたたかく楽しく生き、なぐさめをとらえてゆこう。忘れたい、忘れたい、忘れたい、日本の敗北を忘れたい〉（八月二十八日）

原田は、日記の中で自らの志を常に問うていた。例えばこんな風に。

〈作家原田種夫よ。もう起ったらどうだ！ 剱をやすめるのが永すぎるぞ。世相の不安、動揺に藉口《しゃこう》して怠けたら駄目である。書きたいものは胸中にひしめき合っているではないか。もう起つときだ！時代が来た！ほんとの作家か、にせの作家か！自ら実証したらどうだ！汝は詩人か、作家か！どちらだ。独自の世界をもつ原田種夫よ。〉（昭和二十年九月二十一日）

原田は剱を休めることなく、創作を続けた。昭和二十九年の『南蛮絵師』、翌年の『竹槍騒動異聞』は相次ぎ直木賞候補になった。一方で、原田は文壇史の発掘にのめり込んでいく。文学者としての見識、幅広い人脈を生かし、九州各地に埋もれた文学を掘り起こし『実説・火野葦平――九州文学とその周辺』『黎明期の人びと――西日本文壇前史』などにまとめた。

登場人物三千人という日記を編集し、一冊にまとめた志村有弘・相模女子大教授（66）＝中世文学＝は「九州にとどまらず、昭和の日本の文学、文化、風俗の実態を伝える一級の資料であり、日記そのものが文学として成り立っている。鏤骨彫心《るこつちょうしん》の人だった」と評する。

＊

原田種夫は、愛妻家で子煩悩《こぼんのう》な家庭人でもあった。「おやじは酒飲まんから、よく喫茶店に連れられて行きよりました。ブラジレイロに森永キャンデーストア…。もう博多も変わりましたなあ」。長男の種秀（71）＝福岡市中央区＝は、コーヒー党の父の姿を思い出す。同人との会合にも頻繁に使った喫茶ブラジレイロは強制疎開のため、那珂川のたもとから博多区店屋《てんや》町に移転した。その跡には原田の文学碑が建っている。

原田は晩年まで、小説を書きたがっていたという。自らの代表作として、初期の『風塵』ばかりが語られることに納得できなかったのだろうか。

いま、人々は尊敬の念を込め「九州文学界の縁の下の黒子」、あるいは「無冠の検証者」と彼を呼ぶ。ペンという「剱」に込めた志に、最後まで誠実に向き合った文士であった。

（文＝塚崎謙太郎）

原田種夫　一九〇一（明治三十四）年、福岡市春吉（現・中央区春吉）に生

まれる。本名は種雄。大正の終わりごろから詩を書き、山田牙城らと詩誌「瘋癲病院」「九州詩壇」などを創刊。次第に小説を志向し、火野葦平や劉寒吉らと三八（昭和十三）年に第二期「九州文学」を発刊。四〇年の『風塵』が芥川賞候補、五四（昭和二十九）年の『南蛮絵師』、翌年の『竹槍騒動異聞』が直木賞候補となる。『西日本文壇史』『黎明期の人びと』など九州文壇史の研究に力を注ぎ、九州芸工大や福岡市美術館の誘致建設にも尽力した。七二年西日本文化賞、七六年福岡市文化賞。八九（平成元）年八月十五日、八十八歳で死去。『九州文壇日記』は没後の九一年二月に出版された。

88

『少年の港』

藤原新也

海峡の街は揺りかごに似て

1992・スイッチコーポレイション書籍出版部

一九九三（平成五）年。私が門司支局に赴任したとき、北九州市・門司港の街は「死にかけて」いた。次々に解体される赤れんが造りの倉庫群、閉鎖されたままの旧門司税関。老舗デパート山城屋は経営破《は》綻《たん》目前だった。かつて九州の玄関口として栄え、本州、そして遠く中国から雑多な人や物資が集まった港町の建物はことごとく寂れ、姿を消そうとしていた。

ただしそこには、色あせ、崩れていくだけの、ありきたりの地方都市の最期とは違う、夕日の残照のような鈍い輝きがあった。その印象が間違いではなかったことを、商店街の本屋で偶然手にした写真集が教えてくれた。

波に泡立つ船だまりの石段は無数の旅人の足跡に削られていた。木造の古い銭湯の湯船からは気持ちの良いため息と会話が漏れてきた。モノクロの一枚一枚から、古い記憶が立ち上がってくる。藤原新也が生まれ育った門司港を写した『少年の港』は、開港百年の街がもつ数々の「物語」の輝きをとらえていた。

＊

藤原の生家は「藤乃屋」という旅館だった。それがどんな建物だったのか、ベストセラーとなった著書『東京漂流』の中でこう描いている。

〈部屋数三〇近くある、当時としては比較的大きな旅館〉〈三階建ての寄せ棟となっているこの建物は、階段だけで五つもある、複雑に入り組んだ構造を持っていた〉

藤原が「母胎」と呼ぶこの旅館で過ごした日々は、黄金の少年時代だった。旅館には宿泊客だけでなく、密輪商人や泥棒までもが出入りした。客と中居が大みそかに駆け落ちし、別の美人中居に片思いした向かいの交番の巡査が自殺、小学校の先生たちは宴会であられもない痴態《ちたい》を演じた。藤原少年はそれらに目を見張り、飽かず楽しんだようだ。

昭和二十年代から三十年代前半。関門橋も関門国道トンネルもなかった時代。九州に出入りするあらゆる人間と物資が門司港を通った。戦後の混沌《こんとん》と経済成長へ向かう活気がごったまぜになった雰囲気の中で、どれほど刺激的な「物語」が展開したことか。

藤原と同じ四四（昭和十九）年生まれで門司港育ち、今も門司に暮らす画家の川原田徹さんは当時をこう評する。「生き生きとしたナマの世界だった」。

＊

川原田さんが描く空想の「街」は、どれも巨大なカボチャの形をしている。数え切れないほどの店がひしめいて、人々が元気いっぱいに働き、遊んでいる。好んで描く看板は「中将湯」「ボンタンアメ」といったなつかしい昭和の品ばかり。その中に、実在する門司港の商店や料亭の看板が幾つも登場する。川原田さんの「カボチャ」は、藤原の「母胎」と同じく、二人が少年時代を生きた門司港のメタファー（隠喩《いんゆ》）なのだろう。

川原田さんの作品には「藤乃屋」も登場する。「目抜き通りにある大きな旅人宿で、にぎわってましたよ」。少年時代の二人に接点はなかったが、藤乃屋は川原田さんの記憶に残っていた。しかし、時代は動き、人も街も変わる。六〇（昭和三十五）年、藤乃屋は関門トンネル開通に伴う区画整理に引っかかり、あっさり取り壊された。

高度経済成長とスピード時代の到来。人と物資は、門司港の頭越しに高速道路で運ばれるようになった。団地やプレハブ住宅が全国各地に整備されるに連れて、街は固有の「物語」を失っていった。どこへ行っても同じような「箱」ばかり。生家を奪われた藤原は、入れ替わるように量産される団地を罵倒《ばとう》した。

〈「家」はこのように、世間や自然に向かって、より没交渉となり、自閉し、非合理や無駄を排した無機物へと変化していった〉（『東京漂流』）

しかし幸か不幸か、開発から取り残された門司港は、街の「物語」をひそかに語り続けた。

＊

十六歳で故郷を離れた藤原は、カメラマンとなり、文字通り世界を旅して回った。八〇年代初め、写真週刊誌を飾った一枚の写真に、私は強烈な印象を受けた。インドのガンジス川に放置されたヒトの死体を、犬が食っていた。「人間は犬に食われるほど自由だ」。藤原のメッセージは、バブル期の浮ついた世相に、ぐさりと突き刺さった。

藤原がいつ門司港を再訪し、「少年の港」を撮ろうと決意したのかは分からない。久しぶりの故郷はきっと、意外なほどに昔の面影を留めていたはずだ。その街角で、藤原は少年だった自分自身を見つけ、シャッターを切った。撮る自分と撮られる自分。数十年分の距離を、どう感じていたのだろう。

人は誰しも、自分を客体化し、故郷を第三者として眺める過程で、大人になっていく。藤原にとってその第一歩は、関門海峡の対岸、山口県下関市へ連絡船で渡ることだった。〈劇的な一瞬だった。海峡の向こうに門司港が見えた。（中略）子供は一瞬の旅行者となり、対岸から自らの町、門司港を遠望するごとに、多分一歩一歩、大人の自我へと接近していったに違いない〉（『少年の港』）

夕暮れの門司港。私も連絡船に乗ってみた。船上で振り返ると、高層マンションのシルエット、ホテルが放つ明るい光。門司港レトロでにぎわう街は、十四年前とは一変していた。しかし、港のたたずまいと、街を抱く山々の姿は変わらない。波の上で、すべては揺りかごのように揺れていた。

（文＝三村龍一）

藤原新也　一九四四（昭和十九）年三月四日、北九州市門司区生まれ。東京藝術大油絵科中退。アジア放浪を経て、七二（昭和四十七）年『印度放浪』を発表。以後、鋭い視線で文明批評を続ける。七七年に『逍遙游記』で第三回木村伊兵衛写真賞、八一年に『全東洋街道』で第二十三回毎日芸術賞、二〇〇四（平成十六）年、福岡県文化賞。写真週刊誌「フォーカス」の連載でインドの死体写真を発表して話題になるが、連載は打ち切りとなる。著作に『東京漂流』『メメント・モリ』『花音女』『渋谷』『日本浄土』『なみだふるはな』（石牟礼道子との共著）『沖ノ島』（安部龍太郎との共著）『大鮃』など多数。

89

『水滴』

目《め》取《どる》真《ま》俊《しゅん》

沖縄戦の「陰の記憶」も照射

1997・文藝春秋／のち文春文庫ほか

その夏、沖縄は揺れた。

六十二年前の住民を巻き込んだ国内唯一の地上戦・沖縄戦の記憶が、全島に呼び覚まされた。二〇〇七（平成十九）年九月二十九日に沖縄県宜野湾《ぎのわん》市で行われた教科書検定をめぐる「県民大会」。参加者十一万人（主催者発表）の中に、目取真俊はいた。

戦後、米軍統治下の「銃剣とブルドーザー」による米軍の土地強奪、祖国復帰運動、一九九五年の米兵による少女暴行事件抗議に対する県民総決起大会…。「島ぐるみ闘争」を幾度か経験してきた沖縄が、いつも対峙《たいじ》してきたのは巨大な権力だった。

「集団自決と軍命」の記述をめぐる教科書問題では、県民大会について本土の一部に「十一万人はうそだ」「動員がほとんどだ」などの論争が生まれた。また教科書会社の訂正申請は相次いだが、沖縄側が求めている「検定意見の撤回」は、今のところ無視されている。

県民大会後の十月末、沖縄県名護市で会った目取真は、本土側の対応について開口一番、こう言った。

「沖縄は同じ国ではないのでは」

怒りに満ちていることは、はっきりと分かった。

目取真が『水滴』を執筆していたのは、米兵による少女暴行事件で沖縄全島が怒りに震えていた時期。それから十二年。

「何も変わっていない。いや、どんどん悪くなっている」

国内の米軍専用施設の七十五％を占める基地の島で、基地問題などの評論活動も続ける目取真は本土に対して、そして沖縄自身に対しても、カミソリの刃のように鋭角的なまなざしを向ける。

＊

六月半ば、沖縄戦で鉄血勤皇隊員だった主人公の徳正《とくしょう》の右足が、突然膨れ出す。物語は、その足から噴き出る水を、沖縄戦で死んだ兵士たちが、夜な夜な吸いに来るという幻想的な展開をたどる。

ねっとりと、時にはユーモラスに描かれる徳正と、その妻ウシ、いとこの清裕《せいゆう》。濃い沖縄独特の集落共同体の情景、方言もちりばめられ、リズム感もあふれている。

「過去の戦争での戦友への贖罪《しょくざい》」がテーマと言えば簡単である。しかしそう単純ではない。

「嘘物言《ゆくしむぬ》いして戦場《いくさば》の哀れ《あわり》事語てぃ銭儲《じんもう》けしよって、今に罰被《ばちかぶ》るよ」

ウシが徳正に語るこの言葉は、基地と引き換えに「特需」を受ける沖縄の現状を、痛烈に照射する。

悔恨、悲劇、怒り、欲望、喜劇、矛盾、苦悩、焦燥…。『水滴』の中で戦争は、過去と現在を行き来しながら、さまざまな形の心象風景として描かれる。

そこには、あの地上戦が記憶として現在の人々の心に存在し、さらに米軍基地と隣り合わせの沖縄が今も、戦争につながっている現状をも告発しているようだ。

＊

戦後生まれの目取真は、もちろん沖縄戦を体験していない。しかし『水滴』で描かれた沖縄戦は、とてもリアルだ。なぜか。

「想像力で書いた沖縄戦だからこそ、現代にまで続くその暴力性まで描けた」。琉球大の新城郁夫准教授（沖縄文学）は、こう読み解く。

新城によると、沖縄戦は沖縄の人々にとって「集団的記憶」であり、『水滴』発表以前はどこか「沖縄戦は冒さざるもので、真実を書くべきだ。フィクションでは書いてはいけない」という禁忌があった。それどころか、体験者の誰にも話したくない、誰にも聞かれたくない陰惨な「陰の記憶」は、排除されてきた。

しかし『水滴』は、生の人間の押し込められた心情を深くえぐることでリアリズムを生み出した。軍の公式記録や、市町村発行の沖縄戦証言集などには描かれていない個人の心情も「表現できる」という突破口を開き、沖縄戦を主題としてきた戦後沖縄文学の「大きな変わり目となった作品」（新城准教授）という。

目取真は、沖縄戦をただ想像だけでは書いていない。鉄血勤皇隊員だった父の体験を聞き、育ってきた。

日常に「戦争」があるのは、沖縄の人々の共通項でもある。基地を離着陸する米軍機の爆音だけでなく、おじぃ、おばぁからは今も、鉄の暴風や旧日本軍による住民虐殺、「集団自決」など、地上戦の生々しい証言を聞くことができる。さらに沖縄の書店に行けば、ほぼどこの書店にも沖縄戦の写真集や証言集が並んでいる。

本土の人々が遠い中東地域で起きている戦争をテレビで見るような感情では決してなく、沖縄の人々にとって戦争は〝ほんの〟六十余年前に、現在住んでいる自分の土地で起きたのだ。父母や祖父母など身近な人たちから「記憶」を聞き、追体験したウチナンチュたちが「自分たちも行動しなければ」と、あの「十一万人大会」に集ったのである。

＊

沖縄で、一人の元小児科医と会った。沖縄戦当時、本島南部の南風原《はえばる》陸軍病院壕《ごう》の軍医見習い士官だった長田紀春さん（87）。第三外科の医師として長田さんは、汚物と消毒液と体臭が入り交じり、絶叫と怒号が響くガマ（自然壕）の中で、次から次へと運ばれてくる兵士に麻酔薬もないまま手や足を切断する手術を続けた。

そして米軍がすぐ近くまで迫ってきた一九四五（昭和二十）年五月中旬、さらに南部への撤退命令が出された。壕には約七十人の患者がいた。「軽傷者は自力で撤退させ、重傷患者には青酸カリを飲ませろ」との命令だった。

「命を守るために働いてきたのに、信じられない」。長田さんは下士官が本部壕から受け取ってきた青酸カリ入りの袋の廃棄を指示した。そして、約二十人の重傷兵をガマに残して撤退した——。

砲弾の雨と、草さえも食べ尽くした飢えの生き地獄の中で、一カ月以上にわたって南部をさまよった。ついに米軍の捕虜になり、連れて行かれた収容所で偶然、壕に置き去りにした兵士の一人と再会した。壕から両手だけではい出し、米軍に救出されていた。

「置き去りにしたことがずっと気掛かりだった。本当に心が救われた気がした」

極限状態の戦場の様子を必死に想像しながら話を聞き、そして『水滴』の徳正と重ね合わせた。「置き去りにした兵士のうち、生き残ったのは何人ですか」「置き去りをどう思いますか」。長田さんに、もう少し話をうかがおうとも思った。

しかし「心が救われた」と、自分に言い聞かすような長田さんの口ぶりに、心情をわしづかみするような質問は、できなかった。

（文＝吉田賢治）

目取真 俊　一九六〇（昭和三十五）年、沖縄県今帰仁村生まれ。琉球大学法文学部卒。港湾労務や警備会社のガードマンなどさまざまなアルバイト生活を経て高校の国語教師となる。教職を退職後の今も、沖縄を拠点に文筆活動を続けている。八三年に『魚群記』で琉球新報短編小説賞、八六年に『平和通りと名付けられた街を歩いて』で第十二回新沖縄文学賞を受賞。九七（平成九）年に九州芸術祭文学賞を受けた『水滴』が、芥川賞を受賞。選考委員九人中八人の支持を受けた。このほか『群蝶の木』、『魂込め（まぶいぐみ）』（木山捷平文学賞と川端康成文学賞受賞）、『虹の鳥』などの著書がある。

90

『童話術講話』

久留島《くるしま》武彦

一期一会《いちごいちえ》の口演《こうえん》に宿す刹那《せつな》

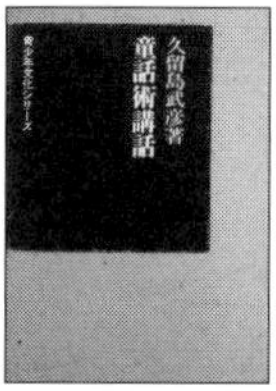

1928・日本童話協会／のちこぐま社ほか

〈ここに一人の感心な少年がおりました〉。一枚のCDが回り始めると、メルヘンの扉が静かに開いた。久留島武彦が一九四九（昭和二十四）年に発表した創作童話『海に光る壺《つぼ》』。自らが口演《こうえん》している。収録されたレコードを再生したもので、ザーザーという雑音までもが遠い潮騒のように響いてくる。

――靴磨きの少年が親類の家に行った折、海辺で足を滑らせ、生死のはざまをさまよううち、海中で不思議な老人と出会う。老人は壺に入った五色の魂を少年に見せ、「おまえの魂は水晶色で、まだ何色にも染まっていない。これからも磨いて魂を光らせよ」と告げ、生還した少年はまた靴磨きに励む――

落ち着いた声色、老人の声は低く、少年の声は弾む。物語はやや足早にペースを刻み、いつしか引き込まれていた。

童話を口で演じて伝える口演活動は、半世紀にわたって続けられたが、久留島は録音を嫌った。この音声も「久留島のごく親しい人が収録した」とされ、収録された場所、日時は不明だ。

口演の思想と手法を体系化した『童話術講話』で、童話の心得をこうつづる。

〈子供に話すということは、まったく刹那《せつな》刹那の真剣勝負であります。一分《いちぶ》として余裕がない、一分として隙《すき》がない〉

久留島のふるさと、大分県玖珠《くす》町。地元の合原正利さん(77)は小学四年生のとき、久留島の口演に初めて触れ、こんな記憶を刻んでいる。

「身長百八十センチを超える大男、丸眼鏡にダンディーなスーツ姿。太い声はマイクなしでも講堂に響き、空気がピンと張り詰めた。下半身は根を張ったようにどっしり。腰から上は抑揚に合わせて大きく小さく動いた。物語に船が登場すれば、荒波が目に浮かんだ。一つの神秘体験だった」

＊

久留島は瀬戸内海を制した村上水軍の流れをくむ旧久留島藩主の子孫。角牟礼《つのむれ》城跡のふもとにある玖珠町森地区は、城下町の面影を残し、その一角に久留島記念館がある。ガラスケースの中にはゆかりの品々、黄ばんだ童話作品集などに加え、戦記物も展示されていた。

関西《かんせい》学院に在学していた二十歳のとき、徴兵検査に合格し、日清戦争に従軍。新兵にちなんだ「尾上新兵衛」のペンネームで雑誌に戦場ルポを寄稿。日露戦争でも中国、朝鮮半島、台湾などを転戦しながら寄稿を続けた。久留島は戦死者の山、銃撃訓練など戦場の日常を淡々と描写したが、目を向けたのはそればかりではなかった。

朝鮮半島と久留島のつながりを研究する九州大大学院生の金成妍《キムソンヨン》さん(27)は、久留島が両戦後、雑誌「家庭」に寄稿した「朝鮮の子供」という一文に着目する。日露戦争で韓国・仁川に上陸した久留島は、朝鮮半島の子供たちの境涯に心を痛め、教育の必要性を訴えた。

久留島口演の源流をたどっていくと、幼少時代の寺の講話、青年時代に通ったキリスト教会の日曜学校や普及活動などにたどり着くが、金さんは「遊具もなく、表情を失った戦場の子供たちの姿が、久留島をさらに突き動かした」。三四(昭和九)年に発表した創作童話『虎の子の大発見』はやけにもの悲しい。

――母の言いつけを守らずに穴の外に出たトラの子は、好奇心にかられ、母が恐ろしいと言っていた人間を探すために山を下る。道中、牛や豚、ニワトリを人間と勘違いしながら人里に近づき、やがて一人の老人に出会い、まんまとわなにかかってしまう。運良く難を逃れるが――

＊

「日本のアンデルセン」とも呼ばれるようになったのはボーイスカウト活動がきっかけだった。二四(大正十三)年にデンマークで開かれた第二回世界ジャンボリーに、久留島は日本派遣団副団長として参加。アンデルセンの生家や墓を訪れ、あまりの荒廃ぶりを地元新聞社などに訴え、復権運動に火を付けたことに端を発する。

若き日のアンデルセンが貧困への嘆きと社会の理不尽さを創作のバネにしたように、久留島もまた十代で大火により家を追われ、病で父を失い、祈りと叫びを胸にメルヘンの世界へと導かれていく。

『童話術講話』で、久留島は〈大人に対する哲学、大人に対する高い意味における文学、宗教、これが私は子供の童話というものの解釈にあてはまるものであろうかと思う〉と記している。語り手の「呼吸」「姿勢」「ことばの響き」から、聞き手の「人数」「場所」に応じた口演を求め、〈心が直接心に語る語り方〉〈心が声に現れ、耳を通して聞かせる語り方〉〈心が姿に現れ、形になって理解させる語り方〉などを示している。

晩年の久留島と親交があった日本童話人協会副会長の畑崎龍定さん(79)は「一期一会の空間で紡がれる感覚が子供たちを引きつけた」。大人と子供の間にほんの一瞬ともる、マッチの炎のようなインスタレーション（空間設定）だったのかもしれない。

＊

昼下がりの図書館に拍子木《ひょうしぎ》が鳴った。「今からお話はじまるよー」。地元の口演サークル「語りべ・ひこわの会」は毎月第一、三日曜日に活動を続ける。

五、六人の子供が集まり、立てひざをついて、当番の合原さんを見上げている。小学教諭時代から子どもたちに童話を読み聞かせてきた合原さん。「久留島先生のように、なかなかみんなの目を引きつけられませんね」と言いながらも、久留島と同じように立ち、子供たちを見渡しながら、自分なりの抑揚で感情を注ぎ込む。〈子供たちのひざの前の友でありたい〉〈外の口ばかりでなく内（心）の口も磨け〉といった久留島の遺伝子を受け継ぎながら。

お話しの会が終わって図書館も閉まるころ、辺りを夕暮れが包み、久留島が作詞した《夕やけ小やけ》が心に響いた。

〈夕やけこやけ　やけたらあつかろう　水かけてやろうか水もいらぬやけもせぬ　あすの天気がうれしゅうて　それで頬《ほ》つぺをそめた〉

近くで手を取って帰る母親と子供の影が大きく浮かび上がり、やがて重なった。

（文＝城戸聡志）

久留島武彦　一八七四（明治七）年六月十九日、大分県玖珠郡森町（現・玖珠町）生まれ。旧制・大分中学（現・上野丘高校）から関西学院に転入。日清・日露戦争から帰還後は、童話作家で、雑誌「少年世界」主筆の巌谷小波と活動をともにし、神戸新聞の記者などを経て一九〇三年、横浜の教会で全国初の童話会「お伽倶楽部」を開く。口演行脚で全国の童話振興に貢献するとともに、話術研究やボーイスカウトの紹介・普及にも尽力。二四（大正十三）年、日本童話連盟が創立され、顧問に就任した。二五年には、ラジオで初の童話放送を行う。翌年、アンデルセンの顕彰が評価され、デンマーク国王からダンネブロウ四等勲章を受ける。六〇（昭和三十五）年、八十六歳で死去。大分県玖珠町に久留島武彦記念館がある。

91

ミステリーで描く
女性の今

『蒸発』
夏樹静子

1972・光文社（カッパ・ノベルス）／のち光文社文庫、角川文庫ほか

一九七〇（昭和四十五）年早春、東京・渋谷のコインロッカーから嬰児《えいじ》の死体が発見された。同様の事件が相次ぎ、遺棄された子どもはコインロッカーベービーと呼ばれるようになる。渋谷の事件のすぐ後に、女性誌「ａｎ・ａｎ」が創刊された。続いて「ｎｏｎ―ｎｏ」もスタート。ベトナム戦争に反対するデモに、女性団体が交じり始め、秋に渋谷で第一回ウーマンリブ大会が開催された。ピンクのヘルメットをかぶった中ピ連（中絶禁止法に反対しピル解禁を要求する女性解放連合）のメンバーがフェミニズムの〝あだ花〟のように、ブラウン管を彩ったのが七二年である。

こうした時代の空気を満身に帯びて、七二年、夏樹静子の初期代表作『蒸発』が出版された。複雑な謎解きの面白さに、現代女性のライフスタイルや心性の変化という社会性を加えた新たなミステリーの誕生だった。

＊

六月二十日、東京を飛び立ち札幌に向かったボーイング727から、一人の女性乗客が消えた。「密室」という推理小説の定番的手法をひねり、航行中の飛行機から乗客が消えるというマジックのような設定で始まった物語は、一転して消えた女＝朝岡美那子の不倫相手、在京の新聞記者、冬木にフォーカスが移る。冬木はベトナム戦争を現地で取材していた五月十九日に銃撃に遭遇。一時行方不明となったが保護され、帰国後に美那子の失踪《しっそう》を知った。

美那子の夫、隆人は一人息子の世話をしながら、妻の捜索に奔走する。冬木も美那子を探し回り、彼女の郷里、福岡市にたどり着くが、そこで殺人事件に巻き込まれる。殺されたのは、かつて美那子を慕っていた丹野靖久という鋼材工場を経営する男だった。さらに第二の殺人が起きて…。

今村昌平は六七年、失踪者の増加という社会現象にドキュメンタリーの手法で追った映画『人間蒸発』を発表した。身近な家族ですらうかがい知れない、あるいは当人にすら分からない現代人の心の闇を不気味にあぶり出す意欲作だった。夏樹の『蒸発』も女性の胸の奥に巣くう闇を手探りするような物語である。

冬木が初めて出会った時の美那子は、野犬からわが子を盾となって守る母でもあった。なのになぜ、幼いわが子を捨てて失踪したのか？

冬木に警察官が語る雑談に、子育てを放棄する動物園のカンガルーが登場する。〈「その（雑誌）記事には母親の母性喪失は『文明の公害』と書いてあったよ。昔と反対で、『女は強し、されど母は弱し』というんだそうだ」〉。こうした場面が伏線となりながら、徐々に母性喪失というテーマがせり上がってくる。しかし、小説は声高にそれを指弾するのではない。わが子を愛せないことに苦しむ女性に寄り添うように書かれている。

「初めて読んだ時、すごい衝撃を受けました。当時は『母性は本能』という考え方が一般的でしたが、『蒸発』は母性の不在に悩む女性の物語。明らかに『本能ではない』と言っているようなものでした。その後のフェミニズムの問題意識を先取りしていたと思います」。福岡市女性センター「アミカス」の元館長、野口郁子さん（66）＝福岡市東区＝は読後の驚きを今も新鮮に思い出すという。

結婚後、作家になることを一時断念した夏樹が執筆を再開したきっかけが、長女の出産であったことはよく知られている。以前、夏樹を取材した際、「自分の中に突然沸き起こってきた母性という感情がすごく新鮮で、これを作品に生かしてみたいと思った」という話を聞いたこともある。長編第二作目にして、あえて母性喪失という現代的テーマに取り組んだことで、夏樹は社会派作家の第一歩を踏み出すことができたのだろう。以後、近作の『見えない貌《かお》』や『四文字の殺意』に至るまで、現代女性の心性を描き続けることになる。

＊

雑誌「西日本文化」編集長、深野治さん（69）＝福岡市南区＝は新聞記者時代、夏樹が『蒸発』を書く際に航空会社の取材を仲介したことがある。取材魔として知られる夏樹の駆け出し時代のエピソード――。

「取材の邪魔だろうと、私は途中で席を外したんです。そしたら後で、夏樹さんから『深野さんが退席した後、相手側の態度が硬化して大変だった』と恨まれました」と苦笑いを浮かべる。「作家とはいえ、まだ一般的には無名の女性が、根掘り葉掘り業界の仕組みを聞くわけだから、そりゃ相手は嫌になりますよ」。取材は『蒸発』のトリックに結実した。

「自分の体験したことを書きたい」「知らないことは徹底的に取材する」「現地を踏まずに書かない」。深野さんは夏樹のこんな言葉を記憶している。福岡市で暮らす夏樹の作品は、当然ながら福岡が舞台となることが珍しくない。

〈中洲界隈《かいわい》は静かになっていく。県庁前から天神交差点を抜けると、たいていの店が鎧戸《よろいど》を降ろして、ネオンも目立って少なくなっている〉。『蒸発』の一場面。昭和四十年の福岡都心部の情景がありありと蘇《よみがえ》ってくる。地方都市に生きる一人の妻であり母である女性、そして何よりも生活者の目が、絵《え》空《そら》事《ごと》になりそうなミステリーに確固としたリアリティーを与えるのだろう。

さて、小説『蒸発』に話を戻せば、美那子はどうやってフライト中の飛行機から消えたのか？　油山《あぶらやま》山中のマンシヨンで丹野を殺したのは誰なのか？　なぜ第二の殺人が起きたのか？　夏樹作品の大きな魅力である意表を突く展開を紹介したいところだが、ミステリーなので当然ながらそれはできない。なんとも、もどかしい。

（文＝岩田直仁）

夏樹静子　一九三八（昭和十三）年、東京都生まれ。慶応義塾大学文学部在籍中にミステリー小説を書き、江戸川乱歩賞に応募。これをきっかけに、テレビの推理番組のシナリオ執筆を手掛ける傍ら、短編小説を執筆する。六三（昭和三十八）年、結婚とともに福岡市に転居。いったんは創作を断念するが、育児の合間に執筆を再開。六九年、『天使が消えていく』が江戸川乱歩賞最終選考に残り、翌年単行本として出版される。七二年の『蒸発』で第二十六回日本推理作家協会賞を受賞（中国語版は九八年、北京探偵推理文芸協会賞・翻訳作品賞）。代表作に『Wの悲劇』『女検事霞夕子』シリーズ『茉莉子』『量刑』など。八九（平成元）年、仏訳された『第三の女』でフランス犯罪小説大賞、九九年に西日本文化賞、二〇〇二年に福岡県文化賞、〇六年に日本ミステリー文学大賞を受賞。一六年三月十九日死去。

92

民の言葉で
近代の闇を突く

『口《く》伝《でん》 亜《あ》砒《ひ》焼《や》き谷《だに》』

川原一之

1980・岩波新書

庭先に咲く赤いサザンカに誘われるように一軒の廃屋に足を踏み入れ、息をのんだ。

宮崎県高千穂町。古祖母山《ふるそぼ》（一六三三メートル）の懐にある小さな集落、土呂久《とろく》。薄暗い室内には、短冊状の和紙がいくつも張られていた。

「公害にかかりし人は死に果てて　残る我が身ぞたえゆかん」

ほぼ半世紀前まで土呂久では、鉱山で猛毒の亜砒酸が製造され、有毒な煙がまき散らされた。当時、この家で暮らしていた佐藤鶴江（故人）は、体のしびれや呼吸障害に苦しみ、ほぼすべての視力を失いながら、歌を詠み一人暮らしの慰めにしたという。

「我が不自由なる片目鳥　瞼《まぶた》に浮かぶ我が子恋しき」「苦しみ抜いた四十年今日に至りてあきらかに　もうおそかりし我が体形ばかりのごくつぶし」…。突き動かされるようにメモを取りながら、土呂久公害を掘り起こした『口伝　亜砒焼き谷』の著者、川原一之を思い起こしていた。彼も同じように必死にノートをとっていたのだろうか、と。

一九七五（昭和五十）年、川原は、悩み抜いた末に朝日新聞社を辞め、この地で鉱毒の実態を克明に記録し世に訴える決意をした。今の私より若い、まだ二十代だった。

〈新聞記者として何がやれたのか。また、やれるのか。逃げるか、はまるか、二つに一つの道しかない〉

川原は当時の心境を後に「新日本文学」でこう書き記している。安定した生活がほぼ約束された全国紙の記者という立場に「逃げず」、土呂久に「はまる」道を選んだ川原。四年がかりで古老たちに話を聞き、それをガリ版刷りにまとめ、八〇年、『口伝―』に結実させた。

＊

土呂久公害は七一年十一月、地元の小学校教諭の報告で表面化した。鉱山から排出された砒素による住民の健康被害は全国に発信され、入社三年目で宮崎にいた川原も土呂久取材に投入される。

土呂久の亜砒焼きは二〇（大正九）年、大分の鉱山師によって始められた。亜砒酸は、薬品や農薬などの原料として使われた。しかし、簡単な石垣でできた窯で砒素を含む鉱石を燃やし、焼きがらは川に捨てられたため、砒素や重金属は周辺に垂れ流される格好となり、住民たちは皮膚や呼吸器、神経などの障害で命を落とした。

「民衆の側に立つ」との志を抱き新聞記者になった川原は近代化の暗部ともいえる土呂久公害をのめり込むように取材した。だが、公害にあえぐ人々を陥れるような形で、現実は進んでいった。

宮崎県は住民の一斉検診を実施し、七二年、健康被害を皮膚症状に限定して「砒素中毒症患者は七人」と発表した。当時の知事は最終鉱業権者の住友金属鉱山との間に入り、低額補償での幕引きを図り、多くの被害者が無念の涙を流した。

取材を通して支援者から「患者さんを頼みます」と託された川原は、この動きを阻止できず、忸怩《じくじ》たる思いを抱えたまま北九州市へ転勤した。

しかし、七四年、川原は別の仕事で土呂久を再訪し、心を決める。「はまるか」。背中を押したのは、鶴江だった。

朝鮮人強制連行の調査団の随行取材という形で土呂久を再訪した川原は、朝鮮人の墓守をしてきた鶴江の家に向かった。だが、川原は顔を合わせることをためらった。「ぼくは患者のために何もできなかった。恥ずかしかったんです」。屋外で立ち話をし、時間をつぶしていると、鶴江が飛び出してきた。「そん声は川原さんじゃないですか」。鶴江は川原の声を覚えていた。

〈熱い感動のこみあげてくるのを覚えながら、ぼくは、僻《へき》遠《えん》の里の人びととの情の厚さと、転勤のたびに人とのつながりを断ち切ってひたすら中央を志向する新聞記者の情の薄さとを比べていた〉（「新日本文学」一九八一年三月号）

＊

もう迷いはなかった。

〈かな山がまた始まるげな――〉。土地の言葉でつづった『口伝―』は、二〇年の亜砒焼き開始から幕を上げる。

大豆の葉が枯れ、シイタケは生えなくなり、牛や馬は口と鼻から白い粘液を垂らして死んだ。鉱山周辺の住民も目が赤くただれ、激しいせきが続くなどした。家族七人のうち二年で五人が亡くなった家もあった。鉱山で働いたのは、義父の借金を背負った農家や若くして夫を亡くした女性など貧しい人たち。毒煙のためにコメが育たず鉱山で働いた農家もいた。

川原は、被害者らが住友金属鉱山を相手に起こした損害賠償訴訟を支援しながら、集落にあるすべての家を回った。焼酎を片手に時には夜中まで公害の話を聞き、「土呂久つづき話　亜砒鉱山」と名付けたガリ版刷りにまとめ月二回、被害者に配った。「つづき話」は七十二話にもなった。

土呂久の人たちに読んでもらうことを念頭に置き、土呂久の言葉でつづられた作品は、不思議な言語空間を作り出す。長い時間をかけてはぐくまれた地言葉は、例えば〈やわ肌に煙を吸うたために、皮膚にいっぱい斑点がある〉のように、より生々しく物事を表現。多くの住民のさまざまな思いが響き合う、交響曲のようでもある。

「新しいスタイルの記録文学だった」。岩波書店時代に『口伝―』を編集した大東文化大文学部の小野民樹教授はそう評価した上で、「鉱山が操業を止め過去の話になりつつあった土呂久公害に『生』を吹き込み、被害の深刻さ、それをはね返そうとする土地の人たちの力を伝えた」と語る。

＊

今、川原は土呂久での経験を基にアジアにフィールドを広げる。九〇（平成二）年十月、土呂久公害の患者が住友金属鉱山を相手取った損害賠償訴訟が最高裁で和解すると、川原らは、アジアで問題になっていた地下水の砒素汚染に目を向け、九四年、アジア砒素ネットワーク（宮崎市）を設立した。

アジアでは、八〇年代に井戸の利用が奨励され、土壌に砒素が堆積《たいせき》している地域で砒素中毒症が発生。被害者は約七十万人に上るとされる。川原は、地質学や医学の専門家らと被害の実態調査や安全な水の供給などに奔走。一方で、国際協力機構の委託を受け、砒素汚染対策に携わるアジアの政府機関職員を招き、土呂久で認定患者と対話する場を設けている。

私が川原と出会って一年。何度目かの取材で聞いた言葉が印象に残っている。「人の体は、微量の砒素ならば体外に出せるようになっている。砒素が人体や環境を汚染するのは、人が自然の秩序を崩したからではないか」

『口伝―』によって近代化の闇を照射した川原ならばこそ言える警句である。

（文＝田中良治）

川原一之　一九四七（昭和二十二）年、福岡市生まれ。北九州市で育つ。早稲田大学卒業後、六九年に朝日新聞社入社。西部本社（北九州市）、福岡総局（福岡市）＝当時＝時代に作家の上野英信氏や松下竜一氏らと親交を深める。退社後、土呂久公害被害者の支援活動に加わり、現在、特定非営利活動法人（ＮＰＯ法人）「アジア砒素ネットワーク」メンバー。著書に『辺境の石文』『浄土むら土呂久』『針穴からみたニッポン』『土呂久羅漢』『アジアに共に歩む人がいる』『闇こそ砦―上野英信の軌跡』など。

93

恋愛を糧に
自立する女たち

『銀河の雫《しずく》』

髙樹のぶ子

1993・文藝春秋／のち文春文庫

福岡県西部の糸島半島、夜の海岸に立った。闇に目が慣れてくると、繰り返し寄せる白い波頭が見えてきた。

髙樹のぶ子の長編小説『銀河の雫』には、波についてこんな文章がある。

〈あれはみな、恋の追いかけっこです。よく耳を澄ませば、誰かが誰かを求めて、ひたすら追いかけてくるのが分かります。追いかけて摑《つか》まえようと必死です。しかし摑まえたときは何もかも毀《こわ》れてとび散ってしまう〉

糸島半島に住み、人の気持ちを読み当てる不思議な能力を持った老女のせりふだ。確かに波は追いかけっこしているように見えなくもない。

この作品の主人公は、医師の緑川公憲、妻でバイオリニストの鏡子、妻を事故で亡くしたテレビ局局長の島一草、娘の万里子の四人。一草は昔からの知り合いの鏡子に思いを寄せている。公憲が通うアスレチッククラブの水泳インストラクター、万里子と公憲も次第にひかれ合っていく。そんな四つの「波」が織りなす甘く苦しい恋の物語である。

＊

『銀河の雫』は、西日本新聞や北海道新聞などでつくる新聞三社連合が髙樹に執筆を依頼。一九九二（平成四）年一月から九三年二月まで両紙などに掲載され、同年九月には単行本となった。

新聞連載中の九二年春、髙樹は舞台となる福岡や北海道へ取材に出かけた。

当時、三社連合の編集部長として同行した小山紘さん（66）は、髙樹の丹念な取材に驚いた。糸島半島では海水を手にすくい、においをかぎ、口に含んだ。「よく歩き回り、五感を使って取材する。新聞記者的だな、そう思いました」

そうした取材は、例えばこんなせりふに生かされているのかもしれない。

〈生命はここから生まれて、ここへ還《かえ》っていくんだから、この匂《にお》いは、新しい生命と腐って朽ちていく生命が混ざり合ったものだろうな〉

文芸誌「文學界」元編集者の髙橋一清さん（63）は、同人誌を発表の場としていた髙樹の才能をいち早く見いだし、作家デビューさせた人物だ。「当時、内向的な心理小説が多かった中で、髙樹さんの作品には物語性があり、誰もが読んで面白い。細部の描写が鮮やかで読者のイメージを膨らませる。新聞小説のような長編が書ける、大きな作家になる力を秘めていた」と語る。

『銀河の雫』も、二組の恋愛が軸になりながら、登場人物に寄り添って音楽家やテレビ局のエピソードが語られ、前述した不思議な老女をからませる。舞台も福岡から北海道へと広がるなど、読者を飽きさせない工夫に満ちている。

*

華やかな恋愛小説家のイメージがある髙樹だが、文章を書くきっかけは、厳しい人生の転機でもあった。三十歳を過ぎての離婚と再婚である。

〈離婚の原因となったのは私の恋愛だった〉と随筆「辛い季節のなかで」(『フラッシュバック　私の真昼』所収)に記す。イエスの磔刑《たくけい》になぞらえ〈私は、一人の弱い男を十字架にくくりつけ血祭りにあげた者の、やりきれなさ、痛恨と同じものを、抱えていた。三十を過ぎて突然湧《わ》いてきた「書きたい衝動」は玉ネギをむくように核心をもとめれば、結局この痛恨にたどりつくような気がする〉

夫を傷つけた痛恨は、髙樹にとっては文章にしなければ自らを食い尽くしてしまうほど、切迫したものだったろう。ただ髙樹にとって幸運だったのは、その文章が自らを慰撫《いぶ》するだけでなく、文学としての普遍性を帯びるきらめきがあったことだ。三十五歳で本格的に書き始め、デビュー作から五作目で芥川賞を受賞している。

恋愛をテーマにするのは、もちろん作家としての興味もあった。髙樹は「恋愛が人生の局面を動かし、人に影響を与え、人からの影響を受ける。私にとってはそうだった。価値観を壊す装置として一番面白い。人間の多面性がでてくる」と語る。

だが、あでやかなストーリーの中に哀《かな》しみの深い陰影が宿るのは、やはり自らの体験と無縁ではないだろう。

*

物語の後半、鏡子は一草と北海道で結ばれる。それを夫に告白したあと〈でも、これきりです〉。その理由を〈一草さんを長く愛していたいし愛されてもいたい、だからもう、体の関係は持たないという意味です〉と語り、〈あなたからも一草さんからも、毎日の生活からも自由になれた感じがして…〉と告げる。

一方の万里子も公憲との関係を清算するために、ロサンゼルスに旅立つ。その理由は〈先生と対等になれる〉ためだと言う。対等とは?と問われ、〈愛する人を失うかなしみを、同じように持つってこと〉と答える。

そこには性愛を律することで自由になろうとする女と、去っていくことで自立しようとする女がいる。恋愛を糧に次のステップへと踏み出す女たち。その強さと対照的に、手が届かなくなった女たちをなすすべなく見つめる二人の男がいる。

『銀河の雫』は一年以上にわたって新聞連載された長編だけに、さまざまなテーマが盛り込まれ、さまざまな読み方ができる。自立していく女性たちの物語、私はそう読んだ。

紫式部の「源氏物語」が二〇〇八（平成二十）年、成立千年紀を迎えた。女性が書く愛の物語は、かくも昔から連綿と続き、日本人に愛されてきた。平成の世に恋愛小説を紡ぐ髙樹も、その豊かな水脈のひとつとなっている。

（文＝西山 宏）

髙樹のぶ子　一九四六（昭和二十一）年、山口県防府市生まれ。東京女子大学短期大学部卒、東京の出版社に勤務する。二十四歳で結婚、三十代で離婚と再婚を経験。八〇年『その細き道』を文芸誌「文學界」に発表し、作家デビュー。八四年『光抱く友よ』で芥川賞を受賞。『水脈』『透光の樹』（谷崎潤一郎賞）『せつないカモメたち』『Ｆａｎｔａｓｉａ』『ＨＯＫＫＡＩ』（芸術選奨文部大臣賞）など著書多数。芥川賞、大佛次郎賞、野間文芸賞などの選考委員を歴任。二〇〇九（平成二十一）年紫綬褒章、一〇年『トモスイ』で川端康成文学賞、一七年日本芸術院賞、旭日小綬章受章、一八年には文化功労者に選出される。

94

『聖水』

青来《せいらい》有一

いかにナガサキを脱するか

2001・文藝春秋／のち文春文庫

夏になると、長崎市は「ナガサキ」や「ＮＡＧＡＳＡＫＩ」になる。

被爆直後の荒廃を記録したモノクロ影像がテレビに流れ、八月九日には平和公園で行われる厳粛な祈りの光景が全国に伝えられる。原爆被害の悲惨さを知らしめ、核兵器廃絶のメッセージを発し続けるナガサキ＝ＮＡＧＡＳＡＫＩは聖性と正義というイメージをまとっている。一方、現実の「長崎」には、ごく当たり前の現代の暮らしが息づいてる。優しさや温かさがあれば、偽りや汚濁もある。平和公園の隣にはラブホテルが林立している。

「既成のイメージを引き受けた上で、それを逆転する、ゆがめるといった試みがないと、長崎を書いたことにならないのではないか」。世界に二つしかない原爆被災地という記号化したナガサキから脱する試みを、長崎を舞台に小説を書くという方法で続けているのが青来有一である。

　青来が描くのは、妄想あり、カルトあり、ファンタジーありの、少し不思議な長崎。核廃絶の訴えも、凄惨《せいさん》な被爆体験も出てこない。だが登場人物や土地の奥底に眠る記憶をなぞっていくに従い、静かに原爆がもたらした陰影が浮かび上がってくる。

　二〇〇一（平成十二）年一月、『聖水』の芥川賞受賞をきっかけに、青来は「原爆文学の継承者」と注目された。それは長崎市職員という二足のわらじを履き、長崎で書き続ける青来にとって、葛藤《かっとう》の始まりとなった。

＊

『聖水』は、がんに罹患《りかん》した父親の末期を、棄教したキリシタンの末裔《まつえい》である一族の人間模様を絡めながら、主人公「ぼく」の目線で描いた物語である。「人は死ぬ際、何か信じるものなしに死んでいけるのか」という重いテーマを扱いながらも、うさんくさいエコ・ビジネス、熱狂的なまでの水への信仰、家業の経営権争いといった世俗的なモチーフが絡み、どこかこっけいにも読める。青来は『聖水』の着想を、一九九五年の地下鉄サリン事件に得たという。「なぜこの神なき時代に、学ある者がカルト集団に引き込まれたのか」という疑問が発端だった。

　物語では、聖地・ナガサキのイメージを裏切るかたちで「原爆」が描かれる。例えば「ぼく」は、巨像に一斉に頭を垂れる八月九日の平和祈念式典参列者の姿に、「異形《いぎょう》の信仰」を感じている。父のいとこは、平和公園のそばでラブホテルを経営。教祖風で怪しい親類は胎内被爆者で、「爆心地で一瞬のうちに消滅した人の記憶が、自分に宿っている」と事もなげに話すのだ。

＊

　青来の両親はともに被爆者。爆心地に最も近い城山小学校に通った。毎月九日に学校で行われた語り部の話は、怖い昔話を聴く感覚。近所には被爆樹木や防空壕《ごう》が残っていた。「原爆」は青来にとって、風土の一部として日常に溶け込んでいた。生活の場はナガサキではなく長崎。創作も同じだった。

「原爆そのものが主題なのではなく、人や場所のもつ記憶として原爆に触れている。そこにイデオロギーはない」。青来の一貫したスタイルだが、創作には困難と迷いがつきまとったという。

「被爆者から『そんなもんじゃなか』と言われたら、もう終わりだ」。被爆体験がないのに書いていいのか、いつも自問した。芥川賞受賞から半年後の対談で「長崎で書き続ける者には、原爆を書くのは使命ではないかと思う一方、それを切実なテーマとして書く方法がわからない」と「被爆後半世紀以上過ぎて、今、原爆を書こうとする人間の正直な気持ち」を明かしている。

　青来と親交がある詩人で活水《かっすい》女子大（長崎市）の田中俊廣教授（58）は「周囲の期待に応えようとするプロ意識が強い

のに、林京子さんのような被爆体験がない。彼はいつもそれを気にしていた」と振り返る。

　青来は一時期、東京が舞台の近未来小説などを手掛け、「長崎」から距離を置いた。しかし「原爆文学の後継者」という世間の〝期待〟はいや応なくまとわりつく。被爆六十年の二〇〇五年春の異動で、青来は平和宣言文の起草を担当する平和推進室長に就いた。「被爆二世の芥川賞作家が平和行政担当に」。マスコミは大きく報じた。

　同年夏、自身の被爆体験を基に書き続ける林京子さんの全集刊行記念講演会が長崎市で開かれた。青来に与えられた演題は、皮肉にも「原爆文学の継承」だった。講演会終了後、飲食店での打ち上げで、林さんが青来に声をかけた。

「あなたはもっと書いていいのよ。憶《おく》することなく書きなさい」

　迷いの霧が晴れた気がした。

「原爆に触れるときは、いつも恐る恐るだった。林さんの一言で、この書き方でいいんだと初めて思えたんです」

　青来は〇七年、『爆心』で谷崎潤一郎賞、伊藤整《せい》文学賞のダブル受賞という快挙を成し遂げた。

＊

　福岡女子短大（福岡市）の非常勤講師、内田友子さん（37）は、〇六年九月から原爆文学の講義を担当している。

　大田洋子、原民喜《たみき》、井伏鱒二《いぶせますじ》、林京子の順に作品を採り上げたが、学生は授業中、伏し目がちに沈黙。本を貸し出すと呼び掛けても、誰ひとり手を挙げなかった。しかし、青来の作品を取り上げると反応が一変した。学生がうなずきながら聞き、「次の作品が楽しみ」などの意見が出た。本も借りに来た。

「今の若い人は、悲惨で重い話が出ると、そのまま思考を閉ざしてしまう。世俗的な現代の物語でありながら、原爆につなげる、という青来さんの手法は、挑戦的で面白いのでしょう」。内田さんは分析する。

　谷崎賞の選考委員を代表して作家、川上弘美は「青来さんは、どうしようもなく書かなくてはいられないようにして被爆を扱っていた。その頂点であるこの小説を前にして、私は感動した」と語った。青来は「原爆そのものが主題ではない」と言い続ける。しかし、川上は「原爆」が青来にとって避けて通れない、極めて切実なものであることを鋭敏に読み取っている。

　青来は「長崎」を描き続ける。作品の連鎖は、本人の思いがどうであれ、原爆文学の後継者の軌跡となるだろう。


（文＝下崎千加）

青来有一　一九五八（昭和三十三）年、長崎市生まれ。本名は中村明俊。長崎大教育学部卒。二年の無職期間を経て八三年、長崎市役所に就職。ワープロを買ったことをきっかけに、深夜に小説を書き始める。初めて長崎を舞台にした『ジェロニモの十字架』で九五（平成七）年、文學界新人賞を受賞し文壇デビュー。二〇〇一年『聖水』で芥川賞。〇七年『爆心』で谷崎潤一郎賞と伊藤整文学賞を受賞。著作に『月夜見の島』『眼球の毛』『てれんぱれん』『悲しみと無のあいだ』『小指が燃える』などがある。

95

「明日」を信じ、若者は旅立つ

『銀河鉄道999』

松本零士《れいじ》

1977〜・少年画報社（ヒットコミックス）／のち小学館クリエイティブほか

〈明日の星には
明日の人間が住むと人はいう…
いつも夜空には
明日を信じる明日の星が
数かぎりなく輝いていると人はいう〉

『銀河鉄道999（スリーナイン）』が漫画週刊誌に連載されていたころ、私は小学生だった。家には兄が買った単行本が確か全巻あって、ちょくちょく読んでいた。

天涯孤独の少年・星野鉄郎が謎の美女メーテルとともに銀河超特急999号に乗って広大な宇宙を駆け巡る、胸踊るSF冒険活劇――のはずだが、子どもながらに痛快さより、物悲しい読後感を得た記憶がある。二十数年ぶりに読み返してみた。

舞台はいつとも知れない超未来。人類は全身を機械化して永遠の生命を手にし、全宇宙に広がっていた。だが機械の身体を買えない貧しい者は機械人間に虐《しいた》げられ、その生命さえもてあそばれていた。

第一話〈出発《たびだち》のバラード〉で、鉄郎は「人間狩り」を楽しむ機械人間の一団に母を殺される。母は鉄郎に、999号に乗って「機械の身体がただでもらえる星」に行くよう言い残し息絶える。鉄郎はどこからともなく現れたメーテルに助けられ、銀河鉄道に自由に乗れるパスをもらう。鉄郎は誓う。「機械の身体を手に入れて帰ったら、地球の機械人間どもを皆殺しにしてやる」

鉄郎とメーテルの旅が始まる。目指すは機械の身体をただでくれるという、二百万光年かなたの大星雲アンドロメダ――。

＊

松本零士が戦後、少年期から思春期を過ごした北九州市小倉北区長浜町を訪ねた。

JR小倉駅から東へ約一キロ。目の前を鹿児島線や日豊線の列車がせわしなく行き交う。自伝『遠く時の輪の接する処《ところ》』によると、松本が住んだ〈崩壊寸前の長屋〉は線路に面して約七メートルのところにあった。

「野菜を積んだ荷車を毎日、オヤジさんが引いていた姿を覚えている。きょうだいも多かったし、大変やったろう」。今も地元に住む同級生・岩下勝さん（70）は当時の松本家の印象をそう話す。

戦後の混乱期。松本家は貧しかった。旧陸軍の戦闘機乗りだった父は野菜の露天商を営んだが「武家の商法」でうまくいかない。一家は売れ残りの野菜で飢えをしのいだ。極貧生活の中で、松本は「自活しなければ」との意識を強く持つ。

父には戦後、パイロットの誘いもあったという。だが「大勢の若い部下を死なせて、どの面《つら》下げて今さらアメリカの飛行機に乗れるか」と断った。軍隊時代の半長靴《はんちょうか》を履き、荷車を黙々と引く父。その背中を見ながら、松本は「誇りを貫く」ことを学ぶ。進駐軍の米兵がばらまく菓子には決して手を出さなかった。〈幼いながら、プライドが「拾うな！」と命じて許さなかった〉

一方で、小倉の街には進駐軍がもたらす米国の漫画やアニメ映画があふれていた。幼児期から国産の漫画やアニメに魅せられていた松本はその洗礼をたっぷりと浴び、「漫画家」への夢を膨らませる。小学生のころから次々と「新作」を描いては、綴じを作って本の体裁を整え、学級図書に置いてもらったりしていたという。「授業中に漫画を描いて、先生に怒られたとか言うとったなあ」と岩下さんは懐かしむ。

だが松本の漫画家への夢は単なる夢ではなかった。強い自活意識が「漫画で身を立てる」ことを使命感にまで強めていく。

高校卒業後、松本は小倉駅から東京行きの夜行列車に乗る。薄べったいスーツケースに漫画道具一式だけを入れて。

＊

なぜ、子どもの私は『９９９』を物悲しく感じたのだろう。読み返して思い至った。この物語には「挫折」があふれている。

９９９号はさまざまな星に停車する。そこは生身の人間や機械人間のほか、異形《いぎょう》の生命体も暮らす異世界。彼らと鉄郎たちが織りなすドラマが一話完結で描かれる。

あまたいる登場人物の中で、形を変えて繰り返し描かれるのが、不条理な現実を生きる若者たちの姿だ。彼らは現実を覆すために闘い、新天地を求めて９９９号に乗ろうと試みる。だがその多くは成就しない。反乱は鎮圧され、苦労して買ったパスは偽物。やっと９９９号に乗り込んでも、環境の変化に適応できず死んでしまう。鉄郎たちのパスを奪った若い母親は処刑され、砂漠に一人残された幼児のか細い声が切なく響く。「かあさん、かあさん」

その様は、暗い色調の絵と相《あい》まって、悲しく、切ない。だが、松本の筆はその先に、希望を見いだそうとする。

鉄郎は、現実に抗《あらが》う彼らに限りない共感を示し、「友」と呼ぶ。彼らのために泣き、パスを奪おうとした者さえ「頑張れよ」と励ます。星に残った若者は宇宙に上っていく９９９号を見上げて叫ぶ。「待ってろよ。いつか胸を張って乗ってやるからな」

誇りを失わず、「明日」を信じ、挫折を乗り越えて現実と格闘する。松本はそんな若者を繰り返し描く。鉄郎もまさにその一人だ。そしてそれは、漫画道具だけを持って小倉駅から夜行列車に乗った松本自身であり、戦後の貧困からはい上がろうとした時代の、若者の一つの典型でもあった。

＊

福岡市中央区の漫画専門古書店「まんだらけ福岡店」。松本作品は他の「大家」と並んで陳列されている。男性客十二人に『999』について聞いてみると、好意的に語ったのは四十代の二人。「ああいう『男』の世界、好きです」(四十歳)。だが、世代が下がるにつれて反応は異なる。「ちらっと読んだことはあるけど、ピンと来ませんでしたね」(三十歳)。十代や二十代になると、読んだことすらなかった。

『999』は連載と並行してテレビアニメも放映され、劇場版も公開された。『宇宙戦艦ヤマト』で火が付いた松本零士ブームは『999』で一つの頂点を極める。

子ども向けの「漫画映画」から、大人も熱中できる「アニメーション」へ。松本が切り開いた流れは『機動戦士ガンダム』『新世紀エヴァンゲリオン』へとつながる。だがそこに描かれる若者像は大きく変容する。肉親との葛藤、周囲との軋轢《あつれき》、組織の呪縛。物語は登場人物の内面へ、内面へと下りていく。それは夢を追い、誇りを貫くため、自分の外側にある矛盾と闘う鉄郎たちとは明らかに異なる。

『999』を「若者への永遠の応援歌」と読むか、単なる「古き良き時代の娯楽作品」と読むか。

〈メーテルは何も言わない〉

(文＝江藤俊哉)

松本零士　一九三八(昭和十三)年、福岡県久留米市生まれ。本名は晟(あきら)。兵庫県や愛媛県などを経て戦後、北九州市小倉北区へ。小倉南高校在学時の五三(昭和二十八)年『蜜蜂の冒険』で漫画界デビュー。同高卒業後、上京。当初は少女誌で活躍し、六〇年に少年誌へ進出。『宇宙戦艦ヤマト』(七四年)でテレビアニメ初挑戦。劇場版(七七年)が大ヒットし、第一次アニメブームが起きる。七七年度、『999』「戦場まんがシリーズ」で第二十三回小学館漫画賞。他に『男おいどん』『宇宙海賊キャプテンハーロック』『クイーンエメラルダス』『新竹取物語・1000年女王』など。紫綬褒章(二〇〇一年)、旭日小綬章(一〇年)、フランス芸術文化勲章(一二年)を受章。

96

『青湖』
安永蕗子《ふきこ》

凜として強く、景を歌う

1992・不識書院／のち河出書房新社（『安永蕗子全歌集』に収録）

ゆらゆらに月壺ひとつを呼ぶべしや
湖をあまりて湧く水の音

うしろ姿見せて佇《た》ちゐる鷺一羽
流離長巻すゑの葦むら

（『青湖』から）

阿蘇、白川、江津湖《えづ》——。安永蕗子のそばには絶えぬ水の流れと讃《たた》える景がある。身を委ね、相聞《そうもん》し、ありのままに景を詠む。

安永は「日の常を詠む」という。日とは太陽であり、日の常とは、朝に太陽が東から昇り、夕べに西に落ちる宇宙の常だ。「人間はこの常がなければ生きてはいけない」と安永は考える。日の光を受けて命輝くもの、あるいは影を見つめる。悠久の時の中の一瞬を、生の実感として三十一音に留める。「五七五七七で詠むのは人間の摂理に即している。短歌の世界に新しいものを作るのは難しい。だが、歌の純粋化、抽象化を進めていくことで新しさに近づいていけるのではないか」

＊

安永は一九二〇（大正九）年、父・信一郎、母・春子の長女として熊本市に生まれた。父は歌人の宗不旱《そうふかん》や種田山頭《さんとう》火《か》、徳永直《すなお》と親交があり、師事した尾上柴舟《おのえさいしゅう》主宰の短歌結社「水甕《みずがめ》」の同人だった。母も準同人である。両親は市内に書籍と文具を商う店を出し、生計を立てた。

幼いころは、よく歌会に連れていかれた。熊本県立第一高等女学校に入学してからは油彩を描き、ブラックやゴッホに傾倒した。父の薦めで第五高等学校（現・熊本大学）の教授に漢籍を学び四書や論語も読んだ。文学への傾倒と作歌の下地が養われたのはこのころからだ。

熊本県女子師範学校を卒業後、小学校の教職につくが四五（昭和二十）年七月には空襲で一家は焼け出された。戦争の疲労がいえぬ四八（昭和二十三）年、安永は結核で胸を病んだ。二十八歳だった。

医師が覚悟を告げ、父でさえ「葬式に誰を呼ぼう」などと言う。こうなると母の方が行動が早かった。家を飛び出し、戻ってきた手には特効薬の抗生物質ストレプトマイシンが二十本握られていた。一命はとりとめた。だが病院と自宅での療養は七年に及んだ。

「あなたは長生きしないだろうから、毎日歌を一首作りなさい。目の前にあるものを詠み込んでいったらいいでしょう」

そう言って歌作を勧めたのも母だった。昼は店番をし、夜は自室の天窓から星空を見つめた。体力も気力も、将来への展望もまだ持てない様子を見かねてのことだった。

そのころ父の書棚に中城ふみ子の歌集『花の原型』『乳房喪失』を見つけた。中城は三十歳を過ぎてまもなく、がんで早世した。自己を見つめ愛や性をつややかに歌っていた。「人間や周囲へ優しいまなざしを向けながら、己の無残を見据える強さがある」。安永はそんな中城の歌に触発された。それからまもなく、安永は父が主宰する歌誌「椎《しい》の木」の編集を手伝い、作歌を始めた。

極北におく星白く乱れつつ
眼潤むといふこと悲し

卵黄にたつ血紅もいやしまず
愛にたくらむことある朝は　（「棕梠《しゅろ》の花」から）

五六年、安永は「棕梠の花」（第一歌集『魚愁』所収）五十首で「角川短歌賞」を受賞した。歌を初めて「椎の木」で発表した翌年での受賞。彗星《すいせい》のように歌壇に登場した。

「棕梠の花」の歌は後年の作に比べると、安永の生々しい感情の吐露が目立つ。そこには生活の具体を通して「孤独な一人が生きていく上で、哀感を伝えるには短歌よりほかにはない」という決意がある。

安永は以後、熊本を離れることなく歌を詠み、十六冊の歌集を発表した。一貫しているのは、身じろぎもせず佇《たたず》む北の恒星に象徴される宇宙の摂理への畏敬《いけい》であり、漢籍で養った文語体の骨太さに柔肌《やわはだ》のような和の感性をまとわせた自然詠の数々だ。

とりわけ熊本市南部にある江津湖は、歌心をはぐくむ場所だという。幼いころ両親と歩き「人間ではなく、自然を詠め」と諭した亡き母の言葉を思い出させる。来る年、変わらぬ相貌《そうぼう》を見せる自然の強靭《きょうじん》さも感じさせる。「熊本に生まれ、そこに生きる人々や自然、風土に私ははぐくまれ、支えられた」と話す安永にとって「生地は聖地」なのである。

その想いがこの第十一歌集『青湖』に詰まっている。江津湖畔に居宅を移した後に上梓《じょうし》され、約三百六十首の大半は江津湖を歌った。日々湖畔に佇み、眼前の風景の感情を詠む。それは絵を描く作業にも似ている。

安永はよく、歌会での批評で「形式の中に志を簡明に、歯切れよく、絵が描けるように詠め」と諭す。「短歌は啖呵《たんか》だ」と。安永らしい胸のすくような言葉だ。詠み人を前にして原作の歌を崩さずに添削していく。

「私たちは事実を歌うしかない。その人にしかない経験を歌っていることに、私たちは尊敬の念を抱きます。そこが

歌詠みのいいところなんです」。通俗や人為を離れて詠む歌の強さを知る安永だからこう言えるのだ。　（文＝宇田 懐）

安永蕗子　一九二〇（大正九）年、熊本市生まれ。「棕梠の花」（角川短歌賞）、『朱泥』（七九年、現代短歌女流賞）、『くれなゐぞよし』（八七年、短歌研究賞）、『冬麗』（九〇年、迢空賞）、『青湖』（九二年、詩歌文学館賞）、『褐色界』（二〇〇三年）などこれまで十六冊の歌集を発表。エッセーに『風のメモリイ』『風やまず』『みずあかりの記』ほか多数。八九（平成元）年に西日本文化賞受賞、九一年に勲四等瑞宝章受章。九八年から二〇〇七年まで、宮中歌会始詠進歌選者を務める。〇九年、熊本市名誉市民。作家の永畑道子さんは妹。一二年二月十九日死去。

97

『地底の宮殿』

平野 遼

透徹した思索を美に昇華

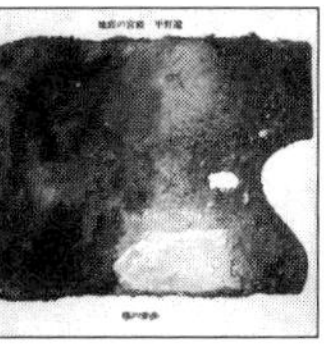

1990・湯川書房

タダものではない。

それが、もう二十年も前、最初に平野遼に会った時の印象だった。

一九八七（昭和六十二）年秋、平野の西日本文化賞受賞が決まり、当時、北九州支社に勤務していた私はその喜びの声を取材するよう指示を受けた。

「難解で奇怪な絵を描く画家」「独学で独自の画境を開いた人」——その程度の予備知識だけで、写真記者と小倉北区の彼の自宅を訪ねたのは、ある意味では若さゆえの大胆さからだったろう。

あの時、彼のアトリエに入り、私の小市民的とでもいうべき感覚は根底から撹乱《かくらん》された。二十坪ほどの板張りの暗い画室の壁際に、無数の絵の具チューブの残骸《ざんがい》が堆積《たいせき》していた。まるで貝塚のように。そして絵の具の飛沫《ひまつ》だらけのイーゼル、壁、床。そこは、創作に没入している画家の厳粛でむき出しの〝戦場〟を感じさせた。

そして、アトリエの壁の書架に並ぶ大量の蔵書にも目を見張った。ランボー詩集、西脇順三郎詩集、小林秀雄全集、道元全集…。なぜ、こんな小難しい本ばかりが並んでいるのか。正直、当惑した。

平野は木製のいすに馬乗りに跨《またが》り、背もたれにほおづえをついて、ぽつりぽつりと、自分の経歴や近況、絵画観などを語ってくれた。二つのやりとりを今も鮮烈に覚えている。

――平野さんは、日々、何を考え、何を描こうとしているのでしょうか？

「本物は目に見えない。目に見えない本物を描きたいと、毎日、描いている」

――取材の最後に家族構成をお伺いします。平野さん、子供さんは？

「子供はいない。絵の邪魔になるから」

一体、この人は何者なのか？　その日から、平野は私の気になる人物の一人になった。翌日、美術館で展覧会の図録を購入した。そして、彼が絵だけでなく、無類の文章家であることも、知ることになった。

＊

『地底の宮殿』は、その平野が死の二年前にまとめた画文集である。画論があり、紀行文があり、インタビューがあり、詩がある。収録された絵もペン画にはじまり、水彩、旅先でのスケッチ…と一冊で平野の世界、晩年の到達点を概観できる内容になっている。

圧巻はやはり文章の端々にのぞく彼の絵画論であろう。彼は書く。

〈人間の形をしているものより、もっと描きたいものがある。命の原形です〉

〈表面にばかり捉われては絵画は生まれてこない。皮相な形が整ってくるにつれて生命力は衰退し逆に死屍に等しい空虚なものになってしまう〉

また、傾倒していた彫刻家ジャコメッティの作品についてはこう記す。〈美を拷問にかけて一切の肉をはぎ取った果てに、やっと出てきた実存なのである〉

極めて思索的、そしてなんと明晰《めいせき》で、切れのいい文章だろうか。そして、インタビューに答えて平野本人が語っている自らの半生も興味深い。

そこでは、昭和の初めに大分県佐賀関《さがのせき》（現・大分市）に生まれ、幼くして母と父を亡くし、鉄都に育った薄幸の少年時代が明らかにされ、戦後の混乱期の貧困と孤独、無頼と漂泊が語られる。そのやりとりからは、絵描きを志す者は一様に美術学校に通った時代に、高等小学校までしか行けなかったこと、酔客相手の夜の似顔絵描きという逆境のアルバイトが、平野の抜群のデッサン力をはぐくんだことも浮かび上がる。

さらに『地底の宮殿』という、謎めいた一癖あるタイトルも興味をそそる。妻の清子さん（82）が語る。「平野は、このタイトルを思い付いたとき、上機嫌で本当にうれしそうでした。だれにでも見える地上の宮殿ではなく、人には見えない『地底の宮殿』こそ平野が生涯をかけて描きたかったものでしたから」

＊

平野の絵は、いろいろな見方をされてきた。「重い、暗い、難しい」と敬遠する人たちがいる一方で、熱烈なファンも多い。

東京・南青山で珈琲店を営む大坊勝次さん（60）は平野信奉者の一人。もう何年も店内で「一点だけの平野遼展」を開いている。半世紀以上前、平野の抽象画に出会い「この絵は僕の自画像だ」と体が震えた。以後、自ら収集した平野の油彩、ペン画などを数カ月ごとに入れ替えながら店内に展示する。「人間とは一体何なのか？　平野作品は一切の妥協を排し、厳格にこの難問を追究している。そんな画家はほかにいない」

一方、医師で平野作品のコレクターの新貝修さん（86）＝東京都＝は「平野の絵の魅力は、その絵が簡単に読み解けない点にこそある」という。「解けそうで解けない難問を前にしたように夢中にさせてくれる」

「人間の実相を凝視した画家」「未踏の闇に光を求めた画家」「現代社会の矛盾、ひずみを遙かな幻想性の中に描いた画家」「自我を研ぎ出した画家」——その独特の作品世界から、平野には様々な形容詞が付与される。どれも正解だろうし、どれも言い尽くしているとはいえないだろう。

ただ、平野の絵に、深部、深奥から立ち上る美しさがあることは事実だし、その澄明感は、透徹した思索を美に昇華しようとした営為の結果とも思える。

この取材で、二十年ぶりに平野の家にお邪魔した。アトリエは主亡き今も昔のままで、清子さんの手で画家の好きだった白いユリが生けられていた。

壁の隅に、ピンアップされ、すっかり飴《あめ》色に変色した紙切れを見つけた。清子さんがいう。「あっ、それ、平野が好きで自分で張った古代ローマの哲学者・セネカの言葉です。学歴も師匠もなく、徒手空拳で自分の絵を描いてきた彼を支え続けた言葉でしょうか」。紙片にはクセの強い筆跡でこう書かれている。

・ひねもす走りおおせたる者　夜のやすきにつくこそよけれ

（文＝藤田 中）

平野遼　一九二七（昭和二）年、大分県佐賀関町（現・大分市）生まれ。三〇年、母親と死別し、戸畑市（現・北九州市戸畑区）に転居。三九年、戸畑男子高等小学校卒業。翌年、父親死去。四四年、久留米西部五十一部隊に入隊。翌年、終戦・除隊後、北九州に戻り、米軍ポスター描き、似顔絵描きをする。四九（昭和二十四）年、上京し、蠟画が新制作派展に初入選。五七年、東京・南画廊で初個展。八六年、池田二十世紀美術館で「平野遼の世界展」。八七年、北九州市立美術館で同名の展覧会開催、西日本文化賞受賞。代表作に《昼と夜と》《奔馬の形態》《裸形の風景》など。画文集に『熱風の砂漠から』など。九二（平成四）年、六十五歳で死去。

98

『百年佳約』

村田喜代子

日本と結婚した朝鮮の魂

2004・講談社

白磁に、呉須《ごす》が深い藍《あい》をたたえる下絵、筆の妙が織りなす鮮やかな色絵——。

佐賀県有田町を中心とする伝統工芸品の有田焼。古くは「伊万里」と呼ばれた、この真っ白い磁器は豊臣秀吉の朝鮮出兵（一五九二—九八）の際、朝鮮半島から連行されてきた陶工が有田・泉山《いずみやま》で陶石を見つけ、本邦で初めて焼き始めたと言われる。

伊万里支局へ一年九カ月前に赴任して以来、連日のように有田焼を取材する。器や花瓶が、夢にまで出るようになった。次第に約四百年前の朝鮮人陶工のことも分かった気でいた。しかし『百年佳約』を読んで穴に入りたくなった。陶工たちの異国での思いや、一方で生きるための図太さをまざまざと示され、目の前に陶工たちが現れたような気さえして、私の浅い理解を見透かされた気がしたからだ。

話の主人公は朝鮮人陶工集団を率いた老女、百婆。死後、子孫繁栄を祈る一族の守り神になったところから物語が始まる。もう一人の主役は新頭領になった息子・十蔵。村田さんの想像を交えて描かれるテーマは人間の生の象徴の一つ「結婚」である。

冒頭のシーン。神になった百婆は朝鮮式の饅頭《まんじゅう》形の墓に「小さい体を乗せてちょこんと腰掛け」キセルを「スパリと」吸う。そして朝鮮人陶工同士の良縁を願う。「クニ」の伝統と血を守りつつ子孫繁栄を成就させるためだ。一方、母親の死を機に十蔵は母に逆らい、日本に同化するため息子、娘らを日本人と縁づかせようとする。「外へ嫁にやれば、やがて皿山中に渡来の根が広がっていく」と。事もあろうに婿探しの席に選んだのは百婆の四十九日の法要の席だった。ところが、その後も十蔵がもくろむ縁結びがうまくいかない。神の百婆も折々に現世へちょっかいを出す。渡来人一世の百婆と二世の十蔵。そして日本しか知らない三世の娘らの思いも重なり、結婚相手探しは紆余《うよ》曲折しながら続く。

一方で、民族の伝統を守ろうとする陶工たちの姿もストーリーの随所に盛り込まれる。「山登り」と称して一族で山に登り、故国の方角へ慟哭《どうこく》したり、女たちがチマチョゴリをふわふわ舞わせながら朝鮮式の板飛び遊びに興じる。

両国の文化の違い。世代間の違い。それらがぶつかりながら、国際化が進む現代日本の複雑さを彷彿《ほうふつ》とさせる様子が約四百年前の有田を舞台に描かれていく。

＊

実は百婆にはモデルがいる。朝鮮人陶工・深海宗伝《ふかうみそうでん》の妻、百婆仙《ひゃくばせん》だ。有田で最も有名な朝鮮人陶工は、泉山で一六一六（元和二）年に陶石を発見したとされる「李参平《りさんぺい》（日本名・金ケ江三兵衛）」であって、宗伝、百婆仙の方は今はあまり語られることがない。

百婆仙は宗伝の死後、良質な陶石を求めて今の同県武雄《たけお》市から一族を率いて有田町稗古場《ひえこば》に移住。金ケ江、深海両一族を中心に有田の基礎は固められた。百婆仙は、その名の通り、百歳近い九十六歳の長寿で亡くなったと伝えられる。

古伊万里好きを自認する村田さんは十年ほど前に有田を取材旅行。老舗有田焼メーカーの香蘭社や深川製磁に近い稗古場の報恩寺を訪問。境内で百婆仙を祭った石の法塔と対面した。「その墓もまた日本式で、いわゆる朝鮮の土饅頭型ではない。その時私は鍋島藩の殖産業として隆盛した歴史を思い返し、彼等が帰化の道を辿《たど》ったことに気づかされたのだった」。村田さんは『おんなの　有田皿山さんぽ史』（有田町歴史民俗資料館編）に、こうつづっている。

そして書かれたのが『百年佳約』の前作となる『龍秘御《りゅうひぎょ》天歌《てんか》』（一九九八）だ。百婆が夫の死に際し、日本式ではなく朝鮮式の葬儀にこだわったために起きた混乱劇を活写。死をめぐる異文化の衝突をあぶり出した。『百年佳約』の構想はじつはその合間に生まれたものだった。弔いと結婚は吉凶相反しながら、じつはつながっているのである」（『百年佳約』あとがき）。

＊

二〇〇八（平成二十）年一月中旬、私も百婆仙を訪ねた。報恩寺の加藤元章住職（73）が案内してくれたのは、こけむした高さ百四十センチの法塔。確かに朝鮮式の饅頭形ではないが、目の当たりにした瞬間に百婆が法塔の上にちょこんと腰掛け、キセルをスパリと吸う姿が頭に浮かんできて、ほほが緩んだ。

住職はさらに裏山へ登った。息を切らして登り詰めると眼前に草地の頂上が広がった。この「観音山」こそ、かつて朝鮮人陶工が母国へ慟哭した場所だったという。「こっちが朝鮮半島の方角です」。住職が指す遠くの山の稜線《りょうせん》上をゆっくり白い雲が流れる。突然、もの悲しい音が響く。住職が木の葉を口に当て「アリラン」をふき始めたのだった。「韓国の人が時々この観音山へ来る。聞かせてあげるんです」。月末には必ず、朝の読経で百婆仙と宗伝らを永代供養するという。「有田の恩人、守護神ですから心を込めて。焼き物不況でもあり、お見守りくださいとね」。

寺と反対側へ観音山を下る。ふもとに百婆仙らが築いたとされる登り窯跡「稗古場窯跡」「天神山窯跡」の痕跡が斜面を駆け上るように残る。村田さんが描く創業期の有田の喧騒《けんそう》が聞こえてくるようだった。

ふと気になった。『百年佳約』で百婆が守ろうとした深海一族はどうなったかと。探してみた。すると末裔《まつえい》は有田町内外で陶磁器の卸商社や小売店を営んでいた。その一人で同町で陶磁器の絵の具を製造販売する深海商店の深海良治社長(48)は「祖先を尊敬し誇りに感じています」と胸を張る。時々、法塔の清掃にも出掛けるという。

百婆の時代から四百年をへた有田。現在も朝鮮人陶工を尊敬しつつ、百余りの窯が磁器を生産し続ける。『百年佳約』が描く結婚は見事に日本社会の中で成就したようだ。百婆は天からこの様子をどう見ているだろう。そう思ったとたん、キセルを手に、にんまりした顔がまた浮かんだ。

(文＝末広 浩)

村田喜代子　一九四五(昭和二十)年、福岡県八幡市(現・北九州市八幡西区)生まれ。七七(昭和五十二)年に『水中の声』で九州芸術祭文学賞を受賞したのを機に文筆活動に入る。八五年に個人誌「発表」を創刊して著者自身のタイプ印刷による創作発表を続けた。八七年の『鍋の中』で芥川賞、九〇(平成二)年に『白い山』で女流文学賞。九八年、『望潮』で川端康成文学賞。九九年、『百年佳約』の前編とも言える『龍秘御天歌』で芸術選奨文部科学大臣賞。二〇一〇年『故郷のわが家』で野間文芸賞、一四年、『ゆうじょこう』で読売文学賞、一九年『飛族』で谷崎潤一郎賞。一七年には日本芸術院会員に選出。川端康成賞、九州芸術祭文学賞、紫式部文学賞等の選考委員を歴任。

99

『白《はく》仏《ぶつ》』

辻 仁《ひと》成《なり》

過去と未来、一体となる命

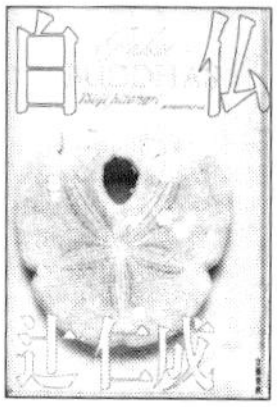

1997・文藝春秋／のち文春文庫、集英社文庫

そんころはどこん家《いえ》も田んぼの端に墓を立てとってですね。一家に一つやなくて、一人に一つ、石塔のあった家もありました。そん墓の骨ば掘り起こしたことを覚えとります。私は働き盛りちゅうか、四十歳くらいやったです。ええ、そげん疑問とかは感じらんかったですよ。島んもん、みんなが掘り起こしよったから。そん骨を全部寄せて、洗《あろ》うてね。最初は立像を作る予定じゃったが、坐像になったつですよ。いま思うと、ええことを考えたなあと思いますね。みいんなの骨ば集めて、骨《こつ》仏さんばつくるちねぇ。ほんとによか考えでしたなあ。

(吉川精作さん)

＊

大野島《おおのしま》(福岡県大川市)は、筑後川の最下流、有明海の入り口に浮かぶ島である。南北に約七キロ、東西に約一・五キロ。戦国時代末期に川面《かわも》に現れたほんの小さな三角州が、開拓を重ね、島となり、人が暮らし始めた。福岡と佐賀の県境が、島の中央を分けている。

『白仏《はくぶつ》』は、この島に生きた明治生まれの鉄砲屋・江口稔の壮絶な生涯、とりわけ骨仏づくりに捧げた晩年を描いた物語だ。

〈鉄砲屋江口稔の眼球は、澱《よど》んだ空の果てより島の上に降り注ぐ一条の光を確かに見ていた。記憶に焼きついた懐かしい景色に稔は最後の思いを馳《は》せていた。〉

こう始まる物語のすべては、いまわの際《きわ》で稔が見た、走馬灯の光景である。

手先が器用で、柔軟かつ斬新な発想をもっていた稔は、戦前は刀鍛冶、戦中は鉄砲の修理、戦後は農耕機具や海苔《のり》摘み機を発明した。そのとき島の人々が求める何かを先んじて形にすることを生業とした。

一方で稔は、シベリアで自らが殺《あや》めた敵兵への罪悪感にさいなまれ続ける。戦争は正しかったのか。人間とは一体何なのか。稔は幼いころから〈人は死んだらどこさん行くとやろか〉と考え続けてきた。戦場の敵兵だけでなく、思い続けた初恋の人は嫁ぎ先で悲惨な死を遂げ、五歳だった末息子は増水した川に飲まれた。幼なじみは戦死した。人は必ず死ぬ、という現実に、稔は苦悩する。そして、戦場での罪を告白した稔に、和尚は語る。

〈生き残った人間にできるこっぱするったい。みのるしゃんにできる何かがあるはずばい。それば見つけて死者のために、人のために生きるなら、おまえん中に募った罪悪は浄化さるるはずばい〉

稔は島民すべての骨を集め、一体の仏を建立することを思い立つ。貧富の差や家柄の違いという現世の不平等を超越し、〈過去に生きた人も未来に生きる人もみんな一つになることができるなら、それほど人間らしいことはないのではないか〉と。

*

主人公・稔のモデルは、作者である辻仁成の母方の祖父、今村豊さんである。祖父の実際の人生に即し、孫である辻は筑後の島の物語をつむいだ。

骨を掘り返した記憶を語ってくれた吉川精作さん（80）＝大川市大野島＝は「鉄砲屋の豊さん」をよく覚えている。終戦直前、中学校では軍事訓練が繰り返されていた。「本土決戦に備えて、敵の戦車の裏に磁石の爆弾ばつける訓練をしよったころ。訓練に使う銃を、豊さんは修理してくれよったです」。戦争の武器に携わった罪悪感もまた、豊さん（稔）を仏の建立に向かわせたのだろう。

辻が祖父の白仏を知ったのは、執筆前年の一九九六（平成八）年。エッセー集『僕のヒコーキ雲』によると、息子の初節句で訪れた大野島で、五歳のときに他界した祖父の人生を聞いた。〈実際に見た骨の仏は物凄い存在感を放っていた。気高いというのか、近づくものを見据えるような強い霊力が漲《みなぎ》っていた。僕は震えた〉。このとき、祖父を書くことを決意したのだった。

辻は東京で生まれ、転校を繰り返して育った。少年時代を福岡で、思春期を北海道の函館や帯広で過ごした。後にロックバンド「エコーズ」で彼が作った歌では、帰る場所のないデラシネ（根無し草）の孤独がしばしばモチーフとなった。

『白仏』は、函館を舞台にした『海峡の光』で芥川賞を受賞した直後、わずか一カ月で書き上げられた。受賞という大きな節目を機に、小説家として何を書いていくのか。恐らく辻はこのとき、作家としての足場、拠《よ》りどころを自ら決めた。右足は函館に、そして左足は筑後に。根差す場所を選ぶことができるデラシネの特権として、コンパスの軸を二本、据えた。その軸を自在に行き来し、純文学や娯楽小説、文学や音楽、映画というジャンル、そして国境さえも越境し、創作を続けているのである。

二〇〇七年十一月、福岡市であった講演会の際、辻は『白仏』についてこう話した。

「自分の力で書いたというより、大野島の人たちの力で書いた気がする。いつかまた舞台として書きたいと思っている。筑後という土地を」

＊

勝楽《しょうらく》寺は大野島のほぼ中央にある。少し傾いた納骨堂の壁に、建設委員長として今村豊さんの名があった。きしむ引き戸を開けると、白仏は穏やかに鎮座していた。すべてを悟ったような白い仏の視線に向き合い、私はさっき見た風景を思い起こした。

島の北端に、葦原《あしはら》が残っていた。百八十センチの私の背を軽く越える葦を掻《か》き分けて歩いた。北風にかしぐ葦の根元、有明海の泥を含んだ土の表面はゴムのような弾力があり、つかみ取ると冷たく湿っていた。ほんの四十数年前、豊さん（稔）は島の人々を一軒一軒説得し、骨を集めた。墓の中だけでなく、冷たい土を掘り返し、土葬された亡きがらの断片を再び現世に戻した。

先祖たちは〈子孫たちと先祖との交信の場。大野島でめぐり合った縁を大切にする記念の碑。過去と一体になる未来〉としての一体の仏に生まれ変わった。台座には「骨数量二十八俵、骨重量一三〇〇キログラム、使用遺骨数千体」と記されている。

私も辻と同じように東京で生まれ、転校を繰り返し、団地を移り住んで育った。拠り所を探したとき、幼いころに親しんだ筑後川の記憶に導かれ、父母のルーツである九州に根差すことを選んだ。自分という不確かな存在が、何かと、どこかとつながっている実感がほしかったのだと思う。

人はただ、自分だけがひょっこりとそこに生まれ、生きているのではない。親がいて、先祖がいて、命は連綿と続いている。海に流れ込む大河の流れがはるか上流の山奥のわき水にあるように、その水が永遠に循環を繰り返すように、人の命もまた、巡っていくのだろう。

川の終わりと、海の始まりの間にある大野島。白仏はこの地に穏やかに座し、死と生のやり取りを永遠に見つめていく。

（文＝塚崎謙太郎）

辻仁成　一九五九（昭和三十四）年東京生まれ。父親の転勤に伴い、少年時代は福岡市や北海道函館市に暮らす。八五年にロックバンド「ECHOES（エコーズ）」でデビュー。八九（平成元）年に『ピアニシモ』ですばる文学賞、九七年に『海峡の光』で芥川賞。九九年には『白仏』仏語翻訳版がフェミナ賞外国小説賞を日本人として初受賞。作家は「ひとなり」、音楽や映画は「じんせい」と使い分け、幅広い分野で活動。主な著作に『冷静と情熱のあいだ　blu』『愛のあとにくるもの』『ピアニシモ・ピアニシモ』など。現在フランス・パリを拠点に活動中。

100

『サザエさん』長谷川町子

進歩性もあった「嫁のメルヘン」

1947〜・姉妹社／のち朝日文庫ほか

長谷川町子は現在の福岡市早良《さわら》区西新《にしじん》で終戦を迎えた。彼女はこの地で生活しているときに『サザエさん』を着想している。当時暮らした家は現在は取り壊されてないが、今一帯を歩くと、モダンなマンションが立ち並ぶ中に「あ、サザエさんの家だ」と言いたくなるような古い木造住宅が何軒か残っていて驚かされる。

漫画は近くの海辺を散策中に考案され、登場人物に海産物の名が付けられた。今は埋め立てで海岸線が遠のいているが、現在の西南学院大学の敷地北側はすぐ海だった。地元の西新校区自治協議会会長の林暁男さん（75）は振り返る。「埋め立て前は静かな夜には波打つ音が聞こえとりました」

この福岡で生まれた『サザエさん』には、一つのちゃぶ台を囲む大家族のイメージがある。それを古き良き家族像として「三丁目の夕日」的なノスタルジーで受け止める人も多い。確かに一つの家に三世代が同居するような家庭は少なくなった。一方で妻の側の実家との結び付きはむしろ強まっている感もある。福岡市博多区の和田典子さん（41）の場合、実家の両親の大下哲郎さん（67）、人代さん（68）夫婦とは同居せずに徒歩約三分のマンションで暮らす。彼女の夫・卓也さん（41）は宮崎県出身で歯科医。子どもは四歳から十歳まで三男一女がいる。典子さんは言う。「両親と同居も考えましたが、実家のスペースでは手狭だし、やはりお互い気を使いすぎる気もして…」

結婚当初、典子さんは両親とは距離を置き、できるだけ子育てなどで協力を仰がないように心掛けていたという。「最初は一人でちゃんと子育てしたいと思ってましたから。でも変に意地を張るのも違うと思うようになった。子どもが大きくなるとともに母親が集まる行事も増えて、そういう会合のときは気兼ねせず両親に頼むようになりました」

孫と顔を合わせると両親も喜ぶ。哲郎さんは言う。「子ども自体は甘やかしちゃいかんと思って遠ざけたいが、孫の方はやっぱりかわいい。少し離れているぐらいがちょうどいいのかも分かりません」

マスオさん的な立場にある夫の卓也さんは冷静にこう分析する。「妻が『嫁』という立場で家に入るとやはり嫁姑問題になり、ぎすぎすしがち。サザエさんのように妻の親側に夫が同居するか近くに住む方が理想的な気がします。実際、最近は地方の中小企業が不況で長男でも家業を継がないって家も増え、割と平気で妻の両親の近くに住むということをよく聞きますから」

昨今は妊婦が出産前に実家に帰り、実家近くの病院で出産するいわゆる「里帰り出産」も多い。現代社会は卓也さんが理想というような妻の家族との結び付きが強い「女系家族」の時代になりつつある。そうした点に着眼すると実のところ、サザエさんはノスタルジーの漫画ではなく、時代を先取りした漫画との見方もできなくもない。

『サザエさんからいじわるばあさんへ』の著書がある評論家の樋口恵子さん(75)は「サザエさんは確かに大家族なんですけど、女系家族で夫の実家の方に顔を出したりする場面はほとんど描かれていないんですよ」と指摘する。現在ではほのぼのとしたアニメ版の印象が強いが、漫画の方は日本の伝統的な家族の形とは違った斬新さがあった。「新聞で連載が始まった当時、既婚女性はほとんどが『嫁』と名付けられる状態。サザエさんのように隣近所で言いたいようにものを言い、のびのびと生活するのは考えられなかった」

樋口さんはそのうえでこう強調する。「あのころの嫁にとって、サザエさんはメルヘンの物語だったんですよ」

終戦後まもない時期に町子がそのような漫画を描けたのは思春期以降、女ばかりの家族で育ったことに起因する。父親を十四歳で亡くし、町子を真ん中にした三姉妹と母親で戦中戦後の激動期を乗り越えた。町子の自伝漫画を原作にしたNHKのドラマ『マー姉ちゃん』の脚本を書いた小山《おさ》内《ない》美江子さん(78)はドラマの初回を三人がそろってジョギングするシーンから始めている。「元気のいい一家だから勢いよく出そうと。女所帯でしょ。力合わせて走る感じも出したかった」

このドラマの町子ら長谷川家がモデルの女たちはおっちょこちょいでそそっかしく、まるでサザエさんそのものだ。小山内さんは推測する。「当時、女所帯の設定で漫画を描くのは無理だった。町子さんは生涯独身で他の姉妹も夫を早く亡くされますが、自分たちが結婚して家族を作ったときはこんなだったのかな、というイメージをサザエさんに反映させたのではないか」

樋口さんが『サザエさん』の連載四コマ漫画の中で一番好きなのは七一（昭和四十六）年ごろに新聞に掲載されたこんな回だそうだ。

〈貸し切りバスと乗用車が狭い道路で向かい合う。乗用車には人相の悪い男たちが乗っていて、その一人が「バックしろ」と怒鳴って威勢よくバスに乗り込んでくる。だが、車内にはサザエさんを含んだ女性たちが眼光鋭い顔でずらりと座っていて「ウーマンリブご一行様」の旗が掲げられていた。男はすごすごと引き上げて乗用車にバックするように指示する〉

六〇年代後半に米国で起こった女性解放運動が日本にも入ってきたころだった。

「痛快でしたね。品のいい笑いに包んでいるから気づきにくいが、サザエさんは日常の描写は保守的ながら、時事的な変化に対しては結構過激な描き方も多いんです」

町子は生前のインタビューで「好きな人は」の問いに「大内兵衛《ひょうえ》先生」と高名なマルクス経済学者の名を挙げてもいる。国民的漫画の中では前面に出さなかったが、彼女に進歩的な一面があったのは間違いない。カツオ君などは家事を手伝う場面が多く描かれ、現在の「男女共同参画」の精神をいち早く取り入れている。

先見性という意味では町子は高齢者への関心も早かった。母親が晩年、現在でいう認知症だったことも関係するだろう。小山内さんは町子と電話で話していて、ある時、「素晴らしい人なのにこんなになって悲しいわ」と漏らしたことを印象深く覚えている。樋口さんも町子と面識はないが、一度だけ手紙をもらったことがあり、やはり母を気に病む記述があったという。今の家族が直面するお年寄りの介護の問題に町子は既に直面していたのだ。

日本の六十五歳以上人口が七％を超え、高齢化社会を迎えたのは七〇年。『サザエさん』はその四年後に終わり、高齢化問題までは描ききれなかった。代わりに『いじわるばあさん』でお年寄りを明るく元気に描いたが、サザエ、マスオは波平、フネの介護問題にどう向き合ったのか。女性ならではの生活者の視点で昭和を描き続けた町子ならではの切り口も読んでみたかった。

（文＝内門 博）

長谷川町子　一九二〇（大正九）年、佐賀県東多久村（現・多久市）生まれ。福岡市の春吉小から福岡県立高女（現・福岡中央高）に進学、同校二年の時に上京し山脇高女に転校した。『のらくろ』で知られる漫画家、田河水泡に師事。戦前に三人娘の学園生活を描く。『仲よし手帖』で人気を得た。戦争中は福岡市に疎開、西日本新聞に入社し、戦後の四六（昭和二十一）年から「夕刊フクニチ」紙上で。『サザエさん』の連載をスタート。三年後に朝日新聞に舞台を移し、七四年まで長期連載を続けた。他の代表作に『いじわるばあさん』『エプロンおばさん』など。九二（平成四）年に死去後、国民栄誉賞が贈られた。東京都世田谷区に長谷川町子美術館がある。

＊本書は、一九七〇（昭和四十五）年から公益財団法人 九州文化協会が九州・沖縄各県ならびに福岡・北九州・熊本の三政令指定都市との共催で運営し、優れた作品と若い才能を発掘してきた「九州芸術祭文学賞」が五十周年を迎えるにあたって、その記念事業として刊行したものである。

九州の100冊

2020年3月14日　初版第１刷発行
2020年4月20日　初版第２刷発行

著　著　西日本新聞「九州の100冊」取材班
発行者　公益財団法人 九州文化協会
発行人　川 崎 隆 生
制作・発売　忘《ぼう》　羊《よう》　社《しゃ》
〒810-0074　福岡市中央区大手門1-7-18
電　話 092-406-2036　ＦＡＸ 092-406-2093
印刷・製本　シナノ・パブリッシングプレス

落丁本・乱丁本はお取替えいたします。定価は表紙に表示しています

⊙忘羊社の本

※価格は本体価格です（定価は本体＋税）

公益財団法人 九州文化協会［編・発行］

小説って何だ

九州芸術祭文学賞 五十周年記念
最優秀作品集 １９７０〜２０１９

Ａ５判上製／832頁／20年3月刊

３５００円

１９７０年に創設され、２０１９年度で50周年を迎えた歴史ある地方文学賞、過去50回の最優秀作品集。芥川賞とのW受賞を果たした目取真俊「水滴」をはじめ、帚木蓬生「頭蓋に立つ旗」、村田喜代子「水中の声」、又吉栄喜「ジョージが射殺した猪」、大道珠貴「裸」、小山内恵美子「おっぱい貝」、佐藤モニカ「カーディガン」など珠玉の39篇を収録（序・五木寛之）

田中一彦

忘れられた人類学者《ジャパノロジスト》

エンブリー夫妻が見た〈日本の村〉

四六判並製／320頁／17年3月刊

●18年度地方出版文化賞受賞

３刷・２０００円

１９３５（昭和10）年、熊本の小村・須恵《すえ》に滞在し、戦前唯一の日本農村研究書を著したアメリカの若き社会人類学者とその妻が、農耕から子育て、祭り、宴会、性、近代化の実態に至るまで、感動と共に記録した開戦前のニッポン―。ＧＨＱの戦後改革にも多大な影響を及ぼしたエンブリー夫妻が、共感をもって洞察した〈協同〉社会の精神を未来に向けて問い直す、本格的評伝。

田中一彦

日本を愛した人類学者

エンブリー夫妻の日米戦争

四六判並製／352頁／18年12月刊

２２００円

１９３５（昭和10）年から1年間、熊本の小村・須恵村に滞在し、外国人として戦前唯一の日本農村研究書を著したアメリカの社会人類学者とその妻。開戦前、いち早く象徴としての天皇に言及、『菊と刀』に代表される〝好戦的な日本人〟論に異議を唱えつつ、日系人強制収容所の待遇改善を訴え、戦後はＦＢＩによる監視下も傲慢な占領政策を戒め続けた俊英の思想と悲劇的な死までを描く。

井口幸久［聞き手］

絵描きと画材屋

洋画家・野見山暁治と山本文房堂・的野恭一の五十年

Ａ５判並製・小口折／160頁／16年10月刊

２刷・１７００円

筑豊の炭鉱町に育った洋画家が、少年時代から自転車ではるばる通った福岡の名画材店〈山本文房堂〉の店主と、空襲の記憶、画材と文化、思い出深き地元の画家、そして二人三脚で続けた公募展への思いまでを語り合った、滋味溢れる対談。日本を代表する洋画家と福岡の老舗画材店の、半世紀以上にわたる誠実な交遊の軌跡。

乗松 優

ボクシングと大東亜

東洋選手権と戦後アジア外交

四六判上製／320頁／16年6月刊

●17年度大平正芳賞受賞

２刷・２２００円

鉄道王・小林一三の実弟にして「聖地」後楽園を率いた国粋主義者、稀代のフィリピン人興行師と共に暗躍した元〝特攻〟ヤクザ、キリスト者として平和の架け橋となった東洋王者…。関係者の証言や史資料を駆使しながら、大戦中１００万人以上が犠牲となったフィリピンとの国交回復をめぐる葛藤の舞台裏で繰り広げられた復興期のボクシング興行の実像に迫る、〈もうひとつの昭和史〉。